SARA FROMM

Zuversicht jetzt

DEN KRISEN DER WELT MUTIG BEGEGNEN

Löwenzahn

Inhalt

EINLEITUNG 8

1. UND WAS, WENN ...? VON ZUVERSICHT UND (REAL-)UTOPIEN 14

2. STATUS QUO: KLIMAKRISE UND ANDERE UNGERECHTIGKEITEN 23

3. VOM UMGANG MIT GESELLSCHAFTLICHEN KRISEN: WEGE ZUR UTOPIE 34
   Klimafatalismus versus grenzenloser Optimismus 37
   Adaption und Resilienz: Mit den Folgen leben lernen 38
   Mitigation: Schäden vermeiden, so gut es geht 42

4. INDIVIDUUM VERSUS SYSTEM: EINE FRAGE DER VERANTWORTUNG 48
   Individuelle Konsum- und Verhaltensänderungen 50
   Änderungen auf struktureller Ebene 57
   Kohärenz: Das tun, was geht 60
   Wählen reicht nicht 63

5. ZUSAMMEN STARK: GUTE GRÜNDE FÜR KOLLEKTIVES HANDELN 66
   Weil wir sollten: Moralische Pflicht & Solidarität 68
   Weil wir müssen: Überlebensnotwendigkeit 71
   Weil wir viele sind: Gemeinschaftsgefühl 72
   Weil es Mut macht: Selbstermächtigung und Selbstwirksamkeit 74
   Weil es Spaß macht! 77

6. SOZIALE BEWEGUNGEN UND IHRE STRATEGIEN **81**
Merkmale sozialer Bewegungen **86**
Was bedeutet eigentlich „Erfolg“? **89**
Die US-amerikanische Bürgerrechtsbewegung **92**
Die deutsche Anti-Atomkraft-Bewegung **95**
Die argentinische feministische Bewegung **99**
Die deutsche Klimagerechtigkeitsbewegung **102**

7. DEMOKRATIE IST MEHR ALS WAHLEN: GEWALTFREIE AKTION UND ESKALATION **112**
Kämpfen mit gewaltfreier Aktion **114**
Wirkweisen: Von Dialog zu Druck **122**
Eskalationsstufen für mehr Effektivität **124**
Der Elefant in diesem Buch: Ziviler Ungehorsam **131**
Noch einen Schritt weiter? Sabotage und Eskalation **142**
Vertikale versus horizontale Eskalation **143**

8. REFORM, REVOLUTION ODER TRANSFORMATION: THEORIEN DES WANDELS IN SOZIALEN BEWEGUNGEN **149**
Formale Politik als Feindin oder Verbündete? **151**
Ein neues Demokratieverständnis **160**
Unterschiedliche Rollen in sozialen Bewegungen **163**

9. EFFEKTIV VERSUS PERFORMATIV: STRATEGISCH SINNVOLL ORGANISIEREN **172**
Kampagnen: Aktionen strategisch planen **174**
Bündnisse: Allianzen schmieden **185**
System Change, not Climate Change **190**

10. EMANZIPATORISCH, UND ZWAR FÜR ALLE: DISKRIMINIERUNGSSENSIBEL AKTIV SEIN **194**

11. UND JETZT? SELBST AKTIV WERDEN **204**
So viele Themen und Gruppen! **206**
Lokal, national, international – du hast die Wahl **221**
Finde deine Rolle **229**
Vorsicht, Stolpersteine! **232**
Nichts dabei? Eine eigene Gruppe gründen **249**

12. BRENNEN, OHNE AUSZUBRENNEN: LANGFRISTIG AKTIV BLEIBEN 253
Kapitalistische Leistungslogik im Aktivismus 255
Nachhaltiger Aktivismus 257
Individuelle Strategien 258
Kollektive Strategien 261

13. ORGANISIERT EUCH! 265

NACHWORT 267

DANKSAGUNG 271

GLOSSAR 272

LESEEMPFEHLUNGEN 275

ERWÄHNTE GRUPPEN UND KAMPAGNEN: EINE AUSWAHL 276

LITERATUR- UND QUELLENVERZEICHNIS 278

*Für all die stillen Held*innen von gestern,*
heute und morgen.

Einleitung

Es ist 3 Uhr nachts. Ich liege in meinem Zelt und starre mit offenen Augen in die Dunkelheit. Ich zittere vor Kälte. Draußen hat es maximal 5 °C und meine beiden Schlafsäcke helfen nicht, mich warm zu halten. Die Wärmflasche, die ich zwischen meine Beine geklemmt habe, ist schon fast wieder abgekühlt. Der Regen prasselt beständig auf das Zeltdach über meinem Kopf. Dieser Scheißregen! Schon seit 2 Tagen regnet es fast ununterbrochen und der Zeltplatz hat sich in dieser Zeit in eine reine Matschlandschaft verwandelt. Ein paar Zelte weiter zersägt irgendjemand einen ganzen Wald. Ruhe jetzt! Ich merke, wie mir heiße Tränen in die Augen steigen. Warum, zur Hölle, bin ich überhaupt hier? Warum liege ich mitten im Januar in einem Zelt anstatt in meinem warmen Bett? Ich fühle mich erschöpft und will einfach nur schlafen.

Irgendwann fallen mir endlich die Augen zu.

Am nächsten Morgen schäle ich mich aus meinem Zelt. Um mich herum herrscht bereits reges Treiben, denn heute findet die Großdemonstration statt, zu der Tausende von Menschen in Lützerath erwartet werden.

Am Nachmittag stehe ich nicht mit Tausenden, sondern mit Zehntausenden von Menschen vor einer großen Bühne. Mit aller Kraft rufen diese Stimmen: „What do we want? Climate Justice!“ Und spätestens da weiß ich wieder, warum ich die letzten Nächte im Regen in einem Zelt verbracht habe. Warum ich hier bin und nicht in Freiburg in meiner warmen Wohngemeinschaft vor dem Kamin. Warum ich tue, was ich tue. Immer und immer wieder.

Von Wut zu Mut

Um aus „Wut" „Mut" zu machen, muss man nur den ersten Buchstaben auf den Kopf stellen. Ein kleiner Handstand, der scheinbar sehr unterschiedliche Gefühle miteinander verbindet. Und um Mut geht es in diesem Buch. Grund zum Wütendsein haben wir genug: Klimakrise und Rechtsruck sind nur einige davon. Doch zuerst ist da vielleicht erst mal das Gefühl der Wut im Bauch. Oft mischt sich auch Trauer und Verzweiflung dazu – alles keine schlechten Gefühle, die Frage ist eher, was wir mit diesen Gefühlen machen können. Natürlich reicht ein sprachlicher Dreher nicht aus, um aus dem mächtigen Gefühl der Wut über den Zustand der Welt zu einem Gefühl des Mutes zu gelangen. Wir brauchen außerdem Zuversicht, dass eine andere Welt möglich ist. Und davon würde ich dir gerne mit diesem Buch eine ordentliche Portion mitgeben. So viel, dass du deine Wut – aber auch deine Traurigkeit und Verzweiflung – in Mut verwandeln kannst. Mut zu handeln.

Die Klimakrise rast auf uns zu. Ohne Geschwindigkeitsbegrenzung, wie die Autos auf deutschen Autobahnen. Du fragst dich, wie wir der Klimakrise und anderen gesellschaftlichen Krisen etwas entgegensetzen können? Du hast das Gefühl, dass deine Umstellung auf Ökostrom, Biolebensmittel und Bus und Bahn nicht genug sein könnte? In deiner Nachbarschaft, deiner Stadt, gibt es Pläne für ein neues Infrastrukturprojekt, das große ökologische oder soziale Probleme mit sich bringt, und du möchtest etwas dagegen tun, weißt aber nicht genau, wie? Es fehlt an etwas, zum Beispiel an menschenwürdigen Unterkünften für Geflüchtete? Du warst schon einmal bei einem lokalen Ortsgruppentreffen und möchtest dich dort sinnvoll einbringen? Oder hast noch gar keine Berührungspunkte mit dem Aktivsein – willst das aber schleunigst ändern? Dann ist dieses Buch für dich. Denn neben einem kurzen Überblick über die Klima- und weitere Krisen, die uns gerade umgeben, will ich dir in diesem Buch vor allem Mut machen. Mut, dich zu engagieren, zu organisieren. Nach einem kurzen Abriss über die aktuelle Lage beschäftige ich mich in Kapitel 3 (ab S. 34) damit, warum den Kopf in den Sand stecken keine (gute) Option ist. In den Kapiteln 4 und 5 (ab S. 48 bzw. 66) geht es um die Notwendigkeit und Schönheit, die entsteht, wenn wir uns mit anderen Gleichgesinnten zusammentun. Um dabei nicht planlos, sondern möglichst strategisch zur Sache zu gehen, werfe ich in Kapitel 6 (ab S. 81) einen Blick auf soziale Bewegungen, wie sie Gesellschaften vorangebracht haben und auch in Zukunft weiter voranbringen werden. In Kapitel 7 bis 9 (ab S. 112) findest du einige Konzepte aus der Theorie der sozialen Bewegungen. Dabei bringe ich einige allgemeine Praxisbeispiele und aus meiner Erfahrung mit ein. Vieles davon sind Beispiele aus Deutschland, teilweise aber auch aus anderen Ländern. Erfahrungen anderer, **marginalisierter**[i] Menschen stehen im darauffolgenden, 10. Kapitel (ab S. 194) zu diskriminierungssensiblem Aktivsein im Vordergrund. Das 11. Kapitel (ab S. 204) gibt Hinweise und Ideen darauf, wie du selbst aktiv werden kannst, sowie konkrete Verweise auf tolle Initiativen und Gruppen. Ich zeige außerdem ein paar klassische Stolpersteine und versuche, Möglichkeiten anzubieten, wie sie sich umschiffen lassen. Kapitel 12 (ab S. 253) widmet sich der Frage, wie du langfristig Teil der Bewegung bleibst, ohne auszubrennen. Ganz zum Schluss, in Kapitel 13 (ab S. 265), gebe ich dir noch einmal eine ordentliche Portion

i Da ich versuche, den Text möglichst zugänglich zu schreiben, findest du im Text hin und wieder Wörter, die fett geschrieben sind. Sie sind am Ende des Buches auf S. 272 in einem Glossar zusammengefasst, damit du immer wieder nachschlagen kannst.

Mut mit – denn die letzten Seiten dieses Buchs sind hoffentlich der Anfang deiner Reise.

Perspektive ohne Heldentum

Meine eigene Reise begann 2018 (so richtig): Seitdem verstehe ich mich selbst als Teil der Klimagerechtigkeitsbewegung. Erst in Spanien, dann in Deutschland, aber oft auch auf europäischer und internationaler Ebene. Schon seit meiner Schulzeit war ich hin und wieder umweltbewegt aktiv, wirklich politisch wurde es allerdings erst nach meinem Studium. Seitdem war ich auf zahlreichen Klimacamps, Demonstrationen und anderen Aktionen. Ich habe mich schon auf Brücken, in Kohlegruben, auf Straßen, vor Werkstore und Atomkraftwerke gesetzt, um zu protestieren. Ich war in verschiedenen Gruppen aktiv. Dafür überschreite ich, wenn ich es als notwendig ansehe, auch manchmal die Grenzen des Legalen. Ich habe außerdem das große Privileg, mich seit 2020 als Teil meiner Lohnarbeit aktiv für Klimagerechtigkeit und andere progressive Kämpfe einsetzen zu können. Erst für 3 Jahre als Geschäftsführerin und Trainerin bei der *Werkstatt für Gewaltfreie Aktion*, einer kleinen Organisation, die 1974 aus der deutschen Friedensbewegung heraus entstanden ist, seit 2023 als Aktionskoordinatorin und Campaignerin beim internationalen Netzwerk *Stay Grounded*. (Mehr zum Netzwerk kannst du ab S. 208 nachlesen.) Weil es mir dabei am Herzen liegt, Menschen und Gruppen in ihren Bestrebungen nach gesellschaftlichem Wandel zu unterstützen, stehe ich ihnen seit einigen Jahren auch nebenberuflich selbstständig – mal bezahlt, mal unbezahlt – als Trainerin und Moderatorin zur Seite. Das tue ich zum Beispiel mit Workshops zu Kampagnenplanung, gewaltfreier Aktion, Klimagerechtigkeit, Konsens und mit meinem absoluten Lieblingsformat: Aktionstrainings.

Anders als Luisa Neubauer, Lea Bonasera, Lena Schilling und Carola Rackete etwa, die auch Bücher zu Klimaaktivismus[ii] geschrieben haben, bin ich dabei keine Person des öffentlichen Lebens. Meine Erfahrungen spiegeln so oder so ähnlich die Erfahrungen vieler anderer erfahrener Klimaaktiver in Westeuropa wider, die auf ihre Art etwas zur Klimabewegung beitragen, ohne dabei im Rampenlicht zu stehen. Ich glaube, dass besonders diese Geschichten auch inspirierend sein können. Denn wir müssen nicht alle Berühmtheiten wie Luisa Neubauer werden, um selbstwirksam und effektiv für Klimagerechtigkeit und gegen Unterdrückung aktiv zu werden und andere mit unseren Geschichten anzustecken. „Je mehr Bürger*innen mit Zivilcourage ein Land hat, desto weniger Held*innen wird es einmal brauchen"[1], schrieb auch die italienische Journalistin Franca Magnani.

Ein bisschen anders ist in meinem Buch auch, dass es im Vergleich zu ähnlichen Titeln teilweise mehr Bewegungstheorie für strategisches Vorgehen gibt. Denn ich bin überzeugt davon, dass wir aus der Vergangenheit lernen können bzw. sollten und auch soziale Bewegungen letztendlich Systeme sind, die mehr oder weniger effektiv sein können.

Als politische Bildner*in ist es mir wichtig, dir in diesem Buch nicht nur meine Erfahrungen und Argumente vorzulegen. Ich will dich auch unterstützen, deine eigene Meinung und mögliche Handlungsschritte herauszufinden. Deswegen orientiert sich das letzte Drittel am konkreten Handeln. Es gibt außerdem am Ende jedes Kapitels einige Reflexionsfragen. Du kannst sie als Einladung verstehen, innezuhalten und mit dir oder anderen Menschen in deinem Umfeld darüber ins Gespräch zu kommen. Du kannst aber natürlich auch direkt weiterlesen. Wenn du dich zu einzelnen Themen noch wei-

ii Ich verwende das Wort „Aktivismus" im Buch austauschbar mit Engagement.

ter informieren möchtest, findest du am Ende des Buchs (S. 275) ein paar Buchempfehlungen zum Weiterlesen.

Ein politischer Akt

Letztendlich geht es mir mit diesem Buch darum, dich zum Handeln zu ermutigen und dir Werkzeug dafür mitzugeben. „Dieses Buch ist ein Akt, ein politischer Akt, dessen Ziel die Revolution ist.“[2]

> *„Wenn sie euch also fragen, wer bei eurer Abschlussfeier gesprochen hat, erinnert euch daran: Ich bin eine* ***Schwarze*** *Feministin Lesbe Kämpferin Dichterin [sic], die ihren Beitrag leistet. Ein Teil davon ist, euch zu fragen, wie ihr euren Beitrag leistet? Und wenn sie euch danach fragen, was sie gesagt hat, dann erzählt ihnen, dass ich euch die fundamentalste Frage eures Lebens gestellt habe: Wer seid ihr? Und wie setzt ihr die Stärken eures Seins für das ein, woran ihr glaubt?“*[3]
> Audre Lorde[iii] bei einer Abschlussrede am Oberlin College im Mai 1989

iii Audre Lorde war eine Aktivistin und eine der einflussreichsten afroamerikanischen Schriftstellerinnen des 20. Jahrhunderts. Ihre Texte und Reden inspirieren auch heute noch international vor allem Schwarze, feministische und befreiungsbewegte Menschen.

1. Und was, wenn …? Von Zuversicht und (Real-)Utopien

Von 2016 bis 2018 lebte ich in Schweden, um dort mein Masterstudium in Umwelt- und Nachhaltigkeitswissenschaften an der Lund University zu machen. Dieses Studium eröffnete mir eine komplett neue Welt. Das, was ich bereits ansatzweise als gesellschaftliche Probleme wahrgenommen hatte, erhielt Form und Farbe. Und mehr Substanz. Wesentlich mehr Substanz. Egal in welchem Modul, ständig schien es um verschiedene Problematiken auf den unterschiedlichsten Ebenen zu gehen: die sexistische Unterdrückung durch das Patriarchat, die Abholzung des Amazonas-Regenwaldes für Konsumgüter des **Globalen Nordens**, das ungerechte Wirtschaften im Kapitalismus, der ausbeuterische und rohstoffintensive Fleischkonsum – Probleme ohne Ende! Die Liste erschien mir und meinen Mitstudierenden endlos. Die grauen, langen Winter in Schweden taten ihr Übriges: Wir fühlten uns frustriert, verzweifelt, traurig. Nicht wenige von uns suchten Hilfsangebote der Universität bei mentalen Gesundheitsproblemen auf.

In meinem dritten Semester, kurz vor Beginn der Masterarbeit, saß ich wie jeden Tag in unserem Hörsaal und wartete auf den Start einer Gastvorlesung von einer Professorin unseres Instituts, Mine Islar. In knapp 2 Stunden stellte sie uns das Konzept von „**Degrowth**“ vor. Bei diesem Konzept geht es darum, ein niedrigeres und damit nachhaltiges Level von Produktion und Konsum zu erreichen. Damit soll ein **gutes Leben für alle** innerhalb der ökologischen Grenzen möglich werden.

Ich wurde hellhörig, fühlte mich angesprochen und inspiriert von dem Konzept. Es war im Gegensatz zu vielen anderen unserer Studienthemen kein neues Problem, sondern eine mögliche Lösung, eine Vision. Nach der Vorlesung ließ mich das Konzept nie wieder los. Ich recherchierte, las und diskutierte zu Degrowth. Und schrieb meine Masterarbeit über die Möglichkeit, wie die Degrowth-Gemeinschaft eine starke Akteurin des Wandels in der sozial-ökologischen Transformation sein könnte.[4] Das Konzept von Degrowth begleitet mich nach wie vor – als Muster einer Vision, die mich zum Handeln antreibt und mir Orientierung geben kann.

Reale Utopien

Obwohl Degrowth oft auch als „soziale Bewegung" (mehr zu sozialen Bewegungen in Kapitel 6 ab S. 81) bezeichnet wird, sehe ich darin vor allem eine Vision: von einer besseren, gerechteren Welt für alle. Der US-amerikanische Soziologe Erik Olin Wright nannte solche Visionen „Reale Utopien"[5]. Für den 2019 verstorbenen Theoretiker sind Utopien dabei nicht nur irgendwelche unrealistischen Fantasien, sondern inspirierende Visionen, die uns dabei helfen können, Ungerechtigkeiten die Stirn zu bieten. Besonders an seinem Konzept ist, dass es nicht nur um Theorie geht, also irgendwelche komplexen Luftschlösser. Stattdessen stehen praktische Lösungen im Mittelpunkt, die auf realen sozialen Bedingungen sowie Möglichkeiten beruhen – *reale* Utopien eben. Für ihn sind diese Utopien aber nicht nur real, sondern auch **emanzipatorisch**. Sie dienen also dem Zugewinn an Freiheit oder Gleichheit. Laut Wright sollten emanzipatorische Utopien auf 3 Grundprinzipien basieren: sozialer Gerechtigkeit, demokratischer Teilhabe und individueller Freiheit. Diese Prinzipien stehen miteinander in Verbindung und nur wenn sie alle 3 angestrebt werden, kann eine gerechte Gesellschaft entstehen. Im Anschluss findest du eine kurze Zusammenfassung, was jeweils gemeint ist.

Soziale Gerechtigkeit:

Eine gerechte Gesellschaft, wie sie zum Beispiel im Begriff „Klimagerechtigkeit" ja schon wortwörtlich vorkommt, muss bestehende soziale Ungleichheiten und Hierarchien überwinden. Dazu braucht es eine Umverteilung von Ressourcen, aber auch von Chancen, um allen Menschen ein gutes Leben zu ermöglichen.

Demokratische Teilhabe:

Eine gerechte Gesellschaft entsteht nicht von allein. Sie muss erkämpft werden, Tag für Tag. Auch in Demokratien (mehr dazu in Kapitel 7 ab S. 112). Deswegen braucht es Teilhabe, die allen Menschen offensteht, statt bestimmte Bevölkerungsgruppen auszuschließen. Entscheidungen müssen gemeinsam getroffen werden.

Individuelle Freiheit:

Seit der Coronapandemie ist das zugegeben ein teilweise kontroverser Wert. Deswegen muss er nach meinem Verständnis unbedingt mit sozialer Gerechtigkeit, dem ersten von Wrights Grundprinzipien, einhergehen. Laut Wright sollte eine gerechte Gesellschaft den Menschen die Freiheit geben, ihr gesamtes Potenzial zu entfalten und ihre eigenen Lebenswege zu wählen. Dafür braucht es die Beseitigung von Unterdrückung und die Schaffung von Bedingungen, die es den Menschen ermöglichen, ihre eigenen Ziele zu verfolgen.

Sogar Wright selbst gibt aber zu, dass es nicht einfach ist, diese „realen Utopien" in die Tat umzusetzen. Denn dafür braucht es nicht nur politische Veränderungen, sondern auch angepasste soziale Strukturen und individuelle Verhaltensänderungen. Trotzdem – oder vielleicht genau deswegen – ist es wichtig, diese Utopien als eine Art Leitfaden für unser Handeln zu nutzen, um die Welt zu schaffen, die uns vorschwebt. Eine (klima)gerechte Welt. „Dabei sind Utopien natürlich keine Abbilder der Zukunft, sondern Leitbilder ihrer Gegenwart. Sie verändern sich mit der Geschichte und wirken stets in ihrer Zeit“[6], analysiert der Aktivist, Autor und Bildungsreferent Timo Luthmann in seinem Buch „Politisch aktiv sein und bleiben“.

Und meine Realutopie? Die besteht aus einer Welt mit einem bedingungslosen Grundeinkommen für alle. Eine Arbeitswoche mit maximal 20 Stunden ist ganz normal und es gibt nur ein geringes Lohngefälle. Reiche Menschen werden stark besteuert. Bildung und Kinderbetreuungsplätze sind komplett kostenlos. Inhalte, die Unterdrückungs- und Diskriminierungssensibilisierung vermitteln, gehören zum Standard. Es gibt gut ausgebauten und günstigen oder im Nahverkehr sogar kostenlosen ÖPNV und Fahrradnetze. Autos und Flugzeuge spielen nur eine sehr kleine Rolle in dieser Welt. Menschen gehören die Häuser und Wohnungen, in denen sie wohnen – viele leben in Gemeinschaften zusammen, und/oder in Mehrgenerationenhäusern. Leerstand oder Spekulation mit Immobilien? Gibt es nicht. Biologische Landwirtschaft ist nicht die Ausnahme, sondern die Regel, genauso wie die Teilnahme an Projekten solidarischer Landwirtschaft. Queere Familien und Alleinerziehende erfahren die gleiche Unterstützung wie heterosexuelle Familien, und Abtreibungen sind legal. Energiegewinnung ist wesentlich dezentralisierter und in der Hand der Bürger*innen selbst. Sie beruht auf erneuerbaren Energien und einer drastischen Reduktion des Energieverbrauchs. Insgesamt findet in allen Lebensbereichen viel mehr Selbstbestimmung und -verwaltung statt. Menschen organisieren sich in Kooperativen und Genossenschaften und engagieren sich in vielen Bereichen ehrenamtlich. Und auch in den Köpfen hat sich so einiges verändert: Wir haben uns – unter anderem dank Werbungsverbot für umweltschädliche Produkte – von der Konsumlogik losgelöst und konzentrieren uns auf Gemeinschaftserlebnisse, Zeit in der Natur, beim Sport, beim Spielen, beim Lesen ... Es herrscht Bewegungsfreiheit für alle. Weltweit. Restriktive Freihandelsabkommen gehören der Geschichte an. Stattdessen beherrscht Zusammenarbeit auf Augenhöhe das internationale Klima. Das alles und noch so viel mehr ist Teil meiner Utopie – und ich finde sie wunderschön und erstrebenswert.

Dass Utopien oft keinen guten Ruf haben, halte ich für problematisch. Denn sie sind äußerst wichtig für soziale Bewegungen. Sie statten uns mit einer positiven Idee für die Zukunft aus, mit einer Vision, die wir gemeinschaftlich anstreben. Die amerikanische Schriftstellerin und Aktivistin Walidah Imarisha sieht in Science-Fiction großes Potenzial, um diese Visionen zu entwickeln: „Visionäre Fiktion verlangt von uns, dass wir in unseren Zukunftsvisionen unrealistisch sind, weil alle wirklichen, substanziellen sozialen Veränderungen zu der Zeit, als die Menschen dafür kämpften, als unrealistisch angesehen wurden – *bis diese Menschen die Welt veränderten, um sie zu verwirklichen.*“[7]

Dass wir dabei den genauen Weg hin zu dieser Utopie noch nicht kennen, spielt gar keine so große Rolle. Denn wenn wir auf den Moment warten, an dem wir einen perfekten Plan für unsere gemeinsame, sozial-ökologisch gerechte und gewaltfreie Zukunft haben, dann diskutieren und basteln wir wohl bis zum Zeitpunkt des endgültigen Kollapses daran herum. Ausschlaggebend ist deswegen vor allem, dass wir uns gemeinsam auf den Weg machen. Hier und heute. Nicht erst nach der nächsten

Bundestagswahl, und auch nicht erst nach dem nächsten Aktionsgruppentreffen.

So sind diese Utopien nicht nur ein Ansporn für Menschen innerhalb sozialer Bewegungen, sondern sie haben auch einen Mobilisierungscharakter nach außen. Visionen können uns helfen, den langen Atem nicht zu verlieren, den wir brauchen, um die herrschenden Verhältnisse zu verändern. Schritt für Schritt. Denn: „Soziale Veränderung ist kein Sprint, sondern ein Marathon"[8], wie Timo Luthmann schreibt.

Zuversicht trotz negativer Gefühle

Die Klimakrise ist kein positives, hoffnungsvolles oder gar optimistisches Thema. Ganz im Gegenteil: Immer mehr Menschen haben „Klimaangst", realisieren die Tragweite der Klimakatastrophe und ihre Auswirkungen auf das eigene Leben. Das kann wahnsinnig deprimierend sein. Wenn wir uns viel mit der Klimakrise beschäftigen, ist es manchmal schwer, nicht die Zuversicht zu verlieren. Es gibt Tage, an denen scheint auch mir alles viel zu viel, zu düster, zu sinnlos. Denn trotz der vielen Bemühungen, trotz Klimastreiks mit Millionen von Menschen, finden politische Veränderungen viel zu langsam und viel zu minimal statt. Es ist fundamental, zu erkennen und sich einzugestehen, wie dramatisch die Klimakrise ist, um ins Handeln zu kommen. Denn warum sollte ich meine Gewohnheiten ändern, mein komfortables Leben aufgeben oder zumindest einige Zeit davon opfern, wenn es gar kein gravierendes Problem gibt?

Trotzdem braucht es eben auch Zuversicht. Denn ohne Zuversicht könnten wir es mit dem Handeln ja gleich ganz sein lassen. Also: Augen und Ohren auf für die Problematik der Klimakrise – unbedingt. Aber auf der anderen Seite zeigen eine Studie der schwedischen Psychologieprofessorin Maria Ojala und ähnliche Arbeiten aus der Klimapsychologie, dass problemorientiertes Handeln uns das Gefühl gibt, eine riesige Verantwortung auf unseren Schultern zu tragen.[9] Denn die Klimakrise und andere, komplexe Probleme ähnlichen Ausmaßes kann niemand allein lösen. Und dieses Gefühl lähmt uns eher, anstatt zu beflügeln.

Vielleicht kennst du das ja selbst: Gefühle der Trauer, Wut, Angst, aber auch Scham und Schuld können über uns hereinbrechen, wenn wir uns mit der Klimakrise, anderen Krisen und der eigenen Rolle darin ernsthaft auseinandersetzen. Mit diesen Gefühlen bist du nicht allein. Vielen Menschen, auch mir, geht es immer wieder so. Unsere Gefühle sind Teil von uns, wir können sie nicht wegwünschen. Aber: Auch diese negativen Gefühle helfen uns – bei nicht weniger als beim Überleben. Die Psychologin Renée Lertzman beschreibt, dass in der Auseinandersetzung mit der Klimakrise ähnliche emotionale Abläufe wie beim Verlust eines geliebten Menschen erkennbar sind: Phasen der Verleugnung, der Wut, der Resignation und des Akzeptierens wechseln sich gegenseitig ab.[10] Statt uns für diese Gefühle zu schämen oder zu versuchen, sie wegzudrücken, sollten wir sie anerkennen und vor allem mehr darüber miteinander ins Gespräch kommen. Und: Wir sollten ihre transformative Kraft nutzen. Menschen wie Ökophilosophin Joanna Macy und Psychologe Chris Jonstone versuchen ganz explizit, Menschen zu unterstützen, und Verzweiflung und Ohnmacht gegenüber Krisen in konstruktives, gemeinsames Handeln umzuwandeln. Ihre Arbeit orientiert sich am Ansatz der Tiefenökologie, welche auf Mitgefühl und Verständnis für Natur und Erdlebewesen beruht. Sie verbinden in ihrer Arbeit spirituelle Gedanken mit Psychologie.[11]

Die nigerianische Schriftstellerin und Feministin Chimamanda Ngozi Adichie schreibt in ihrem berühmten Essay „We should all be feminists“: „Wir sollten alle wütend sein. Wut hat eine lange Geschichte, positive Veränderungen voranzubringen. Aber ich bin auch hoffnungsvoll, weil ich fest an die Fähigkeit der Menschen glaube, sich zum Besseren zu verändern."[12] Adichie weist schon in die Richtung, die ich meine, wenn ich von Zuversicht schreibe. Dass „Zuversicht" in diesem Buch sogar auf dem Cover steht, war eine Idee des Verlags – und nicht meine. Ich war anfangs skeptisch, ob ich überhaupt zuversichtlich bin und was Zuversicht für mich im Hinblick der Klimakrise bedeutet. Durch Gespräche mit einigen Freund*innen fiel mir dann auf: dass ich jeden Tag aufstehe und zu Klimagerechtigkeit arbeite, aktiv bin, ist ein riesiger Akt der Zuversicht. Dieses Buch zu schreiben in der Hoffnung, dass es Menschen wie dich zum Handeln bewegt, ist auch Zuversicht.

Es ist keine „naive" Zuversicht. Denn wie ich in Kapitel 2 (ab S. 23) noch deutlicher machen werde, ist die Klimakrise schon da, es wird schwierig, es sterben bereits Menschen. Wir werden wohl kaum alle gemeinsam glücklich und zufrieden Hand in Hand gen Sonnenuntergang laufen. Es ist eher ein Balanceakt zwischen naiver Hoffnung und (über-)lebensnotwendiger Zuversicht. Wir brauchen eine Zuversicht, die aus Vertrauen besteht. Wie genau dieses Vertrauen aussieht, ist von unserer eigenen Theorie des Wandels abhängig. Die einen brauchen Vertrauen in politische Prozesse und bestimmte Autoritäten – beispielsweise Entscheidungsträger*innen in der Regierung. Die Anarchist*innen unter uns, die mit dem Staat als Prinzip nichts anfangen können, brauchen Vertrauen in das Potenzial von Selbstorganisation. Zu diesen verschiedenen Theorien des Wandels komme ich noch im Kapitel 8 (ab S. 149). Was wir aber alle ganz sicher brauchen, ist Vertrauen in sozialen Wandel und somit in die Menschheit. Unglaublich stark finde ich dafür dieses Zitat des amerikanischen Politikwissenschaftlers

Howard Zinn: „In schlechten Zeiten hoffnungsvoll zu sein, ist nicht einfach nur töricht romantisch. Es basiert auf dem Fakt, dass die Geschichte der Menschheit nicht nur eine Geschichte von Gewalttätigkeiten, sondern auch eine von Mitgefühl, Opfer, Mut, Güte ist.“[13]

Fragend schreiten wir voran

Menschen brauchen einen Anker, um zu handeln. Eine Idee, wie die Zukunft in 20, 30, 40 Jahren oder weit darüber hinaus aussehen könnte. Ein Funken Realismus ist dafür nicht verkehrt, aber die Idee darf und soll gerne utopisch sein. Audre Lorde ist überzeugt von der Macht der Visionen, die uns „bestärkt [...] darin, zu wachsen und uns zu verändern und auf eine Zukunft hinzuarbeiten, die es noch nicht gibt.“[14] Den Weg dorthin beschreiten wir gemeinsam. Besser gesagt testen wir verschiedene Wege, verlaufen uns, korrigieren unseren Kurs. „Fragend schreiten wir voran“[15] lautet das treffende Motto der zapatistischen Widerstandsbewegung (mehr dazu in Kapitel 7 auf Seite 128). Um den ersten Schritt in Richtung dieser Utopie zu gehen und die Energie für weitere Schritte aufzubringen, brauchen wir Zuversicht, kollektiv, aber auch jede*r Einzelne von uns. Eine Zuversicht, dass Veränderung nicht nur dringend notwendig, sondern eben durchaus möglich ist.

Reflexionsfragen:

- Wie sieht deine Utopie von der Welt im Jahr 2050 aus?
- Wie sieht ein Tag in deinem Leben in dieser Utopie für dich aus?
- Was gibt dir Zuversicht mit Blick auf die Klimakrise und die ungewisse Zukunft?

2. Status quo: Klimakrise und andere Ungerechtigkeiten

Mein Kopf brummt. Ich spaziere gerade mit einem Freund durch die Sträßchen der kleinen Stadt im Norden Deutschlands, in der er wohnt. Wir reden über den Golfstrom. Schon vor einigen Wochen hat eine meiner Kolleginnen entgeistert von einer neuen Studie erzählt, von der sie in den Nachrichten gelesen hatte. Ich habe ihr damals nur mit einem halben Ohr zugehört – ich *wollte* nicht so genau hinhören. Aber in dem Gespräch mit meinem Freund stellte ich mich diesen Neuigkeiten, hörte ihm aufmerksam zu und erfuhr: Niederländische Forscher*innen haben herausgefunden, dass wir im Jahr 2050 einen Kipppunkt im Atlantik erreichen könnten. Der Golfstrom könnte zusammenbrechen. Denn wegen der Erderhitzung schmelzen die Gletscher. Ihr Süßwasser gelangt ins Meer und verändert so den Salzgehalt. Dadurch ändern sich die Ströme, die maßgeblich für die Klimaverhältnisse auf den Kontinenten entscheidend sind. Wenn alles so voranschreitet, wie die Forscher*innen vermuten, könnte es auf der ganzen Nordhalbkugel im Durchschnitt bis zu 30 °C kälter werden.[16] Selbst, wenn nicht genau das eintritt, was im Modell errechnet wurde – wir stellen ständig neue traurige Rekorde auf und überschreiten Kipppunkte. Ich merke, wie sich mir langsam die Kehle zusammenschnürt. Meine

Hände fangen an zu schwitzen. Ich spüre Angst vor einer ungewissen Zukunft.

Wir reden weiter über die möglichen Konsequenzen und stellen fest, dass wir uns beide nicht so richtig vorstellen können, was das für die Zukunft wirklich bedeutet. Für unsere Zukunft und die vieler anderer Menschen. Menschen, die uns nahestehen, unsere Freund*innen, unsere Familie. Aber auch Menschen, die wir nicht kennen, weil sie weit weg wohnen oder die eine komplett andere Lebensrealität als wir haben und denen wir uns trotzdem irgendwie verbunden fühlen im Angesicht dieser beklemmenden Realität. Heute überwiegen bei mir die Angst und die Verzweiflung, selbst wenn ich beides nicht allzu nah an mich heranlasse. Oft ist da aber auch Wut anstelle von Verzweiflung. Wut auf die, die so viel dazu beitragen, dass der Golfstrom möglicherweise zusammenbricht. Und die sich scheinbar einen Scheiß darum scheren, dass Menschen schon heute an den Konsequenzen ihrer egoistischen, profitorientierten Handlungen sterben.

Klimakrise ist jetzt

Im Synthesebericht des Weltklimarates IPCC von 2023 steht es schwarz auf weiß: Wir müssen handeln. Jetzt. Denn die Erderhitzung schreitet wesentlich schneller voran als ursprünglich vom IPCC im Jahr 2018 angenommen. Im Juni 2024 verkündete UN-Generalsekretär António Guterres, dass das 1,5-Grad-Limit quasi nicht mehr haltbar sei.[17] Denn wenn wir diese Grenze nicht überschreiten wollen, müssen die weltweiten CO_2-Emissionen bis 2030 um fast die Hälfte gegenüber 2018 sinken.[18] Bis 2030 sind es, während ich dieses Buch schreibe, noch gut 5 Jahre. Bis 2035 müssen die Emissionen sogar um insgesamt 65 % sinken. In den verschiedenen Szenarien der Wissenschaftler*innen wird jedoch selbst in den optimistischsten Fällen diese 1,5-Grad-Grenze überschritten – nicht nur kurzzeitig, sondern mehrere Jahrzehnte lang. Bereits heute liegt die Erwärmung bei ungefähr 1,1 °C. Diese erst einmal etwas abstrakte Zahl bedeutet, dass bereits heute Flüsse über ihre Ufer steigen und Häuser niederreißen, wie 2022 im Ahrtal im Westen Deutschlands, wo mindestens 17 000 Menschen ihr Hab und Gut verloren.[19] Die Zahl bedeutet, dass im selben Jahr in Indien und Pakistan Hitze und Überschwemmungen zu Stromabschaltungen, großflächigen Ernteausfällen und 1700 Hitzetoten in Pakistan führten.[20] Sie bedeutet, dass 2023 unglaublich viele Waldbrände in Europa wüteten. Das sind nur 3 Beispiele von vielen.

Kriege und Konflikte

Die Klimakrise ist nicht die einzige tickende Zeitbombe. Wortwörtlich sehen wir, wie Diskussionen rund um das Thema Waffenlieferungen in Deutschland und Österreich Einzug halten. Neben Kriegen, die nur selten Schlagzeilen in deutschsprachigen Medien machen – wie im Jemen und Kongo, in Syrien und Myanmar – branden zunehmend weitere Kriege auf: zwischen Russland und der Ukraine, zwischen Israel und Palästina.

Der Kampf um Ressourcen wie Bodenschätze und Land ist dabei aktuell die zweithäufigste Ursache für Konflikte.[21] Wie beispielsweise in den 90er-Jahren an der Grenze zwischen Mauretanien und dem Senegal, als es nach einer Trockenperiode zu Kämpfen um Ackerland kam.[22] Die Klimakrise verschärft solche Konflikte bereits jetzt. Auch in Zukunft wird sie diese durch Ressourcenknappheit und Naturkatastrophen weiter verstärken. Ressourcenkonflikte innerhalb nationaler Grenzen, aber besonders auch auf globaler Ebene, werden durch Profitinteressen und Konkurrenzkampf angeheizt. Denn oft spielen die natürlichen Ressourcen, wie etwa Ölvorräte, eine große Rolle im strategischen Kriegstreiben der Großmächte.

Rechte Kräfte auf dem Vormarsch

Diese Konflikte treiben Menschen in die Flucht. Neben inner- und zwischenstaatlichen Konflikten werden durch den steigenden Meeresspiegel, verheerende Dürren und andere Naturkatastrophen zukünftig ganze Erdteile unbewohnbar sein. Die Klimakrise könnte bis ins Jahr 2050 über 215 Millionen Menschen zur Flucht zwingen.[23] Auf der Suche nach Sicherheit und Stabilität werden mehr Menschen aus dem Globalen Süden nach Europa kommen.

Die tschadische Umweltaktivistin und Bürgerrechtlerin Hindou Oumarou Ibrahim schreibt im Vorwort von Carola Racketes Buch „Handeln statt hoffen“: „Niemand verlässt gerne seine Familie, seine Wurzeln, seine Identität. Wir dürfen niemals vergessen, dass kein Mensch als Migrant geboren wurde. Daher müssen wir aufstehen und deutlich sagen, dass wir diese Zukunft nicht wollen. Und dann Veränderungen umsetzen.“[24]

Das sehen leider längst nicht alle so. Schon jetzt hetzen rechte Parteien und Gruppen gegen Geflüchtete und Migrant*innen im Allgemeinen. In einigen unserer europäischen Nachbarländer zeigt sich diese stärker werdende Rechte bereits in den neuen Regierungen: Im November 2023 kam in den Niederlanden der rechtspopulistische Geert Wilders an die Macht, in Schweden wurde die rechtspopulistische Partei „Schwedendemokraten“ 2022 zweitstärkste Macht, in Italien regiert die rechte Ministerpräsidentin Giorgia Meloni. Auch Deutschland rühmt sich nicht gerade mit einer Willkommenskultur: Im Juli 2023 wurde der erste Bürgermeister der rechtspopulistischen AfD-Partei ins Amt gewählt. Im Januar 2024 dann der nächste Schock: Recherchen vom investigativen Netzwerk *Correctiv* bringen ans Licht, dass sich im November 2023 hochrangige AfD-Politiker*innen mit Neonazis und ähnlich gesinnten, finanzstarken Unternehmer*innen trafen. Dort schmiedeten sie Pläne zur Deportation von Millionen von Menschen aus Deutschland.[25] Die Ergebnisse der EU-Wahl im Juni 2024 bestätigen den beängstigenden Rechtsruck in vielen europäischen Ländern noch einmal schwarz auf weiß.

Rechte Parteien wie die AfD in Deutschland nutzen Krisen wie die steigenden Lebenshaltungskosten infolge der Inflation (2023) und des Krieges von Russland gegen die Ukraine aus, um in der breiten Bevölkerung für ihre Partei zu werben. Mit Forderungen und Erklärungen, die migrantische Menschen als Übeltäter*innen abstempeln, werden Feindbilder geschaffen und zusätzlich gefährliche Scheinlösungen für die Alltagsprobleme von Menschen mit einem geringeren Einkommen oder anderen prekären Lebenslagen präsentiert.

Ausbeutung mit System

Sowohl die Klima- als auch die Energiekrise zeigen klar, wie unterschiedliche Menschengruppen verschieden stark betroffen sind. Diese Krisen verstärken bestehende Ungerechtigkeiten – und haben gleichzeitig oft ihren Ursprung genau darin: Es sind Ausbeutungen mit System.

Die Menschen, die historisch gesehen am wenigsten zur Klimakrise beigetragen haben, leiden bereits jetzt am meisten unter ihren katastrophalen Folgen. Auch hier findet Hindou Oumarou Ibrahim klare Worte: „Dabei lief in den vergangenen 10 Jahren erst der Trailer zu dem anstehenden Horrorfilm über unseren Planeten und die Menschheit. Und meine Leute sind stille Zeugen eines Problems, das sie nicht selbst verursacht haben."[26] Die Menschen in den Ländern des Globalen Südens werden schon jetzt verstärkt von vermehrten Naturkatastrophen und steigendem Meeresspiegel gebeutelt – obwohl sie in der Vergangenheit wesentlich weniger CO_2-Emissionen verursacht haben als Menschen aus dem Globalen Norden bisher. So hat Deutschland seit 1750 insgesamt knapp 95 Milliarden Tonnen CO_2 ausgestoßen. Auf dem *gesamten* afrikanischen Kontinent waren es hingegen im selben Zeitraum nur 51 Milliarden Tonnen.[27] Wir in Deutschland haben dabei den gerechten Anteil am gesamten globalen CO_2-Budget schon um das Zweifache überschritten, gemessen an der Bevölkerungszahl. Also an dem Budget, das für eine 1,5-Grad-konforme Entwicklung maximal verfügbar ist.[28]

Um diese Form der Ausbeutung auf dem Rücken der Menschen im Globalen Süden in irgendeiner Weise rechtfertigen zu können – vor dem eigenen Gewissen sowie vor anderen Menschen –, braucht es erfundene Kategorien, die bestimmte Menschengruppen über andere stellen. Bei der Ausbeutung des Globalen Südens durch den Globalen Norden schlagen sich diese Konstrukte im **Kolonialismus** sowie Rassismus nieder. Für Ressourcen wie Materialien, aber auch Arbeitskraft, die wir brauchen, um unseren Lebensstil hier im Globalen Norden überhaupt aufrechterhalten und im ersten Moment etablieren zu können, müssen wir den Globalen Süden ausbeuten. Das wurde in der Geschichte möglich durch Kolonialismus – also die Entstehung von Kolonien weit weg von unserem europäischen Zuhause.[29] Um wiederum Kolonialismus zu rechtfertigen, wurden künstliche Kategorien erstellt, die Menschen aufgrund ihrer Hautfarbe in verschiedene Klassen einteilen und die einen – die ***weißen*** Menschen – über die anderen stellen. Ein grausames Konstrukt.

Ungerechtigkeiten spielen außerdem zwischen verschiedenen Klassen eine Rolle. Ein Beispiel aus dem

Flugverkehr: Das reichste Prozent der Menschheit verursacht die Hälfte der gesamten Emissionen, die durch Flugverkehr entstehen.[30] Ein Privatjet – die obszönste Art des Reisens in der Luft – stößt das Äquivalent von 2 Tonnen CO_2 in nur einer Stunde aus.[31] Das ist das Vierfache des Jahresdurchschnitts an CO_2-Emissionen einer Person aus Kenia.[32] Doch auch innerhalb von geographischen Regionen gibt es natürlich Klassenunterschiede. So lebten 2021 beispielsweise in Mexiko 318 Millionär*innen[33], während über 30 % der Bevölkerung mit unter 6,85 Dollar pro Tag auskommen müssen[34]. Die konkreten Folgen dieser Klassengesellschaft in der Klimakrise? Menschen mit einem hohen Vermögen oder Einkommen haben beispielsweise viel leichter die Möglichkeit, ihr Zuhause gegen Überschwemmungen zu wappnen als Menschen ohne diese finanziellen Ressourcen.

Neben kolonialen, rassistischen und **klassistischen** Unterschieden gibt es noch weitere Merkmale, die dafür sorgen, dass manche Menschen wesentlich stärker von der Klimakrise betroffen sind. So sind beispielsweise **FLINTA*** stärker betroffen als **(cis-)**Männer. Im Globalen Süden ist das Risiko für Frauen und Mädchen, bei einer Naturkatastrophe zu sterben, vierzehnmal höher als für Männer.[35] Aber auch in Deutschland betrifft die Klimakrise Frauen disproportional, weil es beispielsweise für alleinerziehende Mütter und ältere (alleinstehende) Frauen schwer ist, steigende Energie- und Lebensmittelpreise zu stemmen.[36] Gesundheitlich leiden diese Personen ebenfalls stärker unter der Klimakrise – so waren im Hitzesommer 2022 in Europa 63 % der hitzebedingten Sterbefälle Frauen.[37] Aber auch ältere Menschen, **queere** Menschen, jene mit Behinderung und chronischen Erkrankungen sowie wohnungs- und obdachlose Menschen sind disproportional schlechter dran.

Unser westliches Wirtschaftssystem bedeutet Gewalt

Der Kapitalismus der westlichen Welt bedient sich struktureller Formen der Gewalt, um sich selbst aufrechtzuerhalten. Solche Formen sind im Vergleich zu direkter bzw. personaler Gewalt eher „unsichtbar". Diese Art Gewalt wird von Strukturen geprägt, die dafür sorgen, dass Menschen daran gehindert werden, grundlegende Bedürfnisse zu erfüllen[38] – wie etwa eine Wohnung zu finden oder einen Beruf auszuüben. Beispiele dafür sind Klassismus, Rassismus und Sexismus. So braucht Kapitalismus zur Existenzsicherung wie gesagt beispielsweise Kolonialismus. Dieser führt zu gewaltvollen Konflikten, die unter anderem durch das sogenannte „land grabbing" entstehen, also die Aneignung von Land für politische oder wirtschaftliche Zwecke. Davon sind oft indigene Bevölkerungsgruppen betroffen, so etwa bei der Besitzergreifung großer Regenwaldflächen im brasilianischen Amazonasgebiet. Diese Flächen dienen dann unter anderem der Produktion von Soja zur Tierfutterherstellung und damit letztlich dem Fleischkonsum im Globalen Norden. Oder aber dem Abbau von Kohlevorkommen und der Nutzung von Minen für die Produktion von Konsumgütern für den Globalen Norden. Hier findet somit ganz konkrete Gewalt gegen Menschen im Globalen Süden statt – angetrieben von unserem westlichen, kapitalistischen Wirtschaftsmodell.

Degrowth für das gute Leben für alle

Globale Gerechtigkeit kann aus meiner Sicht nur erreicht werden, wenn aktiv eine Reduktion von Produktion und Konsum im Globalen Norden geplant und umgesetzt wird, sodass Länder im Globalen Süden wieder Perspektiven jenseits vom westlichen, ökologisch desaströsen Entwicklungsmodell entwickeln können. Das ist das bereits erwähnte Konzept von „Degrowth", im Deutschen auch öfter mal mit „Postwachstum" gleichgesetzt. Das zentrale Ziel von Degrowth ist es, ein niedrigeres und damit nachhaltiges Level von Produktion und Konsum zu erreichen. Damit soll ein gutes Leben für alle innerhalb der ökologischen Grenzen möglich werden. Da gerade die Länder mit hohem Einkommen historisch und aktuell auf Kosten des Klimas und vor allem des Globalen Südens wirtschaften, ist Degrowth eine Forderung für Länder des Globalen Nordens. Dabei ist es aber keinesfalls gleichzusetzen mit einer Rezession, wie wir sie beispielsweise in der Coronakrise erlebt haben. Eine Rezession bedeutet die unerwünschte Verkleinerung der aktuell existierenden Ökonomie. Denn unser derzeitiges Wirtschaftssystem braucht Wachstum, um nicht zu kollabieren. Ganz im Gegensatz dazu geht es bei Degrowth um einen Wechsel zu einer komplett neuen Ökonomie – die unabhängig ist von Wirtschaftswachstum.

Klimagerechtigkeit – überall und morgen

Bereits heute, innerhalb der derzeit lebenden Generation, werden viele bestehende strukturelle Ungleichheiten und Machtverhältnisse durch die Klimakrise noch verstärkt. Tendenz: steigend. Vor allem die Jüngeren unter uns sowie unsere Kinder und Enkelkinder werden noch mehr unter den Folgen zu leiden haben. Wer heute 20 Jahre alt ist, wird mit 45 in einer Realität leben, die von den unsicheren Prognosen einer mehr als 1,5 °C heißeren Welt geprägt sein wird. Kein Wunder also, dass die Mehrheit der jungen Menschen in Deutschland im Angesicht der Klimakrise Gefühle wie Angst, Wut, Ungerechtigkeit und Trauer empfinden.[39]

Deswegen muss der Kampf gegen die Klimakrise immer ein Kampf für Klimagerechtigkeit sein. Und zwar für intragenerationelle – also zwischen Menschen innerhalb einer Generation, vor allem zwischen dem Globalen Süden und Globalen Norden – und intergenerationelle Gerechtigkeit – also zwischen den verschiedenen Generationen.

Der österreichische Herausgeber, Autor und Aktivist Manuel Grebenjak bringt es in seinem Buch „Kipppunkte – Strategien im Ökosystem der Klimabewegung" auf den Punkt, wenn er schreibt: „Bei Klimagerechtigkeit geht es um umfassende soziale Gerechtigkeit und gesellschaftliche Resilienz. Anders gesagt: Eine um 1,5 °C aufgeheizte Erde, auf der die meisten Menschen in Unterdrückung und Unfreiheit leben, wäre wohl eine schlechtere als eine 2 °C heißere Welt, die von Gerechtigkeit und Solidarität durchdrungen ist."[40]

Wir leben in einer Welt voller Krisen, einer Polykrise. Die Klimakrise ist eine davon, vielleicht die bedrohlichste mit Blick auf die gesamte Menschheit. Sie ist bereits jetzt Teil unseres Alltags und abhängig von unserer Position in der Gesellschaft mehr oder weniger spürbar. Da diese Krise ihre Ursprünge in den verschiedenen Unterdrückungssystemen unserer aktuellen Gesellschaft hat, brauchen wir nicht nur direkte Antworten auf die Frage, ob und wie wir die 1,5-Grad-Grenze einhalten können, sondern auch darauf, wie wir dies gerecht tun können. Wie die feministische Schriftstellerin und Philosophin Simone de Beauvoir schon 1947 feststellte: „Aus dem Wissen um die realen Bedingungen unseres Lebens müssen wir die Kraft zum Leben und die Gründe für unser Handeln schöpfen."[41] Wir müssen uns also die Frage stellen: Wie können wir diesen Krisen begegnen? Was können wir tun?

Reflexionsfragen:

- Wie betrifft dich die Klimakrise jetzt schon? Gibt es Menschen in deinem Umfeld und darüber hinaus, die sie noch mehr betrifft? Warum ist das so?
- Welche Gefühle regen sich in dir, wenn du an die Klimakrise und andere gesellschaftliche Krisen denkst?
- Wie könnte eine klimagerechte Welt aussehen?

3. Vom Umgang mit gesellschaftlichen Krisen: Wege zur Utopie

Es ist ein lauer Herbstabend im Oktober 2023 und ich sitze mit meinen Teamkolleg*innen von *Stay Grounded* im Wohnzimmer eines Seminarhauses in Italien. Wir haben es uns auf Sofas und Stühlen gemütlich gemacht und sitzen im Kreis. Es ist der dritte Abend unseres einwöchigen Teamtreffens. Dreimal im Jahr treffen wir uns an verschiedenen Orten in Europa, um über unsere Arbeit zu reden, neue Strategien und Kampagnen zu entwickeln – und um persönlich zu quatschen. Da wir alle im Homeoffice in Europa verstreut arbeiten, sind diese Treffen für uns sehr kostbar. Heute Abend hat meine Kollegin ein Thema vorgeschlagen, das ihr schon lange im Kopf herumspukt und sie gerne mit uns teilen wollte. Nun sitzen wir hier also gemütlich beieinander und sie beginnt zu erzählen:

Ihr macht die Aussicht auf die Zukunft Angst – sie hadert damit, dass die Klimabewegung sich daran abarbeitet, dass klimaschädliche Praktiken endlich gestoppt oder wenigstens reduziert werden. Dass sich nur wenige damit auseinandersetzen, was der aktuelle Pfad, auf dem wir uns mit unseren Emissionen befinden, für unsere Zukunft bedeutet. Sie fragt sich, wie wir uns individuell, aber besonders als Gemeinschaft und auch als Klimagerechtigkeitsbewegung darauf vorbereiten können. Meine Kollegin ist schon seit vielen Jahren in der deutschen Klimagerechtigkeitsbewegung aktiv. Während sie erzählt, redet sie bestimmt, doch ihre Stimme stockt immer wieder. Ich merke, wie ein Kloß in meinem Hals entsteht. Da ist sie wieder: diese Bedrückung. Diese Trauer. Als die Kollegin fertig ist, schaut sie in die Runde. Nacheinander reagieren wir: Viele schließen sich den Fragen und Gedanken an. Ich sitze lange schweigend da, höre zu. Für uns alle ist klar: Aufgeben ist keine Option. Dafür brennen wir viel zu stark für Klimagerechtigkeit. Sonst würden wir unsere prekären Jobs gar nicht machen, sondern wahrscheinlich irgendwelchen besser bezahlten und anerkannteren Karrieren hinterherrennen. Die Frage, die wir uns heute Abend gemeinsam stellen, ist eher: Sollten wir uns – ganz persönlich, aber auch als Bewegung – mehr den Zukunftsszenarien stellen und unsere Kraft dafür verwenden? Oder sollten wir weiter unseren Fokus darauf setzen, fossilen Industrien den Garaus zu machen?

Ich glaube, dass es beides braucht. Wir müssen uns wohl oder übel mit den erschreckenden Prognosen für die Zukunft ernsthaft auseinandersetzen und schauen, wie wir kollektiv möglichst solidarisch und fair mit diesen neuen Lebensrealitäten umgehen können. Aber gleichzeitig müssen wir weiterhin versuchen, den Schaden so stark wie möglich zu minimieren – im Voraus. Nicht erst, wenn er entstanden ist. Dafür kämpfe ich mit meiner Arbeit, meinem Aktivismus. Ehrlich gesagt finde ich es psychologisch einfacher, mich in meinem Engagement mit der Vermeidung zu beschäftigen. Denn dafür kann ich mir manchmal ein bisschen Beiseiteschieben erlauben und muss mich nicht jeden Tag damit auseinandersetzen, wie die Welt im Jahr 2050 aussehen wird. Sie ist mir schon heute an dunklen Tagen manchmal zu viel.

Viel zu ungerecht. Meine Motivation nährt sich aus einer Zuversicht. Einer Zuversicht darin, dass wir das Ruder – zumindest ein Stück – noch herumreißen können, wenn wir kollektiv laut und ungemütlich werden. Und jedes Stück zählt!

Zurück ins Seminarhaus in Italien. Mit vielen Gedanken im Kopf und Gefühlen im Herzen gehe ich an diesem Abend in mein Zimmer. Ich fühle mich aufgewühlt durch das Gespräch, aber auch gestärkt. Gestärkt, weil wir uns gemeinsam über den Weg ausgetauscht haben, der vor uns liegt. Oder besser gesagt, die vielen verschiedenen Wege, die alle zum gleichen Ziel führen. Vielleicht sind wir nicht immer auf derselben Route unterwegs. Aber: Wir sind auf dem Weg.

Dabei stehen uns verschiedene Umgangsstrategien und Wege zur Auswahl, die wir in Anbetracht der Klimakrise einschlagen können. Wir müssen uns fragen, welche dieser möglichen Wege uns tatsächlich in Richtung unserer Utopie einer klimagerechten Welt führen können – und welche nicht.

KLIMAFATALISMUS VERSUS GRENZENLOSER OPTIMISMUS

„Climate doomerism" heißt die lose Bewegung bestehend aus Menschen, die sagen: „Wir sind eh schon drüber, es ist alles egal." Sie sind die Pessimist*innen in diesem Szenario. Klimafatalismus ist unglaublich bequem: Wir können die Klimakrise nicht (mehr) aufhalten, also kann alles weitergehen wie bisher. Oder vielleicht sogar: Jetzt erst recht! Her mit dem verschwenderischen, ökologisch desaströsen Leben. Hedonismus? Endlich! Damit spielen Klimafatalist*innen ungewollt in die Hände von fossilen Unternehmen, indem sie den Kampf gegen die Klimakrise aufgeben. Sie ziehen sich aus dem Thema und Kampf komplett heraus. Statt gemeinschaftliche Lösungen zu suchen, besinnen sie sich auf das Private und versuchen im „Rest der Zeit, die bleibt" ein möglichst gutes Leben für sich zu haben. Und ein gutes Leben bedeutet in diesen Fällen dann oft: Konsum. Manche sagen sogar, Klimafatalist*innen seien die neuen Leugner*innen des Klimawandels.[42]

Das Gegenteil vom Klimafatalismus ist grenzenloser Optimismus. Obwohl dahinter eine ganz andere Lebenshaltung steht als beim Pessimismus, sind die gesellschaftlichen Konsequenzen mitunter sehr ähnlich. Auch Optimist*innen können es sich bequem machen, denn, hey: Es wird ja letztendlich bestimmt alles gut! Wer sich die Zukunft rosig ausmalt, muss selbst nicht aktiv werden. Und das kann fatale Folgen für uns alle haben.

ADAPTION UND RESILIENZ: MIT DEN FOLGEN LEBEN LERNEN

Ein Szenario, in dem keinerlei Klimakrise herrscht, ist mit heutigem Stand nicht mehr realistisch. Klimawissenschaftler Oliver Geden, einer der Autor*innen des IPCC-Berichts, sagte: „Wir müssen anfangen, uns ernsthaft mit der Welt jenseits von 1,5 °C Erderhitzung zu beschäftigen.“[43] Viele ökologische Kipppunkte haben wir bereits fast erreicht, darunter das Abschmelzen des grönländischen Eisschildes oder das Absterben des Regenwalds im Amazonasgebiet. Laut einer Studie von mehr als 200 Forscher*innen aus 26 Ländern stehen 5 Kipppunkte kurz vor dem Überschreiten.[44] Um ein bestimmtes Level an Adaption, also Anpassung, kommen wir somit gar nicht herum.

Bei der sogenannten Klimafolgenanpassung dreht sich alles darum, mit den Folgen der Klimakrise umzugehen und so klimabedingte Schäden zu verringern. In den 1960er- und 1970er-Jahren begannen erste Diskussionen in der Ökologiebewegung rund um dieses Thema.[45] Klimafolgenanpassung kann durch technische, aber auch durch soziale und politische Maßnahmen geschehen: Der Bau von Deichen und Dämmen gegen Hochwasser, Flächenentsiegelung und -begrünung gegen „Heat Islands“ in Betonstädten, der Anbau angepasster Pflanzensorten oder schwimmende Städte sind Beispiele von Adaption, wie sie teilweise jetzt schon stattfindet.[46]

Der Begriff der Resilienz spielt eine zentrale Rolle in der Klimafolgenanpassung. Er wurde geprägt vom kanadischen Forscher C. S. Holling.[47] Resilienz bedeutet in diesem Kontext die Widerstandsfähigkeit von (ökologischen) Systemen. Sie hängt davon ab, wie gut sich diese Systeme an externe Stressoren anpassen können.[48] Übertragen auf unsere heutige Situation kann das bedeuten: Unsere Resilienz ist davon abhängig, wie gut wir unsere Gesellschaften auf die Klimakrise und ihre Folgen anpassen können.

Nicht alle Menschen sind gleich von der Klimakrise und anderen Krisen betroffen. Der Erfolg von Firmen wie „Rising S Company“ aus Texas macht es vor – das Konzept lautet: komfortable Bunker, ausgestattet mit allen Annehmlichkeiten für ein luxuriöses Leben zusammen mit anderen Ultrareichen, um sich in Katastrophenfällen im Untergrund abzuschotten.[49] Das klingt total apokalyptisch. Doch so erschreckend diese Vorstellung ist: Sonderlich unrealistisch ist sie eben auch nicht. Wer über Geld oder andere Formen der Macht verfügt, hat in Krisenzeiten die besseren Karten. Das gilt für Einzelpersonen, Akteursgruppen, Länder oder ganze Kontinente. Die aktuelle Migrationspolitik von Deutschland und der EU kann als so eine Abschottung gelesen werden. Das Narrativ? „Das Boot ist voll.“ Wenn das jetzt schon so propagiert wird, was passiert dann wohl erst, sobald Dürren und andere Naturkatastrophen große Teile der Welt unbewohnbar machen? Wie schnell werden diejenigen, die am Steuer des Bootes sitzen, Menschen von der Reling stoßen oder gar nicht erst ins Boot lassen? „Der Klimawandel ist ein Virus, das der düstersten Seite der Menschheit den Boden bereitet“[50], warnt die tschadische Umweltaktivistin und Bürgerrechtlerin Hindou Oumarou Ibrahim.

Deswegen muss Anpassung Fragen der Gerechtigkeit mitdenken. Adaptionsmaßnahmen müssen alle und insbesondere vulnerable Menschen miteinschließen. Auf globaler Ebene ist der *Loss and Damage Fund* (zu Deutsch: Fonds für Verlust und Schäden) ein guter erster Baustein. Bei der Weltklimakonferenz COP28 im Jahr 2023 einigten sich die Länder endlich auf die Einrichtung dieses Fonds, der Länder des Globalen Südens dabei unterstützt, klimabedingte Verluste und Schäden auszugleichen.[51]

Ganz praktische Adaptionsmaßnahmen, die die Frage der Gerechtigkeit miteinschließen, können zum Beispiel Projekte für Ernährungssouveränität oder kostenloser ÖPNV sein.

Was bedeutet Anpassung für uns auf individueller Ebene? Resilienz ist nicht nur für ökologische und soziale Systeme relevant, sondern genauso für uns als Individuen. Auch wir können resilient sein, oder eben nicht. Eine ehrliche Auseinandersetzung mit der Klimakrise und ihren Folgen ruft oft Gefühle der Verzweiflung und Überforderung hervor. Knapp 78 % der Bevölkerung sind besorgt oder alarmiert über die Klimakrise und ihre Folgen.[52] „Klimaangst" wird das seit neuestem oft genannt. Damit einher geht oft eine „Klimamüdigkeit": Dieselbe Studie der Allianz in 8 verschiedenen Ländern zeigt, dass die Angst vor den Folgen der Klimakrise zu-, aber die Kenntnisse über die Klimakrise stark abnehmen. Nur knapp 8 % haben ein großes Klimawissen. „Viele Menschen scheinen auf die täglichen Nachrichten mit Gleichgültigkeit oder Ignoranz zu reagieren", kommentiert Ludovic Subran, Chefökonom der Allianz, die Ergebnisse.[53] Wahrscheinlich tun diese Menschen das aus Selbstschutz – auch ich ertappe mich manchmal dabei, wie ich über Schlagzeilen hinwegscrolle. Weil ich gerade nicht die Kraft dafür habe, mich mit den zermürbenden Artikelinhalten auseinanderzusetzen. Doch wenn wir die Augen vor der Realität verschließen, riskieren wir zu erstarren – anstatt ins dringend notwendige Aktiv-Werden zu kommen. Wichtig ist: Wir sind nicht selbst schuld an diesen Gefühlen, sondern sie sind eher das Ergebnis der Polykrise.

Anpassung kann aber auch problematische Auswüchse annehmen. So erhielt Nachhaltigkeitsforscher Jim Bendell viel Kritik[54] für sein 2018 erschienenes Buch und das damit verbundene neue Konzept der „Deep Adaptation". Seine Analyse? Die Welt sei dem Untergang geweiht – und wir sollten uns entsprechend darauf vorbereiten. Diese Art der Anpassung kann depolitisierend wirken und eher zu Lethargie führen statt zum kollektiven Handeln für Formen der gesellschaftlichen Anpassung, bei der niemand zurückgelassen wird.

Adaption ist Teil einer realistischen und notwendigen Klimapolitik und einer persönlichen Auseinandersetzung mit der Klimakrise – dieser persönlichen Auseinandersetzung, vor der sich Menschen (mich eingeschlossen) manchmal scheuen. Aber je weniger Anpassung notwendig ist und je mehr wir im Vorhinein verhindern können, desto besser.

MITIGATION: SCHÄDEN VERMEIDEN, SO GUT ES GEHT

Mit jeder noch so minimalen Zunahme der globalen Erderwärmung steigt das Risiko irreversibler, abrupter Änderungen in unserem Klimasystem.[55] Gerade bei Hitzewellen macht ein Zehntelgrad einen gravierenden Unterschied aus.[56] Bei einer Erhitzung von 1,5 °C wären bereits 9 % der Weltbevölkerung mindestens alle 20 Jahre einer extremen Hitzewelle ausgesetzt. Bei 2 °C wären es sogar erschreckende 28 %.[57] Mitigation, also Vermeidung, ist wortwörtlich (über-)lebensnotwendig. Die 1,5-Grad-Grenze ist weniger ein Ziel als ein Werkzeug, um uns daran zu erinnern, dass wir handeln müssen.

Mitigation bezieht sich auf Maßnahmen und Strategien zur Verringerung oder Vermeidung von Treibhausgasemissionen, um die fortschreitende Klimakrise zu verlangsamen. Es geht also um Dinge wie die Verbesserung unserer Energieeffizienz, den Einsatz von erneuerbaren Energien, einen Umstieg auf umweltfreundlichere Baustoffe oder weniger tierbasierte Landwirtschaft. Auch die Aufforstung von Wäldern als Kohlenstoffspeicher zählt zu den Vermeidungsstrategien.

Der Kern von Mitigation, die auch wirklich genug greift und uns nicht in absolut lebensfeindliche klimatische Bedingungen katapultiert, muss zugleich die Umstellung unserer Produktion sein. Dafür müssen sich ganze Wirtschaftszweige ändern und sogar unsere Wirtschaft insgesamt muss angepasst werden: Stichwort Degrowth. Nur so können wir Emissionen vermeiden, ohne möglicherweise neue, komplexe Probleme für unsere Zukunft zu kreieren, wenn wir mit neuen Technologien oder Ähnlichem herumexperimentieren. Viel von dieser Verantwortung liegt bei Entscheidungsträger*innen in Politik und Wirtschaft. Sie haben aktuell die Macht, entsprechende Änderungen umzusetzen. Wir müssen an sie appellieren – oder sie, wenn nötig, unter Druck setzen.

Das Problem mit der Klimaneutralität

„Klimaneutralität" ist das neue Lieblingskonzept von Politik und Wirtschaft zur Lösung unserer Probleme. Olaf Scholz erwähnte den Begriff sage und schreibe zehnmal in seiner Rede beim Weltwirtschaftsforum in Davos im Jahr 2023.[58] Was erst mal vielversprechend klingt, verliert beim genaueren Hinsehen leider einen Teil seines Glanzes. Denn Klimaneutralität bedeutet, dass am Ende eine „Nettonull" stehen muss, auf Englisch ein „Net Zero". CO_2-Emissionen müssen also nicht zwingend absolut reduziert werden, sondern können auch ausgeglichen werden. Das passiert sehr oft durch Emissionshandel bzw. Zertifikate oder Kompensation. Der europäische Emissionshandel steht schon lange in der Kritik. Ohne allzu sehr ins Detail zu gehen: Die Preise pro Tonne CO_2 sind viel zu niedrig, es gibt sehr viele kostenlose Zertifikate, die Unternehmen an andere einfach weiterverkaufen können. Auch Kompensationsprojekte sind leider oft weniger hilfreich, als die Initiator*innen uns glauben machen wollen. Ein Beispiel: Ich war früher ein großer Fan von Atmosfair. Als ich noch das Flugzeug für meine Reisen nutzte, kompensierte ich mein CO_2 – und vor allem auch mein schlechtes Gewissen – mit einem Beitrag zu einem Kompensationsprojekt. Das waren beispielsweise Wiederaufforstungsprojekte in einem afrikanischen Land. Was ich leider erst Jahre später erfuhr: Viele dieser Wiederaufforstungsprojekte im Globalen Süden gehen mit Landraub und Menschenrechtsverletzungen einher.[59] Denn oft nutzen indigene Bevölkerungsgruppen die Wälder und werden teilweise vertrieben, damit Menschen wie ich guten Gewissens weiterfliegen können.

Ähnlich beliebt: neue Technologien wie „Carbon Capture and Storage“ (CCS) oder das sehr ähnliche CCUS, das noch die Nutzung (das U steht dabei für „Utilization“) von Kohlenstoff mit einbezieht.[60] CCS ist ein Prozess zur Trennung und Speicherung von CO_2 im Untergrund, zum Beispiel im Meer oder Land.[61] Bei CCUS soll das CO_2 noch genutzt werden, etwa in Plastik, synthetischen Kraftstoffen oder Chemikalien.[62] Das Problem an diesen Ideen? Sie bringen ökologisch und sozial desaströse Folgen mit sich. Manche dieser Auswirkungen können wir noch gar nicht richtig abschätzen. Die Technologien sind riskant, nicht effizient genug und kostspielig – und damit nur Scheinlösungen.[63] Gleichzeitig kann Klimaneutralität so zu einer einfachen Ausrede für Staaten und Unternehmen werden, ihre CO_2-Emissionen gar nicht erst senken zu müssen.

Ganz verteufeln möchte ich Klimaneutralität als Konzept dennoch nicht. Dahinter steckt ein guter Gedanke: nicht noch mehr CO_2 in die Atmosphäre zu pusten. Um das „wie genau“ müssen wir uns aber anderweitig kümmern, als es unter dem Label Klimaneutralität heute größtenteils passiert. Was wir brauchen, sind Vermeidungsstrategien, die auch an bestehenden Machtverhältnissen rütteln – wie an der Hoheit von Großunternehmen und ihren Lobbys.

Antwortmöglichkeiten auch für andere Krisen

Mich treibt in diesem Buch vor allem die Klimakrise um. Entsprechend habe ich in diesem Kapitel die Kapitulation in Form von übertriebenem Pessimismus oder Optimismus, Adaption und Mitigation am Beispiel der Folgen der Erderhitzung aufgezeigt. Aber die Argumente sind genauso für andere Krisen relevant und bleiben teils sehr ähnlich. Auch der voranschreitende Rechtsextremismus in Deutschland, Österreich und darüber hinaus sollte solidarische Formen der Adaption beinhalten: den Aufbau von Solidarnetzwerken und alternativen Orten, die einen geschützten Raum für Betroffene bieten können. Mitigation bleibt weiterhin aus meiner Sicht der wichtigste Pfad: dem Rechtsruck möglichst viel entgegensetzen, die Schlagkraft der Rechtsextremen eindämmen und so die Folgen möglichst verringern. Überschwänglichen Optimismus können sich nur diejenigen von uns leisten, die keine Angst vor Rechtsextremen haben müssen, und er ist damit ziemlich unsolidarisch. Bleibt noch Kapitulation als Ansatz – und dass das weiterhin erst gar keine Lösung ist, versteht sich von selbst. Die Klimakrise ist damit exemplarisch und die Argumente können dir hoffentlich auch in anderen Krisen eine Leitlinie oder ein Anstoß für Reflexion sein.

Hoffnung und Handeln

Fridays-for-Future-Aktivistin Luisa Neubauer und Politikökonom Alexander Repenning bezeichnen sich in ihrem Buch „Vom Ende der Klimakrise“ als Possibilist*innen: „Possibilismus heißt: die Ärmel hochkrempeln. Während Pessimist*innen schnell in einen ebenso lähmenden wie selbstmitleidigen Fatalismus verfallen, und während es sich Optimist*innen in der Erwartung einer rosigen Zukunft bequem machen, werden wir Possibilist*innen aktiv. Solange eine, und sei es noch so kleine Chance auf ein besseres Morgen besteht, sollten wir heute alles daransetzen, sie zu nutzen.“[64]

Der Begriff wurde von Jakov von Uexküll geprägt, dem Gründer des Alternativen Nobelpreises.[65] Der Fokus liegt also darauf, zu sehen, was sein könnte. Es geht darum, die Möglichkeiten zu erkennen – und dafür zu kämpfen, dass sie Wahrheit werden.

Bestseller-Autor Jonathan Franzen veröffentlichte 2019 im New Yorker ein viel kritisiertes Essay mit dem Titel

„What if we stopped pretending"[66] – auf Deutsch: „Wann hören wir auf, uns etwas vorzumachen? Gestehen wir uns ein, dass wir die Klimakatastrophe nicht verhindern können". 2020 widmete er dem Thema sogar ein ganzes Buch. Viele bezeichnen ihn als Klimafatalist. Das ist er aber in meinen Augen keineswegs, denn er schreibt: „Wenn unser Planet uns am Herzen liegt, und mit ihm die Menschen und Tiere, die darauf leben, können wir 2 Haltungen dazu einnehmen. Entweder wir hoffen weiter, dass sich die Katastrophe verhindern lässt, und werden angesichts der Trägheit der Welt nur immer frustrierter oder wütender. Oder wir akzeptieren, dass das Unheil eintreten wird, und denken neu darüber nach, was es heißt, Hoffnung zu haben."[67]

Ich glaube, dass wir noch eine andere Option haben. Eine Option, in der sich Hoffnung und Handeln die Hand geben – ohne dass wir die Realität komplett ignorieren. Audre Lorde bringt es mal wieder auf den Punkt: „Aber ich habe dennoch Hoffnung. Den Realitäten unseres Lebens zu begegnen, ist kein Grund zu verzweifeln – Verzweiflung ist ein Werkzeug unserer Gegner*innen. Den Realitäten unseres Lebens zu begegnen, motiviert uns zum Handeln."[68]

Fatalist*innen haben die Hoffnung längst aufgegeben, und auch bei Anpassung spielt sie nur eine untergeordnete Rolle. Im Gegensatz dazu haben Optimist*innen eine zu große Portion Hoffnung im Gepäck – die Art der „naiven" Zuversicht, die ich im ersten Kapitel bereits als nicht sehr sinnvoll beschrieben habe. Vor allem der Weg der Vermeidung (Mitigation) ist geprägt von der Zuversicht, die uns in Richtung Utopie führen kann. Das heißt aber nicht, dass wir alle uns auf denselben Weg machen müssen. Es macht Sinn, dass manche Menschen sich mit ihrer Energie, ihrem Engagement, mit Anpassungsstrategien auseinandersetzen und sich Gedanken machen, wie wir in einer von der Klimakrise geprägten Welt solidarisch zusammen- und überleben können. So wie meine zu Beginn erwähnte Kollegin zum Beispiel. Zugleich macht es Sinn, dass manche Menschen weiterhin alles daran setzen, dass möglichst viele Emissionen vermieden werden. So wie ich das beispielsweise tue. Solche Arten der Rollenverteilung spreche ich auch im Kapitel 8 (S. 149) noch einmal an.

Unsere zentralen Fragen müssen also sein: Wie können wir vermeiden, dass die Klimakrise noch schlimmer wird? Wie können wir uns für Gerechtigkeit einsetzen?

Reflexionsfragen:

- Welchen Weg sollten wir deiner Meinung nach einschlagen?
- Welche Auswirkungen siehst du kommen? Wie könnten wir damit umgehen, wenn wir sie nicht verhindern? Wie könnten wir diesen Umgang möglichst gerecht gestalten?
- Kennst du Menschen, die bereits das Handtuch geworfen haben? Was könntest du ihnen erwidern? Oder hast du selbst schon überlegt, das Handtuch zu werfen? Was hat dir in der Situation geholfen?

4. Individuum versus System: Eine Frage der Verantwortung

Bei der ersten Vorlesung meines neuen Masterstudiums in „Umwelt- und Nachhaltigkeitswissenschaften" saßen wir im größten Hörsaal unseres Institutsgebäudes. Ich war nervös, aufgeregt und voller Vorfreude mit Blick auf die kommenden 2 Jahre. Neben mir saßen Menschen zwischen Anfang 20 und Mitte 40 aus insgesamt über 15 Nationalitäten. Unsere Studiengangsleiterin startete eine Vorstellungsrunde. Wir standen alle einzeln nacheinander auf, winkten in die Runde und erzählten, wer wir waren: Name, Nationalität, universitärer bzw. beruflicher Hintergrund. Und wir sollten hinzufügen, warum wir uns für diesen Studiengang entschieden hatten. Was in diesen 2 Jahren Studium unser Ziel sei. Easy. Als ich an der Reihe war, stand ich auf: „Hallo, ich bin Sara, komme aus Deutschland, habe einen Bachelor in Angewandter Freizeitwissenschaft, ..." (das mir schon sehr bekannte, etwas ungläubige Gelächter setzte ein) „... und ich habe mich für diesen Studiengang entschieden, weil ich gerne möglichst viel über nachhaltigen Konsum lernen möchte." Ich setzte mich wieder hin, zufrieden.

Nach einigen Wochen sollten wir in einem Modul ein wissenschaftliches Paper lesen. Es zeigte auf, warum nachhaltiger Konsum nicht ausreichend und stattdessen Veränderungen auf systemischer Ebene nötig seien. Wie die Story vom nachhaltigen Konsum für die Rettung aus der Klimakrise eine erfundene Geschichte ganz nach dem Geschmack des Neoliberalismus darstelle. Ich war irritiert. Jemand stellte gerade vieles, nach dem ich strebte – an Wissen, an Veränderungen – in Frage. Hitzig diskutierte ich mit einem Mitstudierenden über die These. Die Argumente waren schlüssig, die Autor*innen lieferten gute Beispiele und Belege. Aber trotzdem! Ich wollte nicht einsehen, dass ich eventuell falsch gelegen hatte. Dass meine Motivation, die mich damals nach Schweden zum Studium geführt hatte, teilweise ein Irrglaube war. Erst nach einigen Wochen des Grübelns und Diskutierens war ich bereit, meine Position anzupassen und bin seitdem überzeugt: Nachhaltiger Konsum allein reicht nicht. System Change, not Climate Change!

Wir wissen allerspätestens seit 1995, dass die Klimakrise menschengemacht ist.[69] Zwar gibt es selbst heutzutage noch Menschen – unter ihnen angebliche Wissenschaftler*innen –, die das anzweifeln. Dabei lassen aber 99 % der wissenschaftlichen Arbeiten keinen Zweifel zu: Die Klimakrise ist real.[70] Und ganz klar eine unbequeme Wahrheit. Noch unbequemer wird es für uns, hier in Europa, mit Blick auf die Verantwortung. Industrienationen spielen eine tragende Rolle bei den historischen und aktuellen CO_2-Emissionen. Das weist sie mit einer klaren Verantwortung für die Reduktion eben jener Emissionen aus. Staaten selbst sind natürlich keine eigenen Akteur*innen, die Entscheidungen treffen können. Wenn wir es genauer nehmen – und das sollten wir, denn Verantwortlichkeiten lassen sich sonst viel leichter von der Hand weisen – sind vor allem Menschen innerhalb dieser Industrienationen am Zug. Doch wer trägt genau die Verantwortung? Und wie sieht diese aus?

INDIVIDUELLE KONSUM- UND VERHALTENSÄNDERUNGEN

Glücklicherweise sind sich heute viele Menschen bewusst, dass es die Klimakrise gibt. Und auch, dass wir etwas dagegen tun müssen. Aber was? Ist doch super einfach! Das versuchen uns zumindest viele Unternehmen zu verklickern. Oder eher: zu verkaufen. Denn mit ökologisch „unproblematischen“ Dienstleistungen und Produkten lässt sich viel Geld machen. Das gute Gewissen für die Ökos unter uns (ja, ich bin definitiv eine davon!), zum super Angebotspreis. Also wird das eigene Verbrennerauto gegen ein schickes neues E-Auto ausgetauscht. Statt Fast Fashion bei H&M kaufen wir uns bei der nächsten Shoppingtour das T-Shirt aus Biobaumwolle. Und der Strom in unserem Zuhause? Natürlich Ökostrom. Wunderbar, die Klimakrise ist gelöst! Oder etwa nicht?!

Das ist alles etwas überspitzt formuliert, aber du weißt, worauf ich hinauswill: Leider ist es mit solchen Konsumentscheidungen natürlich nicht getan. Ein Problem mit der Umstellung von konventionellen auf scheinbar nachhaltige Alternativen lässt sich als sogenannter „Rebound-Effekt“[71] beschreiben: Jede Art des Produktivitätsschubs, also wenn Energie effizienter genutzt wird, sorgt letztendlich dafür, dass wir mehr Energie verbrauchen. Ein Teufelskreis, denn so wird unser Energieverbrauch im Endeffekt gar nicht geringer. Manchmal wird er sogar insgesamt mehr, weil wir sorgloser das Produkt oder die Dienstleistung nutzen. Und was ist mit dem Geld, das wir einsparen, weil zum Beispiel unsere kleine Solaranlage auf dem Balkon dafür sorgt, dass wir weniger konventionellen Strom kaufen müssen? Nun ja, das nutzen wir dann tendenziell für neue Dinge, wie einen Ausflug in den Freizeitpark – was wiederum ökologische Folgen hat. Dieses Phänomen ist wissenschaftlich bewiesen und gilt sowohl für die wassersparendere Waschmaschine als auch für Elektroautos. In unserem Kopf bewirkt das gute Gewissen, das wir bei dem Konsum von diesen „nachhaltigen" Produkten und Dienstleistungen verspüren, tendenziell, dass wir sorgloser weiterkonsumieren – zwar anders, aber doch gleich viel.

Doch nicht ganz so grün

Viele der Produkte, die uns als „grün" verkauft werden, hängen mit der Nutzung von erneuerbaren Energien zusammen. Das gilt für die Wärme in unserem Zuhause, unsere Art, uns fortzubewegen, und Weiteres. Und doch sind erneuerbare Energien – obwohl sie natürlich wesentlich umweltschonender sind als fossile Energieträger – kein Wunderheilmittel. Auch bei erneuerbaren Energien entstehen Umweltschäden (mehr dazu in Kapitel 11 ab S. 204).

„Grüner Konsum" ist also leider nicht die ganze Wahrheit. Und nicht die Antwort auf unsere ökologischen und sozialen Probleme. Denn während du und ich noch darüber nachdenken, wie wir unseren individuellen ökologischen Fußabdruck möglichst klein halten können, verpesten große Konzerne um ein Vielfaches die Luft mit ihren Wirtschaftsaktivitäten. So sind die TOP-100-Unternehmen für ungefähr 70 % der weltweiten CO_2-Emissionen verantwortlich.[72] Im Vergleich dazu sind die eigenen Bemühungen relativ vernachlässigbar, auch wenn sie sich auf persönlicher Ebene manchmal noch so sehr anfühlen, als würden wir ein Opfer bringen.

Der CO_2-Fußabdruck

Heutzutage ist dieser Marker ein sehr beliebter Indikator dafür, wie groß das eigene schlechte Gewissen sein muss. Denn je größer der Fußabdruck, desto umweltschädlicher leben wir. Jeder Mensch könnte bis 2050 jährlich 1,5 Tonnen CO_2 mit dem selbst gewählten Lebensstil verursachen.[73] Dann würden wir gesamtgesellschaftlich innerhalb der kritischen 1,5-Grad-Grenze bleiben. Die*der durchschnittliche Deutsche verbrauchte 2021 jedoch jährlich sage und schreibe 8 Tonnen CO_2. Bei den Österreicher*innen waren es im Durchschnitt gut 7 Tonnen. Also einfach nur weniger fliegen, kein Fleisch mehr essen, kein Auto mehr fahren? Jein. Ganz so leicht ist es leider nicht. Dafür reicht schon ein Blick auf die Organisation, die den CO_2-Fußabdruck weltweit bekannt machte: BP. Ganz genau, der britische Ölkonzern, der weltweit über 20 000 Tankstellen betreibt[74] und für den größten Ölunfall der Geschichte verantwortlich ist.[75] BP veröffentlichte 2004 auf seiner Website einen Rechner für den eigenen „Carbon Footprint" (übersetzt: CO_2-Fußabdruck). Und gleich mit dazu einen Aufruf, den eigenen Fußabdruck doch bitte unbedingt zu reduzieren. Ein Konzern der Erdölindustrie, welche maßgeblich die Klimakrise mit anheizt, ruft uns alle auf, unsere Treibhausgasemissionen zu minimieren? Das ist doch komplett paradox. Warum sollte BP so etwas tun? Schneidet sich das fossile Unternehmen damit nicht ins eigene Fleisch? Weil dann die Kund*innen im Versuch, ihren Fußabdruck zu minimieren, ihr Auto eher mal stehen lassen? Hinter dem Rechner und ähnlichen Imagekampagnen steckt vor allem eins: der Versuch der verantwortlichen Industrien, sich aus der Affäre zu ziehen. Denn es wird uns vermittelt, dass die Klimakrise unsere Schuld ist. Unsere ganz persönliche. Wir als Einzelpersonen sind angeblich hauptverantwortlich für die Klimakrise. Und können den Planeten retten, indem wir unser eigenes Verhalten ändern. Unser Kauf- bzw. Konsumverhalten, genauer gesagt. Das Problem, so die Botschaft, sind weder die fossilen Brennstoffe an sich noch das Einwegplastik oder der

Flugverkehr – oder gar unsere Wirtschaftsweise. Sondern wie *wir* diese Güter und Dienstleistungen konsumieren. Das blendet den Löwenanteil aus, den die jeweiligen Industrien an diesen umweltschädlichen Produkten und Dienstleistungen haben.

Dabei wird oft Greenwashing betrieben. Immer mehr Unternehmen setzen auf eine PR-Strategie, die uns Nachhaltigkeit und Umweltfreundlichkeit vorgaukelt. Dadurch sollen die eigenen Produkte für ökologisch bewusste Konsument*innen attraktiver erscheinen. Begriffe wie „umweltfreundlich“, „grün“ und „nachhaltig“ werden inflationär verwendet, um das eigene Image zu polieren. So inflationär, dass das europäische Parlament Anfang 2024 ein entsprechendes Gesetz zum Verbot von Greenwashing in der Werbung verabschiedet hat.[76] Denn hinter den Buzzwords verbergen sich oft leere Versprechen. Von Autoherstellern, die mit „sauberen“ Dieselautos werben, bis zu Fast-Food-Ketten, die behaupten, umweltfreundliche Verpackungen zu verwenden – die Liste der greenwashenden Akteur*innen ist lang. Das „New Climate Institute“ hat in einer Studie 24 multinationale Unternehmen unter die Lupe genommen und ihre Klimaversprechen und -strategien bewertet.[77] Das Ergebnis? 15 von 24 Unternehmen wie Nestlé, Volkswagen, Google und Samsung haben zwar hohe Ziele, aber erreichen diese nicht mal annähernd. Sie schwindeln uns etwas vor.

Also … auch schon egal?

Versteh mich nicht falsch: Individuelle Konsum- und Lebensstilentscheidungen sind ein Baustein von Veränderung. Und der CO_2-Fußabdruck ist kein per se schlechtes Konzept, auch wenn er schon allein auf rechnerischer Ebene seine Tücken hat und die Komplexität an schädlichen Klimaauswirkungen nur sehr unzureichend widerspiegelt – denn es gibt natürlich noch viel mehr umweltgefährdende Treibhausgase und andere Indikatoren, wie beispielsweise Wasserverbrauch. Derartige Konzepte können uns aber trotzdem definitiv helfen, eine Einschätzung des eigenen Lebensstils zu erhalten. Und gegebenenfalls unser Verhalten nach bestem Wissen und Gewissen anzupassen – sofern wir es uns leisten können. „Leisten können" meine ich hier ganz wörtlich: Bio-Lebensmittel, ein E-Auto und fair produzierte Kleidung sind oft teurer als konventionelle Produkte. Dementsprechend hängt es nicht zuletzt vom Geldbeutel und somit von der Klasse ab, ob und inwieweit Menschen umweltfreundlich konsumieren können. Auch hier besteht die Gefahr, dass wir Einzelne dafür verantwortlich machen, anstatt unser Augenmerk auf notwendige Veränderungen in den Institutionen und Strukturen zu richten.

Natürlich ist es dennoch gut und richtig, dass wir versuchen, entsprechend unserer Möglichkeiten unser Verhalten klimagerecht zu gestalten. Denn obwohl die eine Flugreise oder das eine neue Smartphone numerisch quasi nichts zur Verschlimmerung der Klimakrise beiträgt, tun diese kleinen (Kauf-)Entscheidungen das in der Summe natürlich doch. Wenn nämlich zum Beispiel die Hälfte der in Deutschland lebenden Menschen denkt: „Ach, noch eine Flugreise mehr dieses Jahr macht doch keinen Unterschied" – dann wären das 40 Millionen Flugreisen jährlich. Hinzu kommen noch die Leerflüge, die Airlines machen, um ihre Flughafenslots nicht zu verlieren. Es gibt also noch zahlreiche Nebeneffekte von unseren eigenen, scheinbar sehr persönlichen und kleinen Entscheidungen. Und das macht definitiv einen Unterschied. Denn in Summe sind diese einzelnen, individuellen Verhaltensweisen die Nachfrage, die in unserer Marktwirtschaft dringend gebraucht wird, damit das kapitalistische System nicht in sich selbst zusammenbricht. Nicht ohne Grund titeln die Tagesschau und andere Leitmedien immer wieder: „Schwacher Konsum: Deutsche sparen lieber statt zu kaufen“[78] oder „Konsumklima so gut wie seit über einem Jahr nicht mehr“[79].

Westlicher Lebensstil und Wirtschaftsmodell

Bei unserem modernen Lebensstil in Westeuropa geht es viel um Konsum. Wir definieren teilweise sogar unsere Identität über unseren Konsum. Du bist, was du konsumierst. Dinge zu kaufen, macht uns „glücklich“ – zumindest für kurze Zeit. Unternehmen produzieren Konsumgüter und Dienstleistungen, für die es jede Menge Ressourcen braucht. Das tun sie, um möglichst viel Profit zu machen.

Die berühmte indische Aktivistin, Globalisierungskritikerin und Physikerin Vandana Shiva schreibt in ihrem Buch „Eine andere Welt ist möglich“: „Viele unserer Mitstreiter*innen sehen den Konsum als die Wurzel der gegenwärtigen Probleme an. Konsum ist jedoch nur ein Symptom einer viel tieferen Krankheit. Er ist vor allem die Folge einer Überproduktion, die irgendwie verkauft werden muss. So werden wir getrieben, viel mehr zu kaufen, als wir brauchen. Die Spirale des Wachstums treibt Unternehmen dazu, unaufhörlich zu verkaufen.“[80]

Unser aktuelles, westliches Wirtschaftsmodell ist vollkommen von der Realität losgelöst. Es wird wissentlich komplett missachtet, dass wir nur so viel wirtschaften können, wie wir natürliche Ressourcen zur Verfügung haben. Kein Stück mehr. Denn für jede Art der Wirtschaftsaktivität wird die Natur genutzt, also beispielsweise Energie, Land oder andere Ressourcen. Zudem profitiert dieses Modell wahnsinnig davon, dass Teile der Gesellschaft – meist der ärmeren und diskriminierten Bevölkerungsgruppen – verschiedenste Formen von unbezahlter Arbeit leisten, ohne sie dafür zu würdigen, sondern sie auszubeuten. In der Wirtschaftssprache sind das dann „externalisierte Kosten“.

Wenn unsere auf Wachstum ausgelegte Wirtschaftsweise weiterhin Natur und Gesellschaft ausbeutet, dann treiben wir die Klimakrise immer weiter voran, destabilisieren so unsere Ökosysteme und gefährden unsere eigene Lebensgrundlage. Und das unabhängig von unseren persönlichen Kaufentscheidungen.

Ausschließlich auf „Suffizienz“, also materielle Genügsamkeit, zu setzen, reicht dafür nicht aus. Die alleinige Kritik an übermäßigem Konsum wirkt oft depolitisierend. Sie verschiebt den Fokus von politischen Veränderungen auf individuelle Verhaltensänderungen. Die „Privatisierung des Umweltschutzes“ nennt das die deutsche Transformationsforscherin Maja Göpel in ihrem Buch „Unsere Welt neu denken“.[81] Anders ausgedrückt: ein Ablenkungsmanöver der Wirtschaft, um die Verantwortung auf uns Bürger*innen zu verschieben.

Wir brauchen vielmehr einen Systemwandel, eine radikale Umverteilung von Ressourcen und einen kulturellen Wandel hin zu gemeinsamen Werten wie Sorge, Solidarität und Autonomie. Nur so ist ein gutes Leben für alle möglich.

ÄNDERUNGEN AUF STRUKTURELLER EBENE

Nachdem ein Investmentfonds dichtmachte, stellte der Autozulieferer einer Fabrik in Florenz 2021 seinen Betrieb ein. 420 Menschen verloren von einem Tag auf den anderen ihren Job. Das ließen sich viele der Arbeiter*innen nicht gefallen. Sie schlossen sich zusammen und besetzten die Fabrik. Später gründeten sie ein Kollektiv und versuchen seitdem, die sozial-ökologische Transformation selbst anzugehen. Sie wollen eine Kooperative erstellen, die anstatt Autoteile zukünftig Lastenräder und Solarzellen produziert.[82] Dieser Kampf stößt auf Widerstand – und ist ein Beispiel für die Tatsache, dass Veränderung nicht einfach so passiert, sondern aktiv eingefordert werden muss.

Es braucht politische Maßnahmen, um die Klimakrise zu adressieren. Für den benötigten Umbau müssen von der Politik Gesetze und Vorschriften eingeführt und kontrolliert werden. Dadurch kann Druck auf die Wirtschaft ausgeübt werden. Gleichzeitig können auch unsere ganz individuellen Bemühungen durch politische Gesetzgebung entweder verstärkt oder aber behindert werden. Marktmechanismen allein – also zum Beispiel Steuererhöhungen, CO_2-Emissionshandel und so weiter – sind dabei kein Allheilmittel. Staatliche Regelungen inklusive Verbote: Das klingt für viele erst mal nach Verlust von Freiheit. Doch diese Art des Eingreifens spielt eine maßgebliche Rolle im Kampf um Gerechtigkeit. Auch Maja Göpel schreibt: „Staatliche Regelungen haben zur Freiheit der Wissenschaft und Forschung geführt, zum Ausbau von Universitäten, zur öffentlichen Gesundheitsversorgung, zur Rede-, Meinungs- und Versammlungsfreiheit, zur Gleichheit aller Bürger*innen vor dem Gesetz. Staatliche Regelungen eröffneten viele Freiheiten."[83]

Verbote und Förderungen von bestimmten Produkten, Dienstleistungen und Verhaltensweisen wie der Ausbau von Radverkehrswegen, die Vereinfachung von Regelungen für Solarbalkonkraftanlagen, ein Verbot von Privatjets und Pestiziden schaffen Anreize für umweltfreundliches Verhalten, genau wie eine sozial-ökologische Steuerpolitik (also zum Beispiel hohe Steuern für CO_2-intensive Produkte). Sie schaffen damit Freiheiten für Menschen im Globalen Süden und zukünftige Generationen. Und auch Vergesellschaftungsprozesse können so eine lenkende Rolle einnehmen.

Der Deutsche Ethikrat veröffentlichte 2024 ein Gutachten, in dem er schreibt: „Es ist unangemessen, wenn staatliche Akteure von Individuen emissionsärmeren Konsum erwarten, solange innerhalb der vom selben Staat gewollten und unterstützten Wirtschafts- und Gesellschaftsordnung die Voraussetzungen dafür zu einem guten Teil nicht erfüllt sind oder sogar konterkariert werden, sodass emissionsärmeres Handeln in vielen Feldern immer noch ‚moralisches Heldentum' verlangt."[84]

Das spiegelt sich auch in den Ergebnissen einer Studie der Organisation *More in Common* wider, in der sich zwei Drittel der Befragten für mehr Vorschriften und Regeln aussprachen, „damit jeder von uns genug für den Klimaschutz macht." Gleichzeitig glauben 70 %, „dass die Wirtschaft eher zu wenig bzw. viel zu wenig für den Klimaschutz tut."[85]

Wir können uns bemühen, energieeffizienter zu leben und unsere Heizung öfter abzustellen, aber das wird nicht ausreichen, solange die Industrie weiterhin unermüdlich fossile Brennstoffe verbrennt. Systematische Änderungen bedeuten, die Art und Weise, wie beispielsweise Energie erzeugt wird, neu auszuhandeln.

Und auch, wie viel Energie überhaupt erzeugt werden muss – abhängig davon, welche Prioritäten wir zur Erreichung eines guten Lebens für alle setzen. Wir müssen uns fragen und als Gesellschaft gemeinsam entscheiden, welche Sektoren der Wirtschaft in einer Postwachstumsgesellschaft schrumpfen sollen – und welche gleichbleiben oder sogar größer werden sollten. Bildung und Gesundheitsversorgung beispielsweise müssen für unsere ökologisch und sozial gerechtere Zukunft dringend ausgebaut werden. Umweltschädliche Sektoren, die soziale Ungleichheiten anfeuern, wie beispielsweise der fossile Energiesektor, der Rüstungssektor oder die Werbeindustrie, müssen schrumpfen. Das erfordert nicht nur ein Umdenken in unseren Köpfen, sondern auch einen drastischen Umbau unserer Wirtschaft.

Unternehmen spielen eine entscheidende Rolle in der Bewältigung der Klimakrise. Die Eigentümer*innen und Vorständ*innen großer Unternehmen in unserem kapitalistischen Wirtschaftssystem haben dabei kein oder wenn überhaupt nur ein geringes Interesse daran, die eigenen Aktivitäten so anzupassen, dass sie mit einer klimagerechten Zukunft kompatibel sind. Denn das würde bedeuten, dass beispielsweise Kohleunternehmen oder Autobauer*innen von der Bildfläche verschwinden – oder sozial-ökologisch umgebaut werden hin zu Unternehmen für erneuerbare Energien oder für Busse und Bahnen. Dies passiert nicht von allein.

KOHÄRENZ: DAS TUN, WAS GEHT

Menschen sind voller Widersprüche, das ist mir klar. Aber diese Widersprüche sind teilweise schwer auszuhalten. Kognitive Dissonanz bezeichnet in der Psychologie das unangenehme Spannungsgefühl, wenn 2 Kognitionen im Widerspruch stehen – also zum Beispiel widersprüchliche Einstellungen, Absichten oder Meinungen. Wenn wir also wissen, dass unser Handeln klimaschädlich ist und es trotzdem tun, dann spüren wir Schuldgefühle und negative Emotionen.[86] Im Einklang mit den eigenen Werten und Idealen zu leben bedeutet für mich auch, dass die Forderungen, die ich als Aktivistin an Entscheidungsträger*innen stelle, mit meinem eigenen Verhalten kohärent sind. Dabei geht es mir – Hand aufs Herz – nicht zuletzt um meinen eigenen inneren Frieden, denn ich vermeide kognitive Dissonanz. Natürlich sind es oft strukturelle Schwierigkeiten, die ein besonders sozial-ökologisches Verhalten in unserer Gesellschaft, wie sie jetzt ist, schwierig machen. Denn um kein Auto zu besitzen oder es öfter stehen zu lassen, brauchen Menschen Zugang zu öffentlichen Verkehrsmitteln, die bezahlbar sind. Wer auf dem Land wohnt und ein geringes Einkommen hat, kann noch so viele kognitive Dissonanzen verspüren, die Realität hält dann trotzdem von einem Verhalten ab, das den eigenen Idealen entspricht. Wenn die Infrastruktur nicht gestellt oder es viel teurer ist, sozial-ökologische Entscheidungen zu treffen, dann ist das ein strukturelles Problem. Eines, an das ich mit meinen Forderungen an Entscheidungsträger*innen anzuknüpfen versuche. Deswegen versuche ich, mich nicht selbst zu geißeln und andere Menschen nicht zu verurteilen, wenn sie scheinbar Entscheidungen fällen, die nicht mit ihren politischen Forderungen übereinstimmen. Es zählt doch eher der Wille, innerhalb der gegebenen Umstände bis zu einem gewissen Grad dem eigenen Anspruch nach einem sozial-ökologischen Verhalten gerecht zu werden. Ohne komplette Selbstaufgabe – denn dann haben es die Verfechter*innen des Kapitalismus geschafft, mich erfolgreich von meinen größeren, systematischen Zielen abzubringen oder gar komplett abzulenken.

Neben dem inneren Frieden kann diese Frage der Kohärenz auch für den „äußeren Frieden" sinnvoll oder notwendig sein. Als Beispiel: Zwei Aktivist*innen der *Letzten Generation* flogen im Frühjahr 2023 für einige Monate nach Südostasien[87] und posteten auf ihren Social-Media-Kanälen darüber. Sie wurden in der Öffentlichkeit scharf verurteilt: „Klima-Kleber fliegen nach Bali! So rechtfertigen die Chaoten ihre Doppelmoral", titelte die BILD-Zeitung gewohnt reißerisch.[88] Das Ganze wurde ein Skandal. Die nachträglichen Beteuerungen der Aktivist*innen in einem Statement, der Rückflug sei der letzte ihres Lebens gewesen[89], halfen nur bedingt, den Imageschaden zu begrenzen. Klimaredakteurin Susanne Schwarz konterte: „Hämisch mit dem Finger auf diejenigen zu zeigen, die einen Klimanotstand verhindern wollen, aber dabei nicht perfekt sind, folgt einem Reflex zur Gewissensberuhigung: Die sind ja auch nicht besser!"[90]

Gerade Aktivist*innen, die politische Forderungen an Entscheidungsträger*innen stellen, werden immer wieder angeprangert. Insbesondere für feindselige Journalist*innen, aber auch für andere nicht wohlgesonnene Menschen in den sozialen Medien ist es ein Leichtes, die Plastikflasche bei der Pressekonferenz zur Schlagzeile zu machen statt den Anlass der Pressekonferenz selbst – das eigentlich Wichtige. Jede Kleinigkeit ein gefundenes Fressen. Wer nicht kohärent ist, macht sich also angreifbar. Auch hier halte ich absolute Perfektion für schwer erreichbar. Trotzdem ist es aus meiner Sicht (nicht nur) aus strategischen Gründen sinnvoll, möglichst vorbildlich im eigenen Verhalten zu sein. Denn sonst erscheine ich unglaubwürdig.

WÄHLEN REICHT NICHT

Wir leben in einer Demokratie. Wir sind so viel mehr als nur Konsument*innen: Wir sind Bürger*innen. Und damit meine ich nicht nur diejenigen unter uns, die in Deutschland oder Österreich wahlberechtigt sind. Auch wenn das die erste Definition des Dudens[91] ist. Ich meine uns alle, inklusive jener Menschen, die illegalisiert im Land leben – also vom Staat als illegal erklärt werden.

Wenn wir uns auf unsere Rolle als Konsument*innen beschränken, dann bleiben uns nur Kaufentscheidungen. Quasi wählen durch Konsum. Unser Kassenbon ist aber kein Stimmzettel für eine bessere Welt. Vielen von uns stehen Wahlen zur Verfügung. Wählen zu gehen ist ein wichtiger Teil von Demokratie, schließt aber viele Menschen aus, die beispielsweise illegalisiert sind oder minderjährig. Hinzu kommt: Unsere Stimme bei der Wahl abgeben können wir nur alle paar Jahre, und meist werden unsere Anliegen durch solche Wahlen sowieso nicht genügend gedeckt. In Deutschland habe ich regelmäßig die Möglichkeit, mein(e) Kreuzchen auf eine Handvoll verschiedener Parteien zu verteilen. Natürlich gibt es noch mehr Parteien, aber die scheitern regelmäßig an der 5-%-Hürde. Fakt ist: Keine der größeren Parteien spiegelt meine Interessen tatsächlich wider. Denn keine hat aus meiner Sicht Positionen, die radikal genug sind für die Bekämpfung der Klimakrise und anderer gesellschaftlicher Krisen. Und selbst wenn eine Partei mit relativ sinnvollen sozial-ökologischen Positionen Teil der Bundesregierung wird, läuft es dann in der Regel doch oft nur auf eine „Realpolitik" ohne wirklich effektive Konsequenzen hinaus. Ein gutes Beispiel ist die Grüne Partei in der aktuellen Ampelkoalition in Deutschland. Ein „Energiegeld" sollte laut Wahlprogramm der Grünen Familien und Geringverdiener entlasten.[92] Das

„Klimageld“ fand sich auch im Koalitionsvertrag wieder. Nun steht aber fest: Über besagtes Klimageld wird erst nach der nächsten Bundestagswahl 2025 entschieden.[93] Auch das Aus für Verbrennermotoren bis 2030, das im Wahlprogramm der Grünen prominent war, wird keine Realität mehr. Bereits im Koalitionsvertrag mit SPD und FDP suchte man vergeblich nach dieser harten Grenze. Bisher sieht es so aus, als würde Deutschland sich nur an das von der EU besiegelte Aus bis 2035 halten. Und selbst das ist kein wirkliches Aus: Auf Druck der deutschen Regierung gibt es nun eine Ausnahme für „klimaneutrale“ Kraftstoffe, sogenannte E-Fuels.[94] Die gern verwendete Begründung für solche und ähnliche Entscheidungen: Sachzwänge, Kompromisse zwischen Koalitionen und so weiter. Deswegen reicht der Gang zur Urne nicht aus.

Teil unserer demokratischen Gemeinschaft zu sein, gibt uns Rechte. Glücklicherweise inklusive dem Recht, sich zu versammeln, zu protestieren. Und dieses Recht sollten wir auch dringend nutzen, denn Protest ist Teil der Weiterentwicklung unserer Demokratie. Die wiederum ist kein Automatismus. (Darauf komme ich auch in Kapitel 7 ab S. 112 noch einmal zu sprechen.) Mit unserem Protest können wir die Politiker*innen in ihren Ämtern daran erinnern, welche Versprechen sie uns damals in ihren Wahlprogrammen gegeben haben. Wir können versuchen, unsere Belange und Forderungen an sie heranzutragen: Zum Beispiel, indem wir Demonstrationen vor dem Rathaus organisieren oder besuchen und dabei die neuen Radwege bzw. die Verkehrswende fordern, die uns vor der Wahl von der*dem grünen Bürgermeister*innen und Gemeinderatsmitgliedern versprochen wurden.

Das System aus den Angeln heben

Ja, Konsumverhalten und Lebensstil spielen definitiv eine Rolle in der Bekämpfung der Klimakrise. Aber wichtiger sind Veränderungen auf einem systemischen Level. Sie bergen ein großes Potenzial, die sozial-ökologische Transformation breiter gefächert und zügiger voranzubringen. Dabei können diese Entscheidungen auf unterschiedlichen Ebenen stattfinden: lokal, regional, national und international. Es gilt, besonders die Politik und Wirtschaft in die Verantwortung zu nehmen. Die Politik als Steuerin besonders der Wirtschaft – mit entsprechenden Gesetzen und Leitlinien. Und die Wirtschaft, genauer gesagt die zahlreichen Unternehmen als Hauptverursacher*innen der Klimakrise.

Lasst uns also unsere Forderungen an Entscheidungsträger*innen aus Wirtschaft und Politik richten. Und außerdem als Klimaaktive Vorbilder mit großen oder auch kleinen Lebensentscheidungen sein, ohne uns selbst und unsere Mitstreiter*innen dabei zu stark unter zusätzlichen Druck zu setzen.

Diese Forderungen können wir am besten stellen, wenn wir uns zusammentun. Wenn wir im Kollektiv handeln statt jede*r für sich an der Kasse, in der Wahlkabine.

Reflexionsfragen:

- Was hat dich frustriert bei dem Versuch, möglichst nachhaltig zu konsumieren und zu leben?
- Welche Änderungen auf systemischer Ebene bräuchte es, um einen ökologisch und sozial verträglichen Lebensstil für dich und andere einfacher zu machen?
- Wo ziehst du für dich die Grenze, wie viel Energie, Zeit und Geld du in eine gewisse Kohärenz zwischen eigenem Verhalten und politischen Forderungen investieren kannst bzw. willst?

5. Zusammen stark: gute Gründe für kollektives Handeln

17. Januar 2024, Freiburg im Breisgau, Deutschland.

Zusammen mit 10 000 Menschen stehe ich auf dem Platz der Alten Synagoge in der Stadtmitte. Neben mir halten meine Mitbewohner*innen Schilder hoch. Wir hören gerade der Rede einer Vertreterin einer Jugendpartei zu. Ein Bündnis der lokalen Jugendorganisationen mehrerer Parteien hatte zu dieser Großdemonstration aufgerufen.

Vor einer Woche veröffentlichte das Medienhaus *Correctiv* seine Recherchen zu rassistischen Plänen der AfD und Neonazis. Eine Welle des Aufschreis geht seitdem über Ländergrenzen hinweg. Es ist entsetzlich, dass solche menschenverachtenden Gedanken überhaupt in Köpfen entstehen können. Gar laut ausgesprochen und zu konkreten Deportationsplänen ausgearbeitet werden.

Wir stehen leicht erhöht auf einem kleinen Podest, von hier habe ich die Bühne, aber auch die Menschen auf dem Platz im Blick. Da wird es plötzlich warm in meiner Brust. Ich spüre, wie mir Tränen in die Augen schießen. In diesem Moment weiß ich: Ich bin gerade genau am richtigen Ort. Mit den richtigen Menschen – mit meinen Mitbewohner*innen, mit Fremden. Und es ist ein Gefühl der Hoffnung, der Erleichterung, zu sehen, dass ich mit meinen Ängsten, Sorgen und Wünschen eine von vielen bin. Ich bin nicht allein. *Wir* sind nicht allein.

Dieses Gefühl nehme ich später mit nach Hause, in meinem Kopf, in meinem Körper, in meinem Herz. In den nächsten Wochen denke ich immer wieder, wenn wieder mal alles aussichtslos erscheint, an diesen einen Moment zurück.

Was ich damit sagen will? Es gibt so viele gute Gründe, warum wir handeln sollten – oder vielmehr müssen. Und zwar nicht nur für uns allein, sondern gemeinschaftlich, im Kollektiv.

WEIL WIR SOLLTEN: MORALISCHE PFLICHT & SOLIDARITÄT

Die Frage nach dem Sinn des Lebens hat bestimmt jede*n von uns schon beschäftigt. Meine persönliche Antwort darauf ist nicht sonderlich philosophisch: Ich kann mir meine eigene Existenz auch nicht so richtig erklären. Außer damit, dass ich – so wie potenziell alle von uns – auf der Welt bin, um sie irgendwie „besser" zu machen. Das bedeutet für mich persönlich, dass ich mein Bestes tun will, die Welt etwas weniger ungerecht zu machen. Ich hoffe sehr, das klingt nicht zu hochtrabend.

Wenn ich mir dabei anschaue, was für eine gesellschaftliche Position ich habe, dann wird aus diesem „Sinn des Lebens" sogar eine moralische Pflicht. Als *weiße* Person, die in Deutschland lebt, aus einem akademischen Haushalt kommt, Teil der Mittelschicht hier ist, ein regelmäßiges Einkommen hat und nicht be_hindert ist, genieße ich ziemlich viele Privilegien. Das bedeutet, dass ich aufgrund meiner Stellung in der Gesellschaft oft Vorteile habe: „Ein Privileg ist ein Recht, ein Vorteil oder eine Sicherheit, die ein Mensch aufgrund einer (zugeschriebenen) Zugehörigkeit zu einer Gruppe bekommt. Gleichzeitig bleibt diese Person aufgrund dieses Privilegs von bestimmten Belastungen und Diskriminierungen verschont. Privilegien beruhen auf historisch gewachsenen, institutionalisierten Systemen – wie beispielsweise Sexismus oder Rassismus."[95]

Ganz konkret bedeutet das, dass mich die Klimakrise später und weniger hart trifft als andere Menschen. Dass der aufstrebende Faschismus erst mal nicht mich oder meine Familie persönlich gefährdet. Außerdem habe ich Zugang zu Ressourcen wie Geld, Wissen, Zeit und Netzwerken. Meiner Stimme wird mehr Gehör geschenkt als den Stimmen von anderen Menschen. Für mich ist deswegen klar, dass ich diese Privilegien nicht nur nutzen will, sondern auch unbedingt sollte, um den verschiedenen Ungerechtigkeiten etwas entgegenzusetzen und solidarisch mit Betroffenen zu sein. Wenn ich nämlich angesichts von offensichtlichen Ungerechtigkeiten „neutral" bleibe, beziehe ich auch dadurch automatisch eine Position. Und zwar keine, für die ich stehen will.

Die afroamerikanische Autorin Toni Morrison, die als erste Schwarze Autorin den Literaturnobelpreis erhielt, ermahnte uns: „Ich sage meinen Studierenden: ‚Wenn ihr diese Jobs bekommt, für die ihr so brillant ausgebildet wurdet, denkt daran, dass eure eigentliche Aufgabe darin besteht, dass ihr, wenn ihr frei seid, jemand anderen befreien müsst. Wenn ihr etwas Macht habt, dann ist es eure Aufgabe, jemand anderen zu ermächtigen. Das ist nicht nur ein Spiel mit der Wundertüte.'"[96] Ich habe aufgrund meiner Privilegien größtenteils (noch) die Wahl, ob ich mich aktiv mit den Krisen der Welt auseinandersetzen will – oder eben nicht. Andere Menschen haben diese Wahl nicht (siehe folgender Abschnitt). Der deutsche Journalist und Schriftsteller Friedemann Karig findet ziemlich klare Worte in seinem Buch „Was ihr wollt: Wie Protest wirklich wirkt", wenn er sagt: „Wir liegen in einer lauwarmen Badewanne, die andere durch Streiks, Demonstrationen und Blockaden für uns eingelassen haben."[97] Wir haben also nicht nur eine moralische Pflicht gegenüber den Menschen im Globalen Süden und unseren Kindern, sondern gegenüber den Menschen, die sich in der Vergangenheit gegen Ungerechtigkeit und für die Freiheiten einsetzen, die wir heute als selbstverständlich ansehen.

Das Gefühl der „moralischen Pflicht und Solidarität" trage ich schon ziemlich lange in mir. Ich kann mich nicht erinnern, ob ich die Frage nach dem Sinn des Lebens – *wenn* ich sie denn beantwortet habe – für mich je anders beantwortet habe. Vermutlich nicht, jedenfalls hatte meine damalige Klassenlehrerin im Grundschulzeugnis der 1. Klasse angemerkt: „Sara zeigte einen ausgeprägten Gerechtigkeitssinn. Stets fühlte sie sich für andere verantwortlich."

Ich finde das gut so. Es gibt mir (meist) ein gutes Gefühl, mich aktiv gegen Ungerechtigkeit einzusetzen. Aber ich musste auch lernen, meine Motive zu hinterfragen. Denn die waren in der Vergangenheit teilweise problematisch – wie bei vielen anderen *weißen* Aktiven. Gerade wenn es darum geht, gegen soziale Ungerechtigkeit auf globaler Ebene aktiv zu werden, laufen *weiße* Menschen wie ich Gefahr, das „White Saviourism Syndrome" zu reproduzieren. Das bedeutet, *weiße* Menschen verstehen sich als Retter*innen, die Schwarzen Menschen „helfen" müssen. Damit sprechen sie Schwarzen Menschen ab, sich selbst verteidigen und für sich selbst einstehen zu können. So werden ungewollt doch wieder problematische rassistische Stereotype reproduziert. Die eigenen Privilegien zu nutzen, um auf Ausbeutung aufmerksam zu machen, ist wichtig. Aber wir sollten dabei unbedingt die Frage des „Warums" ehrlich beantworten und uns darüber im Klaren sein, dass wir uns bei Kämpfen, von denen wir nicht selbst betroffen sind, auf das Unterstützen von Betroffenen konzentrieren sollten (mehr dazu auch im Kapitel 10 ab Seite 194).

WEIL WIR MÜSSEN: ÜBERLEBENSNOTWENDIGKEIT

Im Umkehrschluss haben manche Menschen nicht die Wahl, ob sie sich engagieren wollen oder nicht. Sie *müssen* handeln, um zu überleben. Das ist vor allem bei marginalisierten Menschen der Fall und wird mit Blick in die Zukunft auch auf die nachfolgenden Generationen mehr und mehr zutreffen.

Schon 2009 insistierte der damalige Präsident der Malediven, Mohamed Nasheed: „Für uns ist der Klimawandel keine ferne oder abstrakte Bedrohung, sondern eine unmittelbare Gefahr für unser Überleben.“[98] Durch den Anstieg des Meeresspiegels droht den Inseln ein Untergang und bereits jetzt kommt es zu schweren Erosionen und Wassermangel.[99] Die Malediven sind eines der am stärksten von der Klimakrise betroffenen Länder der Welt. Das führt für die dortige Bevölkerung zu einem direkteren Dringlichkeitsgefühl als für Menschen wie mich. Denn ich habe bisher meist noch die Wahl, ob ich meine Augen vor dem Elend der Welt verschließe oder ob ich kämpfe. Obwohl ich als Frau auch vom Patriarchat direkt betroffen und somit in Hinblick auf die Klimakrise stärker gefährdet bin als Männer. So waren zum Beispiel beim Tsunami 2004 in Südostasien viermal so viele Frauen unter den Opfern wie Männer.[100]

Wer aus Gründen des Überlebens gegen Ungerechtigkeit kämpft, nimmt oft – gezwungenermaßen – noch ganz andere Repressionen in Kauf als Menschen, die die freie Wahl haben. Ganz konkret sichtbar ist das an tragischen Fällen der Ermordung von Umwelt- und Menschenrechtsaktivist*innen insbesondere in Lateinamerika.

WEIL WIR VIELE SIND: GEMEINSCHAFTSGEFÜHL

In einer Welt, in der wir uns in westlichen Gesellschaften immer mehr aufs Individuum konzentrieren, kann kollektives Handeln ein wichtiger Gegenpol sein. Menschen sind Herdentiere und suchen Gemeinschaft. In einer Zeit, in der soziale Isolation wegen der Coronapandemie oder Vereinsamung im Alter oft Schlagzeilen machen, tut es gut, mit anderen Menschen nicht nur in Kontakt zu treten, sondern gemeinsam auf ein Ziel hinzuarbeiten.

Es ist tatsächlich meistens dieser Grund, der mich bei Aktionen regelmäßig unglaublich berührt. Bei eigentlich jeder Demo, jeder Aktion des zivilen Ungehorsams gibt es den einen besonderen Moment, in dem es plötzlich wie eine große Welle über mich schwappt. Ich stehe zwischen Menschen, mal singend, mal rufend, mal still. Menschen, die aus demselben Grund wie ich auf der Straße, auf einem Marktplatz, vor einem Werkstor, in einem Wald stehen oder sitzen. Menschen, die wie ich auf eine andere, gerechtere Zukunft hoffen – und bereit sind, für sie zu kämpfen. Dann kommt es, dieses bestärkende Gemeinschaftsgefühl, das mich oft noch sehr lange trägt.

Das Gefühl stellt sich nicht nur ein, wenn ich an einer Aktion teilnehme. Besonders wichtig – wenn auch vielleicht nicht ganz so plötzlich und übermächtig wie in solchen konkreten Situationen – ist es, wenn ich längerfristig aktiv bin. Denn kollektives Handeln ist im Idealfall nicht nur punktuell. Für die großen Veränderungen, die wir anstreben, braucht es langfristiges kollektives Handeln. Dafür finden wir uns oft als feste Gruppe oder etwas loseres Gefüge zusammen, um gemeinsam einen Stand auf dem Markt, eine Demonstration, ein Bildungsprojekt, ein Klimacamp, eine Aktion zu organisieren.

Allein wäre das oft nicht möglich. Und wer schon einmal ein größeres Projekt in einer Gruppe gemeistert hat, weiß, wie stark das zusammenschweißen und ein Gefühl der Gemeinschaft auslösen kann.

Die neoliberale Denkweise treibt uns immer mehr zum Rückzug ins Individuelle. Vor dem Hintergrund ist gemeinschaftliches Handeln und das Gefühl, Teil einer Gruppe zu sein, wahnsinnig bestärkend. Die deutsche Psychologin Judith Mangelsdorf bestätigt mein Bauchgefühl auch wissenschaftlich: Zugehörigkeit ist für langfristiges politisches Engagement zentral.[101] Wir stärken dadurch unsere Resilienz, also unsere Fähigkeit, Krisen gut zu überstehen.

Manche Aktionsformen ermöglichen es uns sogar, eine andere Form der Gemeinschaft im Hier und Jetzt zu leben. Ob in Klimacamps, Häuser- oder Waldbesetzungen, im Wohnprojekt des Mietshäusersyndikats: Das alles sind Räume, in denen wir unsere Utopien von einem anderen Zusammenleben ausprobieren können. Auch dieses Erfahren von kollektiven Lebens- und Organisationsformen stärkt unsere Resilienz. Denn nur gemeinschaftlich werden wir in Zukunft ein solidarisches Miteinander in einer Welt, die von der Klimakrise geprägt ist, aufrechterhalten können.

Das Beste an der ganzen Geschichte? Du kannst mit deinem Verhalten andere dazu bewegen, selbst aktiv zu werden! Denn Vorbilder in unserer direkten Umgebung sind maßgeblich dafür, dass wir auch die Couch verlassen, unser Demoschild schnappen und uns gemeinsam zur nächsten Kundgebung aufmachen. FOMO[iv] für politisches Engagement quasi.

iv FOMO ist eine englische Abkürzung für „Fear of Missing Out" und beschreibt die Angst, etwas zu verpassen.

WEIL ES MUT MACHT: SELBSTERMÄCHTIGUNG UND SELBSTWIRKSAMKEIT

Jede*r Einzelne von uns hat die Möglichkeit, positive Veränderungen herbeizuführen. Das klingt doch erst mal motivierend, oder? Manchmal löst ein Leser*innenbrief oder ein Post in den sozialen Medien eine breite, wichtige Diskussion aus. Oder wir nutzen unsere Position, zum Beispiel als Organisator*in einer Veranstaltung, um dort Menschen auf der Bühne Platz zu bieten, die marginalisierte Perspektiven einbringen. Das Gefühl der Selbstwirksamkeit wird dabei noch stärker, wenn wir uns gemeinsam für eine Sache einsetzen. Der Zusammenhalt innerhalb einer Gemeinschaft verstärkt nicht nur das eigene, individuelle Engagement, sondern schafft auch eine Dynamik, die weit über das Einzelne hinausgeht. In gemeinsamen Aktionen können wir eine kollektive Energie spüren, die noch viel mehr Kraft für Veränderungen in sich birgt, als wenn wir allein vor uns hin wursteln.

Im Wesentlichen geht es bei der Selbstwirksamkeit darum, inwieweit eine Person daran glaubt, dass ihre eigenen Anstrengungen und Handlungen einen Einfluss auf ihre Umwelt und die Ereignisse in ihrem Leben haben können. Eine hohe Selbstwirksamkeitserwartung führt oft dazu, dass Menschen Herausforderungen optimistisch angehen, Schwierigkeiten als überwindbar betrachten und hartnäckig an ihren Zielen arbeiten. Und genau das brauchen wir für langfristiges politisches Engagement, sagt auch Psychologin Julia Mangelsdorf.[102] Die Selbstwirksamkeit bezieht sich nicht nur auf die tatsächlichen Fähigkeiten einer Person, sondern genauso auf ihre Wahrnehmung dieser Fähigkeiten.

Eng damit verknüpft ist das Gefühl von Selbstermächtigung. Selbstermächtigung bezieht sich auf den Prozess, bei dem Individuen oder Gruppen die Befähigung, das Selbstvertrauen und die Autonomie entwickeln, ihre eigenen Entscheidungen zu treffen, eigene Ziele zu verfolgen und ihre Interessen zu vertreten. Selbstermächtigung zielt darauf ab, Menschen dazu zu befähigen, kollektiv zu handeln, um gemeinsame Ziele zu erreichen und positive Veränderungen in ihrer Umgebung herbeizuführen. Sobald wir erkennen, dass wir durch unser Handeln tatsächlich Einfluss nehmen können, steigt unser Selbstwertgefühl. Die Überzeugung, einen Beitrag zum Umweltschutz leisten zu können, stärkt nicht nur das individuelle Wohlbefinden, sondern fördert auch den Glauben daran, dass gemeinsames Handeln einen bedeutenden Unterschied machen kann. Vielleicht bist du selbst Anfang dieses Jahres auf die Straße gegangen, um gemeinsam mit Hunderttausenden anderen Menschen als Reaktion auf die *Correctiv*-Recherchen gegen den Rechtsruck zu demonstrieren? Als ich hier in Freiburg zusammen mit den Mitbewohner*innen meiner WG auf dem großen Platz der Alten Synagoge in Freiburg stand, war es auch wieder da: dieses verdammt gute Gefühl, dass wir gemeinsam stark sind. Die Zukunft liegt in der gemeinsamen Überzeugung, dass jede*r Einzelne einen Beitrag leisten kann – und dass wir gemeinsam unaufhaltsam sind.

Viele Gruppen in der Klimabewegung und anderen emanzipatorischen sozialen Bewegungen bieten jede Menge Raum, diese Selbstermächtigung zu erfahren. Ich bin auch aus diesen Gründen besonders gerne Teil von Gruppen, bei denen es keine formalen Hierarchien gibt. Oft existieren natürlich trotzdem informelle Hierarchien, zum Beispiel durch Wissen, Erfahrung und gesellschaftliche Positionierung (mehr zu solchen Stolpersteinen in Kapitel 11 ab S. 232). Aber in Gruppen, in denen wir gemeinschaftlich im **Konsens** alle wichtigen Entscheidungen fällen, üben wir alle eine Form der direkten Demokratie – eine basisdemokratische –, die aus meiner Sicht sehr selbstermächtigend ist. Dazu kommt: Ich kann in solchen Gruppen Dinge ausprobieren, die ich in meinem Alltag oder meiner Lohnarbeit nie tun würde. Bei der letzten Demonstration zum feministischen Kampftag am 8. März war ich Teil der Pressegruppe in Freiburg. Ich verfasste dazu Pressemitteilungen und sprach im Radio – beides Dinge, die ich vorher noch nie getan hatte.

Engagement in Gruppen erlaubt uns, die eigenen Fähigkeiten weiterzuentwickeln, Neues zu versuchen und dadurch vieles zu lernen. So entsteht ein Gefühl des Selbstvertrauens und eben auch der Selbstermächtigung – ein wichtiger Faktor in Anbetracht dessen, dass wir uns in verschiedenen Teilbereichen unseres Lebens oft genug auf bestimmte Rollen eingeschränkt oder sogar ohnmächtig fühlen, zum Beispiel wegen Hierarchien. Mit unserem Engagement können wir solchen Erfahrungen ein Erleben von Selbstermächtigung entgegensetzen.

WEIL ES SPASS MACHT!

Aktivismus kann Spaß machen. Und sollte es in meinen Augen idealerweise auch, zumindest stellenweise. Protestlieder oder veraltete Charthits singen, im Klimacamp am Lagerfeuer sitzen und über alles und nichts quatschen, zu Trommelrhythmen des internationalen Netzwerks *Rhythms of Resistance*[v] auf einer Demo tanzen – all das macht mir riesigen Spaß. Kein Wunder, denn gemeinsames Singen und Rufen sorgt dafür, dass biochemische Botenstoffe wie Adrenalin und Dopamin ausgeschüttet werden.[103] „If I can't dance, it's not my revolution" sagte die Anarchistin und Feministin Emma Goldman einst so schön. Wenn wir schon ermüdende Kämpfe führen, die oft genug Gefühle von Trauer, Verzweiflung und Wut mit sich bringen, ist Spaß ein wichtiger Faktor, um dabei zu bleiben. Freude im Aktivismus gibt Energie, schafft Momente des Zusammenhalts und der Leichtigkeit im Anblick der fast überwältigenden Klimakrise.

„Die Freude im Prozess ist genauso wichtig wie die Freude am Ende, nach der wir streben."[104] So beschreibt es die Burlesque-Tänzerin, Bildnerin und Schriftstellerin Una Osato sehr treffend in einem Gespräch, das sie mit ihrer Schwester für das Buch „Pleasure Activism"[105] von adrienne maree brown führte. brown, selbst Schriftstellerin und Aktivistin, prägte mit ihrem Buch den Begriff, der sich in etwa mit „Vergnügungsaktivismus" übersetzen lässt. Im selben Buch führte brown ein Gespräch mit Dallas Goldtooth, Organizer der Kampagne *Keep It In the Ground* des *Indigenous Environmental Network*. Er war Sprecher von Standing Rock, einem Massenprotest gegen eine Gaspipeline, die auf Land von indigenen Gruppen in

v Rhythms of Resistance ist ein internationales Netzwerk von Trommelgruppen und Sambabands, die auf Aktionen und Demonstrationen spielen. Mehr unter www.rhythms-of-resistance.org.

den USA gebaut werden sollte. Goldtooth nutzt gerne Humor in den eigenen Aktionen und teilt: „Wut ist extrem mächtig. Und sie kann erstaunliche Dinge verändern. Aber sie hat auch ihre Hindernisse. Sie baut Mauern auf. Das Gegengewicht dazu ist das Lachen. Und wir dürfen keine Angst davor haben, es zu benutzen."[106]

Als ich vor einigen Jahren, als *Extinction Rebellion* gerade immer größer wurde, den Videoaufruf zu einer Großaktion (einer „Rebellion Wave") ansah, war ich allerdings wütend. Denn in dem Video waren vorrangig tanzende, lachende, jonglierende, Acro-Yoga-machende Menschen zu sehen, die scheinbar nebenbei eine Straße blockierten und fröhlich in die Kamera winkten, als sie von der Polizei weggetragen wurden. In meinen Augen war das problematisch, fast schon fahrlässig. Denn Protest und besonders Aktionen, bei denen bewusst Gesetze übertreten werden (also den sogenannten zivilen Ungehorsam nutzen – mehr dazu auch in Kapitel 7 ab S. 131), sind oft eben *kein* Spaß. Menschen, die Gesetze übertreten, um auf einen gesellschaftlichen Missstand aufmerksam zu machen, erleben sehr oft Repression. Während solcher Aktionen gibt es oft Momente der Anspannung, des Stresses, manchmal auch der Angst und der Gewalt. Dass es im Video so aussah, als wäre der berechtigte Protest quasi eine Party, suggerierte eine Leichtigkeit, die so in direkten Aktionen des zivilen Ungehorsams nicht gewährleistet werden kann. Wieder spielen Privilegien eine große Rolle. Denn rassistische Polizeigewalt ist eine Realität, die **BIPoC**-Aktivist*innen am eigenen Leib zu spüren bekommen. Derartigen Übergriffen sind die zumeist *weißen* Aktivist*innen von *Extinction Rebellion*, aber auch der Klimagerechtigkeitsbewegung in Deutschland allgemein in der Regel nicht ausgesetzt.

Also was jetzt: Spaß oder alles bitterer Ernst? Ich würde sagen, wir brauchen beides. Es ist wichtig, ehrlich mit sich selbst und möglichen Neueinsteiger*innen zu sein, wann unser Aktivismus Spaß machen kann und soll – und wann es eben auch leider mal kein Spaß ist.

Es ist gut, für sich selbst Antriebsgründe benennen zu können und darüber mit anderen im Austausch zu sein. Fest steht aber auf jeden Fall: Es gibt viele gute Gründe, sich gemeinschaftlich zu organisieren, sich kollektiv für (Klima-)Gerechtigkeit und gegen Unterdrückung einzusetzen. Manche davon sind einfach nur schön, andere pragmatischer Natur. Vandana Shiva schreibt zum Thema Gründe: „Ich glaube, Aktivismus beginnt in Kopf, Herz und Hand von jedem Einzelnen. Diejenigen, die unserem Planeten Schaden zufügen, benutzen nur ihren Kopf. Sie lassen sich weder von ihrem Herzen noch von ihrem Gewissen leiten."[107] Ob wir aus einem Gefühl der moralischen Pflicht oder der Überlebensnotwendigkeit heraus handeln, hat viel mit den eigenen Privilegien zu tun. Gemeinschaftsgefühl, Spaß, Selbstwirksamkeit und Selbstermächtigung sind universellere Gründe, die für uns alle potenziell Teil der Kraft des kollektiven Handelns sein können. Ich schreibe *potenziell*, denn natürlich ist das individuelle Erleben unterschiedlich und kann mit Diskriminierungserfahrungen auch innerhalb der eigenen sozialen Bewegung oder Gruppe getrübt werden. Dazu mehr in Kapitel 10 ab S. 194.

Für mich persönlich sind alle Gründe präsent und Teil meiner Motivation, mich für Klimagerechtigkeit einzusetzen und mit anderen gemeinsam dafür zu organisieren. Insgesamt fasst es folgendes Zitat aber wohl am besten zusammen: „Das Wichtigste, was ein Einzelner tun kann, ist kein Einzelner zu bleiben."[108]

Reflexionsfragen:

- Was sind deine Gründe, warum du dich engagierst oder engagieren möchtest? Was erhoffst du dir davon?
- Wann hast du dich zuletzt selbstwirksam und selbstermächtigt gefühlt? Was war der Kontext?

6. Soziale Bewegungen und ihre Strategien

Ja, am Ende rückten im nordrhein-westfälischen Lützerath dann doch die Bagger an. Aber davor? War das Dorf ein Ort der gelebten Utopie.

Mal von Anfang an: Seit 2020 rodete der Energiekonzern RWE Wälder in und um das Dorf Lützerath und begann, Häuser abzureißen. Robert Habeck, Wirtschaftsminister der Grünen, und NRW-Wirtschaftsministerin Mona Neubaur besiegelten dann in einem Papier zum Kohleausstieg gemeinsam mit RWE-Chef Markus Krebber das Abbaggern von Lützerath am Tagebau Garzweiler. Damit war Lützerath eines von über 300 Dörfern mit dem Schicksal, für den Braunkohleabbau in Deutschland dem Erdboden gleichgemacht zu werden. Seit 2020 zogen immer mehr Klimaaktivist*innen nach Lützerath, um die verbliebenen Dorfbewohner*innen in ihrem Kampf gegen die Zerstörung zu unterstützen. Die deutsche Klimagerechtigkeitsbewegung hatte den Ort nach den Protesten rund um die Abholzung des Dannenröder Forsts (siehe S. 209), liebevoll „Danni“ genannt, zu ihrem neuen strategischen Mittelpunkt erklärt. Über die Jahre wurden immer mehr Häuser besetzt und Baumhäuser gebaut, um sich auf die bevorstehende Räumung vorzubereiten.

Am Sonntag, 8. Januar 2023, begann die Polizei, ganz Lützerath mit einem Bauzaun abzuriegeln. 6 Tage lang lieferten sich Bürger*innen einen erbitterten Kampf mit einem Großaufgebot an Polizei, das versuchte, Menschen davon abzuhalten, Lützerath zu erreichen. Und im Dorf selbst spielten Besetzer*innen mit der Polizei Katz und Maus. Innerhalb weniger Tage, nachdem die letzten Aktivist*innen das Gelände verließen, wurden die verbleibenden Dorfgebäude und Bäume dem Boden gleichgemacht. Wenn man heute auf der Aussichtsplattform am Tagebaurand steht, sieht man nur noch ein großes, klaffendes Loch dort, wo einmal ein lebendiges Dorf stand, das viele Menschen ihr Zuhause nannten.

Unser Aller Camp

Beim Ausweichcamp *Unser Aller Camp* (UAC) im Nachbarort Keyenberg schlugen ab Montag, 9. Januar 2023, Hunderte Menschen (unter anderem auch ich) ihre Zelte auf. An allen Ecken und Enden wurde auf dem UAC mit emanzipatorischen Formen des Zusammenlebens experimentiert: Wie bei den meisten Camps der deutschen Klimabewegung gab es selbstgebaute Komposttoiletten und Waschstationen, ein Kochkollektiv versorgte das ganze Camp. Es gab eine eigens eingerichtete „Wärmflaschenstation", an der sich jede*r abends die Wärmflasche mit heißem Wasser auffüllen konnte – denn im Januar waren die Nächte im Zelt bitterkalt. Besonders wichtig war auch die Arbeit der Anti-Matsch-Crew, die immer wieder den Schlamm von den eigens angelegten Wegen wegschaufelte und neue Wege aus Paletten bastelte.

Generell gab es viele Strukturen, die dafür sorgten, dass sich möglichst alle Menschen im Camp wohlfühlten, und zwar auch über das rein körperliche Befinden hinaus. So schloss ich mich am Mittwoch spontan einer Gruppe an, die Menschen mit Tee, Suppe und Umarmungen in Empfang nahm, die gerade aus einer Aktion kamen. Den Rest der Woche tat ich, wofür ich eigens nach Lützerath angereist war: Menschen in Aktionstrainings auf Aktionen rund um die Räumung vorzubereiten, Bezugsgruppenfindungen (mehr dazu in Kapitel 11, S. 240) anzuleiten und Auswertungstreffen zu moderieren.

Bereits im Vorfeld hatte ich im Rahmen meiner Werkstatt-Arbeit seit Sommer 2022 über 200 Menschen in ganztägigen Trainings in Freiburg, Karlsruhe und dem Klimacamp in Lützerath auf gewaltfreie Aktionen des zivilen Ungehorsams während der Räumung des besetzten Dorfes vorbereitet. Es berührte mich deswegen jedes Mal, wenn ich auf dem UAC ein Gesicht von jemandem wiedererkannte, die*der eines meiner Trainings besucht hatte. Und davon gab es in Lützerath in dieser Woche viele.

Aktionsformen aller Art

So bunt wie die Strukturen auf dem Camp waren auch die Aktionsformen, die in Lützerath und rundherum angewandt wurden: Im Ort selbst dominierten Baum- und Häuserbesetzungen. Darum herum standen auf Zufahrtswegen, in Hallen und Eingängen verschiedene große, manchmal bis zu 10 m hohe Gebilde aus Holz und Bambus – diese dienten als technische Blockaden. Große Aufmerksamkeit erlangten 2 Aktivisten, die sich in einem selbst gegrabenen Tunnel tagelang versteckt hielten. Um Lützerath herum versuchten Aktivist*innen, die Räumung des besetzten Dorfes vom UAC aus zu verhindern oder zumindest zu verlangsamen. Sie setzten dafür ihre Körper überwiegend in Sitzblockaden und Baggerbesetzungen im anliegenden Braunkohletagebau ein. Die breite Mobilisierung verschiedener regionaler und nationaler Akteur*innen ermöglichte neben den vielfältigen Kleingruppenaktionen auch verschiedene größere Aktionen, wie zum Beispiel die Großdemonstration am Samstag, den 14. Januar. Zu der Demo rief ein breites Bündnis bestehend aus *Lützerath Lebt*, *Alle Dörfer Bleiben*, *Green-*

peace, *BUND (Bund für Umwelt und Naturschutz)*, *Campact*, *Fridays for Future*, *Klima-Allianz*, *NAJU NRW* und *Europe Beyond Coal* auf.

Dementsprechend wurden am Samstag 8000 Teilnehmende für die Großdemonstration erwartet. Tatsächlich gekommen sind laut Organisator*innen am Ende überwältigende 35 000 Menschen. Diesen nicht abreißenden Fluss an Menschen vom Dorf Keyenberg Richtung Kundgebungsplatz zu sehen, war definitiv ein eindrucksvoller Moment.

Nach den Reden erfolgte der Aufruf, nach Lützerath zu ziehen und die Räumung zu verhindern. Konkret bedeutete das: ziviler Ungehorsam, denn der Weg lag in einer Allgemeinverfügungszone – sich dort aufzuhalten war zu dem Zeitpunkt illegal. Tausende Menschen machten sich trotzdem entschlossen auf den vermatschten Weg. Kurz vor der Dorfgrenze dann die Ernüchterung: Durch den doppelten Bauzaun, die Kette an Polizeiautos sowie eine zweireihige Kette aus Polizist*innen um Lützerath war kein Durchkommen möglich. Obwohl viele Menschen Banner hochhielten oder sangen, empfand ich persönlich es als einen Moment der Enttäuschung. Wir waren so viele Entschlossene, gegenüber den Polizeikräften in der Überzahl. Und doch fehlte es an Koordination, um Lützerath zu erreichen, was gefühlt – trotz besseren Wissens – eine Art symbolischer Triumph gewesen wäre.

Ein wenig Trost bot mir die Rückfahrt am Abend nach der Demo: In allen Zügen Richtung Freiburg, egal ob Regional- oder Schnellzug, waren mindestens ein Drittel der Menschen Demonstrant*innen. Woher ich das wusste? Die verdreckten Wanderschuhe an allen Füßen verrieten sie. Es fühlte sich so an, als wäre wirklich erfolgreich halb Deutschland zu dieser Demo mobilisiert worden. Also, fast.

Lützerath lebt – trotzdem

Wozu das alles, magst du dich fragen. Zehntausende Menschen haben in Lützerath gezeigt, dass sie bereit sind, sich aktiv für Klimagerechtigkeit einzusetzen. Sie reisten von nah und fern an und trotzten Regen, Sturmböen, Kälte und Schlamm. Auf dem UAC und vor allem in der Besetzung selbst harrten Hunderte Menschen tage-, wochen-, teilweise sogar monate- und jahrelang in besetzten Häusern, auf Bäumen und in Zelten aus, campierten bei Temperaturen rund um 5 °C. Das alles begleitet von der ständigen Gefahr möglicher Repressionen. Dank dieser Menschen war die Räumung von Lützerath im Januar tagelang in aller Munde. In Deutschland, aber auch darüber hinaus – so erreichten uns zum Beispiel Solidaritätsbekundungen der Zapatistas aus Mexiko. Alle großen deutschen Medien berichteten darüber, teilweise mit eigenen Live-Tickern. Natürlich ist diese Art der „Sportberichterstattung" vor allem auf spektakuläre Aktionsformen und Polizeimanöver aus, weniger auf politische Inhalte und die Frage nach dem Warum. Trotzdem: Diese Berichterstattung schafft ein Bewusstsein für die Kämpfe und Räume für Diskussion – in Talkshows, aber auch zu Hause am Küchentisch.

Deswegen waren die Aktionen rund um die Räumung von Lützerath in meinen Augen trotz aller Frustration ein Teilerfolg. Denn: „Lützerath lebt". Auch weiterhin. Trotz Räumung, trotz Zerstörung. Solange es die Klimagerechtigkeitsbewegung gibt, geht der Kampf für Klimagerechtigkeit weiter.

MERKMALE SOZIALER BEWEGUNGEN

Lützerath wurde von der deutschen Klimagerechtigkeitsbewegung 2022 und 2023 als strategischer Kampf, als Kristallisationsort, auserkoren. Doch was bedeutet das überhaupt, „Klimagerechtigkeitsbewegung"? Meine Erzählung deutet an, wer alles vor Ort und rund um Lützerath aktiv war. Aber Bewegungen und, genauer gesagt, soziale Bewegungen sind noch mehr. Ehrlich gesagt verzweifle ich manchmal regelrecht daran, dass dieser Begriff auf alle möglichen Gruppen oder Kontexte angewandt wird – und dann oft doch etwas anderes meint. Ich weiß, ich klinge kleinlich. Aber ich halte es für sehr wichtig, zumindest grob Klarheit zu haben, was soziale Bewegungen sind und was eben nicht. Denn das hilft uns, auch besser über Strategien nachzudenken und darüber, was soziale Bewegungen erfolgreich macht und was sie schwächt.

Es geht mir hier auch eher um den *Versuch* einer Definition, denn selbst unter Forscher*innen im Bereich Social Movement Theory schwirren unterschiedliche Definitionen umher. Zum Beispiel definiert die italienische Politikwissenschaftlerin Donatella Della Porta zusammen mit dem Soziologen Mario Diani soziale Bewegungen als „(1) Informelle Netzwerke, (2) basierend auf geteilten Überzeugungen und Solidarität, (3) die zu Konfliktthemen mobilisieren (4) durch die häufige Nutzung von verschiedenen Protestformen"[109].

Die beiden amerikanischen Soziologen Jeff Goodwin und James Jasper liefern noch eine andere Definition: Soziale Bewegungen sind eine „kollektive, organisierte, anhaltende und nicht-institutionelle Anfechtung von Autoritäten, Machthaber*innen oder kulturellen Überzeugungen und Praktiken"[110].

Beide dieser Definitionen stammen von Wissenschaftler*innen aus dem Globalen Norden. Viel Forschung über soziale Bewegungen bezieht sich auch auf Bewegungen, die in Europa oder den USA stattfinden. Erfahrungen und Perspektiven aus dem Globalen Süden kommen oft zu kurz in diesen Betrachtungen. Oft ist bei sozialen Bewegungen im Globalen Süden aber (unter anderem) noch eine Auseinandersetzung mit Demokratisierungsprozessen zentral.[111]

Was aus der Definition von Della Porta und Diani klar wird: Es geht bei sozialen Bewegungen nicht um Gruppen, die sich formal gemeinschaftlich organisieren. Es gibt normalerweise nicht den einen Gruppennamen, den einen Slogan, das eine Symbol. Soziale Bewegungen sind diffuser. Sie werden nicht „gegründet". Deswegen würde ich laut diesen Definitionen zum Beispiel *Extinction Rebellion* nicht als Bewegung einordnen, sondern als Gruppe (vielleicht auch als ein Label) – mit nationalen Gruppen, mit Regionalgruppen. Im Gesamtbild ist *Extinction Rebellion* aber in meinen Augen der Klimabewegung zuzuordnen. Ähnlich verhält es sich mit der *Letzten Generation*. Auch dort sehe ich eher eine große Gruppe als eine soziale Bewegung. Warum das relevant ist, magst du dich fragen. Wenn wir die Klimagerechtigkeitsbewegung oder auch die Klimabewegung breit und als soziale Bewegungen verstehen, die viele verschiedene Gruppen unter ihren Flügeln beherbergt – dann können wir auch strategischer vorangehen. Dann erkennen wir, dass die *Letzte Generation* eine bestimmte Rolle innerhalb der sozialen Bewegung abdeckt (und nicht alle mögen sie dafür), und beispielsweise *Fridays for Future* eine andere. Dazu mehr in Kapitel 8 ab S. 149.

Soziale Bewegungen haben im Laufe der Geschichte die Welt verändert und den Weg für eine gerechtere Gesellschaft geebnet. In der Form, in der wir jetzt über sie reden – als „Neue soziale Bewegungen“ –, sind sie erst Ende der 1960er-Jahre zunächst in Westeuropa und Nordamerika entstanden.[112] Aber auch davor gab es schon frühere soziale Bewegungen, wie die Arbeiter*innenbewegungen oder Frauenbewegungen im 19. Jahrhundert.[113]

WAS BEDEUTET EIGENTLICH „ERFOLG"?

Erfolge von sozialen Bewegungen sind leider nicht so einfach zu messen. Die beiden Forscherinnen Erica Chenoweth und Maria Stephan haben es trotzdem versucht – mehr dazu in Kapitel 7 (S. 112). Nicht nur die Bewegungen sind wegen ihrer Diffusität und dezentralen Organisation komplex, auch die äußeren Rahmenbedingungen sind es. Denn soziale Bewegungen versuchen, auf Gesellschaften Einfluss zu nehmen, diese zu verändern. Deswegen gibt es selten klare Kausalzusammenhänge, keinen „Wir haben das gemacht und dann ist das passiert"-Ablauf. Oft spielen verschiedene Faktoren in den Erfolg oder Misserfolg von gesellschaftlicher Veränderung mit hinein. Der deutsche Campact-Mitbegründer und Politikwissenschaftler Felix Kolb identifizierte wichtige Rahmenbedingungen, die eine Rolle spielen, ob soziale Bewegungen letztendlich (k)eine Chance auf Erfolg haben: Darunter fallen zum Beispiel die politische und institutionelle Struktur (also beispielsweise die Konstellation der Regierungsparteien), die Massenmedien und öffentliche Meinung, wie stark es einen Gegenpol zu der Bewegung gibt, ob in der Elite Konflikte herrschen und natürlich sehr zentral der Zeitpunkt, zu dem die Bewegung auf die Bühne tritt.[114]

Dass Erfolg schwer messbar ist, bekomme ich selbst oft in meinem Aktivismus zu spüren. Denn leider ist es nur sehr selten so, dass wir in einer Gruppe oder als Bündnis eine Aktion planen und durchführen – und dann direkt am nächsten Tag ein Gesetz in unserem Sinne verabschiedet wird. Oder auch nur in der nächsten Woche. Oder in den nächsten 2. Oft finden Erfolge später statt. Dazu hat auch Bill Moyer in seinem „Movement Action

Plan“[115] viel zu sagen. Wenn der Erfolg sich dann einstellt, fragen wir uns: War das wirklich wegen unserer Aktion oder Kampagne? War das der Verdienst der Klimagerechtigkeitsbewegung? Oder vielleicht eher aus ganz anderen Gründen – vielleicht sogar Zufall? Das kann ganz schön ermüdend sein. Deswegen rate ich Teilnehmer*innen in meinen Aktionstrainings immer, Erfolg für sich selbst nicht nur als politische Veränderung zu begreifen. Stattdessen ist es auch ein Erfolg, wenn bei der nächsten Demo plötzlich viel mehr Menschen teilnehmen. Oder Menschen einer Lokalgruppe beitreten. Oder sich die öffentliche Meinung oder Medienberichte zu unseren Gunsten verändern.

Es ist außerdem ein Erfolg, wenn wir es schaffen, innerhalb unserer sozialen Bewegungen schon die Werte zu leben, von denen wir alle träumen – und für die wir auf politischer Ebene kämpfen. So wie in Lützerath. Wo Tausende von Menschen sich selbst organisierten, Sorgearbeit gemeinschaftlich aufteilten, solidarisch handelten, oft tauschlogikfrei – also ohne Geld oder andere Tauschgeschäfte. Wenn wir diese Begegnungsräume aufleben lassen können, wenn wir es schaffen, einen Tag, eine Woche oder sogar mehrere Monate lang diese Orte der gelebten Utopie zu schaffen, dann ist das ein Erfolg! Und zwar kein kleiner, schließlich sind wir alle in einer kapitalistischen, patriarchalen und rassistischen Welt aufgewachsen und diese Denkweisen prägen unser Denken und Handeln. Etwas nüchterner fasst es Manuel Grebenjak in seinem Buch zusammen: „Erfolge von sozialen Bewegungen lassen sich in 4 Kategorien einteilen: 1. Bewegungsaufbau; 2. Das Einwirken auf öffentliche Meinungen und politische Positionen; 3. Einfluss auf politische und wirtschaftliche Entscheidungen; sowie 4. Alternativen zu bestehenden Strukturen zu schaffen.“[116]

Erfolge sind kein linearer Fortschritt. Soziale Bewegungen machen nicht immer nur Schritte nach vorne. Stattdessen sind „Niederlagen Teil unseres Weges“, wie Timo Luthmann es formulierte.[117] Und es gibt Phasen, in denen soziale Bewegungen mehr Erfolg haben, mehr gedeihen als in anderen Zeiten. Diese Phasen können mit verschiedenen Konzepten widergespiegelt werden, wie beispielsweise den „Jahreszeiten“ vom Ayni Institute[118] oder dem „Movement Action Plan“ von Bill Moyer.[119]

Soziale Bewegungen sind der Schlüssel für progressiven sozial-ökologischen Wandel. Für die Veränderungen, die wir in unserer Gesellschaft so dringend brauchen, müssen wir uns gemeinschaftlich einsetzen, uns dafür organisieren. Wir alle können und sollten Teil von sozialen Bewegungen sein. Und für Themen, die uns besonders am Herzen liegen, nicht nur in der Wahlkabine eintreten, sondern auch auf der Straße. Ohne Menschen, die genau das in der Vergangenheit getan haben, wären wir heute nicht dort, wo wir gerade sind. Ohne die Kämpfe der Frauenrechtsbewegung könnte ich heute nicht wählen gehen. Ohne die Arbeiter*innenbewegung wäre die 5-Tage-Woche undenkbar. Das Tolle daran? Wir können von unseren Vorgänger*innen lernen. Wir müssen das Rad nicht komplett neu erfinden, sondern können von den Erfahrungen anderer profitieren. Dafür lohnt sich ein Blick auf einige erfolgreiche Beispiele aus den letzten Jahrzehnten: die US-amerikanische Bürgerrechtsbewegung, die deutsche Anti-Atomkraft-Bewegung und die argentinische feministische Bewegung.

DIE US-AMERIKANISCHE BÜRGERRECHTSBEWEGUNG

Die Bürgerrechtsbewegung der 1950er- und 1960er-Jahre in den Vereinigten Staaten war eine der bedeutendsten sozialen Bewegungen des 20. Jahrhunderts. Sie wird noch heute gerne als historisches Paradebeispiel für eine erfolgreiche soziale Bewegung benutzt. Ihr Hauptziel war die Beendigung der institutionalisierten Rassentrennung und die Sicherung der Bürgerrechte für Afroamerikaner*innen. Denn diese waren zu der Zeit in vielen Teilen des Landes stark eingeschränkt. Die Bewegung setzte sich nicht nur für rechtliche Gleichstellung ein, sondern forderte auch ein Ende der sozialen, wirtschaftlichen und politischen Diskriminierung gegenüber Schwarzen Amerikaner*innen. Rassismus war damals Alltag in den USA und nicht nur geduldet, sondern institutionell verankert. Knapp 100 Jahre vor Beginn der Bürgerrechtsbewegung war die Sklaverei nach dem amerikanischen Bürgerkrieg 1865 zwar abgeschafft worden, dennoch hatten Afroamerikaner*innen weiterhin mit Unterdrückung zu kämpfen. Die US-amerikanische Frauen- und Bürgerrechtlerin afroamerikanischer Abstammung Mary McLeod Bethune formulierte: „Wenn wir Diskriminierung akzeptieren und dulden, übernehmen wir selbst die Verantwortung und erlauben den Verantwortlichen, ihr Gewissen zu beruhigen, indem sie glauben, dass sie unsere Akzeptanz und unser Einverständnis haben. Wir sollten daher offen gegen alles protestieren, was den Beigeschmack von Diskriminierung oder Verleumdung hat.“[120]

Eine entscheidende Episode zu Beginn der Bürgerrechtsbewegung war der Gerichtsfall „Brown gegen Board of Education“ im Jahr 1954. Das Urteil des Obersten Gerichtshofs erklärte die rassistische Praxis der Rassentrennung von Schüler*innen in öffentlichen Schulen für verfassungswidrig und setzte damit den Weg für die Integration von Schulen frei. Dieses Urteil markierte einen Meilenstein und stellte den Beginn einer breiteren Bewegung dar.

Ein zentraler Akteur der Bürgerrechtsbewegung war Martin Luther King Jr., ein charismatischer Prediger und Aktivist. Er wurde zum Gesicht und zur Stimme der Bewegung. Dabei setzte er auf Prinzipien des gewaltfreien Widerstands und zivilen Ungehorsams. Kings berühmte Rede „I Have a Dream", die er 1963 während des Marsches auf Washington hielt, veranschaulichte die Vision einer gerechten und gleichberechtigten Gesellschaft, in der Menschen nach ihrem Charakter und nicht nach ihrer Hautfarbe beurteilt werden.[121] Genauso wichtig wie King als weltweit bekannter Anführer der Bewegung sind die Frauen, die die Bewegung mittrugen. Rosa Parks, die bekannt dafür wurde, dass sie sich im Bus weigerte, den für *weiße* Menschen reservierten Platz aufzugeben, zählt zu den bekannteren Beispielen. Sie ist eine von vielen „stillen Heldinnen" der Bürgerrechtsbewegung: Da war außerdem Ella Baker, die maßgeblich hinter den Kulissen als Organizerin die Bewegung voranbrachte. Da war auch Diane Nash, die als Studentin und Gründungsmitglied des SNCC (*Student Nonviolent Coordinating Committee*) dutzende Male verhaftet wurde.[122]

Gewaltfreier Widerstand und vor allem ziviler Ungehorsam, also die bewusste Überschreitung von Gesetzen, wurden zum Markenzeichen der Bewegung und bescherten ihr weitreichende Erfolge. Die Bewegung selbst sah sich inneren Spannungen gegenüber, insbesondere zwischen denen, die auf gewaltfreien Widerstand setzten (repräsentiert durch King), und radikaleren Gruppen rund um Malcolm X, die für militantere Maßnahmen plädierten. Ob die Bürgerrechtsbewegung genau wegen oder doch eher trotz dieser „radikalen Flanke“ rund um Malcolm X erfolgreich war – darüber scheiden sich bis heute nicht nur die Geister, sondern auch die Meinungen zahlreicher Wissenschaftler*innen und Aktivist*innen. (Mehr zur radikalen Flanke in Kapitel 8, S. 169.)

Der Civil Rights Act von 1964 war ein weiterer bedeutender Erfolg der Bewegung. Dieses Gesetz verbot die Diskriminierung aufgrund von **race**, Hautfarbe, Religion, Geschlecht oder nationaler Herkunft und ebnete den Weg für die rechtliche Gleichstellung von Afroamerikaner*innen in verschiedenen Bereichen des öffentlichen Lebens.

Ein weiteres Schlüsselevent waren die Märsche von Selma nach Montgomery im Jahr 1965. Besonders der erste Marsch war eine Antwort auf gewaltsame Angriffe auf afroamerikanische Demonstrant*innen, die für ihr Wahlrecht kämpften.[123] Die Bilder von der gewaltsamen Niederschlagung der marschierenden Menschengruppe mit Tränengas und Knüppeln durch die Polizei trugen zur Verabschiedung des Voting Rights Act bei, der das bisher ungenügende Wahlrecht für Afroamerikaner*innen schützte und erweiterte.

Trotz dieser Erfolge stand die Bürgerrechtsbewegung auch vor erheblichen Herausforderungen und Rückschlägen. Einige Teile der Bevölkerung widersetzten sich vehement den Veränderungen und setzten sich für den Erhalt der rassistischen Praxis der Rassentrennung ein.

Die Bürgerrechtsbewegung war ein entscheidender Schritt auf dem Weg zu einer integrativeren und gerechteren amerikanischen Gesellschaft. Ihr Erbe zeigt sich bis heute in den Bemühungen um soziale Gerechtigkeit und Gleichheit, die in den USA und weltweit weiterhin andauern.

DIE DEUTSCHE ANTI-ATOMKRAFT-BEWEGUNG

Die deutsche Anti-Atomkraft-Bewegung, die in den 1970er-Jahren begann, war eine der einflussreichsten sozialen Bewegungen in Deutschland. Ihr Hauptziel war die Ablehnung der Nutzung von Kernenergie zur Stromerzeugung. Diese Bewegung wurde durch verschiedene Faktoren wie Bedenken hinsichtlich der Sicherheit von Atomkraftwerken, der Entsorgung radioaktiven Mülls und dem Wunsch nach verstärkter Nutzung erneuerbarer Energien befeuert.

Ein bedeutender Meilenstein der Bewegung war die Großdemonstration in Brokdorf 1976, die sich gegen den geplanten Bau eines Atomkraftwerks vor Ort richtete. Diese Demonstration, bei der es zu Auseinandersetzungen mit der Polizei kam, führte zum vorübergehenden Stopp des Bauprojekts. Obwohl das Atomkraftwerk später in Betrieb genommen wurde, markierte die Demonstration einen entscheidenden Punkt in der Mobilisierung gegen die Nutzung von Kernenergie.

Die Reaktorkatastrophe von Tschernobyl im Jahr 1986 bescherte der Anti-Atomkraft-Bewegung zusätzliche Aufmerksamkeit. Der Vorfall verstärkte Ängste innerhalb der deutschen Bevölkerung vor den potenziellen Gefahren der Atomkraft und führte zu einem breiteren Bewusstsein für Umweltfragen.

Die Atomkraftgegner*innen setzten eine Vielzahl von Strategien ein, um ihre Ziele zu erreichen. Mithilfe von Massenmobilisierungen entstanden Demonstrationen und Kundgebungen, oft mit Zehntausenden von Teilnehmer*innen. Sie waren charakteristisch für die Bewegung. Diese Veranstaltungen dienten nicht nur dazu, die öffentliche Meinung zu beeinflussen, sondern auch politischen Druck auf Regierungen und Energieunternehmen auszuüben.

Immer wieder griff die Bewegung auf Formen des zivilen Ungehorsams zurück, um ihre Ablehnung der Atomkraft sichtbar zu machen. Das umfasste Sitzstreiks, Blockaden von Bauprojekten und die Besetzung von Atomkraftwerken. So wurde beispielsweise 1975 der Bauplatz des geplanten Kernkraftwerks in Wyhl besetzt.[124] Diese Aktionen führten zu erheblichen Störungen und zwangen die Öffentlichkeit und die Politik, sich verstärkt mit den Anliegen der Bewegung auseinanderzusetzen. Mit der Taktik „Castor Schottern" spitzten linke Gruppen den Protest gegen Atommülltransporte zu. 2010 riefen sie sogar öffentlich zu dieser Taktik auf. Was heißt „Schottern"? Ganz einfach: Die Atomkraftgegner*innen entfernten Steine aus dem Schottergleisbett unter Bahngleisen und stoppten dadurch die Weiterfahrt der Transporte.[125] Damit machte die Bewegung sogar Sabotage salonfähig. Doch die Atomkraftgegner*innen zeigten mit ihren Aktionen nicht nur laut und stark, gegen was sie sich stellten. Sie zeigten mit der „Freien Republik Wendland" im Wald im niedersächsischen Wendland auch, wie alternative Lebensformen in der Praxis aussehen könnten. Es war 33 Tage lang ein Ort der gelebten Utopie der Atomkraftgegner*innen.[126] Die Ortswahl war kein Zufall: Auf dem Gelände befand sich eine Tiefbohrstelle für das zukünftige atomare Endlager.

Der Anti-Atomkraft-Bewegung gelang es, politischen Einfluss zu nehmen, indem sie ihren Fokus auf Parteien und Politiker*innen richtete, die ihre Anliegen teilten. Die Gründung der Grünen Partei in den 1980er-Jahren, die sich stark für Umweltschutz und erneuerbare Energien einsetzte, war ein direktes Ergebnis dieses politischen Engagements.

„Atomkraft – Nein Danke!“: Diesen Spruch kennen wahrscheinlich viele von uns. Die Bewegung investierte über direkte Aktionen hinaus erhebliche Anstrengungen in die Aufklärung der Öffentlichkeit über die Risiken der Atomkraft und die Vorteile erneuerbarer Energien. So konnten sie eine breite Unterstützung für die Bewegung gewinnen und die öffentliche Meinung beeinflussen.

Letztendlich hat die deutsche Anti-Atomkraft-Bewegung ihren Kampf gewonnen: 2000 entschied die deutsche Regierung den Atomausstieg. Es sollte aber noch sage und schreibe 23 Jahre dauern, bis das letzte Atomkraftwerk in Deutschland tatsächlich abgeschaltet wurde. Der Krieg in der Ukraine und die darauffolgende Energiekrise ließen die Atomkraftgegner*innen hierzulande noch einmal ordentlich bibbern. Deswegen rief ein Zusammenschluss von Organisationen mit dem Namen „Runterfahren“ 2022 zu Warnblockaden vor dem Atomkraftwerk Neckarwestheim auf. Die Nachricht? „Wir schauen euch auf die Finger! Solltet ihr einen Rückzug vom Atomausstieg machen, kommen wir zu Tausenden zurück und blockieren Kraftwerke.“[127] Auch die *Werkstatt für Gewaltfreie Aktion*, bei der ich damals noch Geschäftsführerin war, rief zur Teilnahme auf. Und so kam es, dass ich am 26. November 2022 mit etwa 100 anderen Menschen aus Anti-Atom-, Friedens- und Umweltbewegung vor dem Atommeiler saß, sang und rief. Obwohl es sich vor allem um eine sogenannte „Warnblockade“ symbolischer Art handelte, wurde der Betrieb des laufenden Atomkraftwerks durch die Sitzblockade teilweise gestört, da Mitarbeiter*innen und Materiallieferungen nicht wie üblich das Haupttor passieren konnten, sondern einen Umweg über Nebentore machen mussten. Eine „echte“ Blockade war dann zum Glück nicht nötig. Zum Abschalt-Tag am 15. April 2023 kamen Tausende Menschen zusammen und feierten gemeinsam den Erfolg der Anti-Atomkraft-Bewegung.

Der Beschluss des Atomausstiegs war gleichzeitig auch ein Einstieg in die Energiewende – zumindest auf dem Papier. Er ebnete den Weg für mehr Investitionen in erneuerbare Energien.

Die deutsche Anti-Atomkraft-Bewegung hat nicht nur die Energiepolitik Deutschlands beeinflusst, sondern auch internationale Diskussionen über die Nutzung von Kernenergie angeregt. Ihr Erfolg zeigt, dass soziale Bewegungen durch eine geschickte Kombination von Massenmobilisierung, politischer Einflussnahme und zivilem Ungehorsam erhebliche Veränderungen bewirken können.

DIE ARGENTINISCHE FEMINISTISCHE BEWEGUNG

In Lateinamerika hat die feministische Bewegung Aufmerksamkeit für das Thema häusliche Gewalt und Femizide geschaffen. Diese Bewegung begann in Argentinien im Jahr 2015 als Reaktion auf die hohe Rate an Gewalt gegen Frauen. Der Slogan „Ni una menos" bedeutet „Nicht eine weniger" und symbolisiert den Widerstand gegen die Tötung von Frauen und geschlechtsspezifische Gewalt. Das Grundproblem der Gewalt gegen Frauen liegt laut dem Kollektiv „Ni una menos" in der breiten sozialen Ungleichheit, der strukturellen Diskriminierung auf verschiedenen Ebenen wie Lohnungleichheit, Abbau von Schutzprogrammen wie Prävention und Sexualerziehung sowie fehlendem Zugang zu Reproduktionsrechten.[128] Das Verbot und die Bestrafung von Schwangerschaftsabbrüchen spielte ebenso eine große Rolle in den Forderungen der Bewegung. Die Bewegung hat sich schnell in anderen lateinamerikanischen Ländern ausgebreitet und fordert nicht nur Gerechtigkeit für die Opfer, sondern auch gesellschaftliche Veränderungen, um Gewalt gegen Frauen und queere Menschen zu beenden.

Die feministische Bewegung entstand in Argentinien als Reaktion auf die schockierende Welle von Femiziden, die das Land erschütterte. Der Begriff „Femizid" bezieht sich auf die gezielte Tötung von Frauen aufgrund ihres Geschlechts. Aus einem Gefühl der Wut und des Schmerzes angesichts der scheinbar endlosen Fälle von Gewalt gegen Frauen und des Mangels an angemessenen juristischen Konsequenzen für die Täter schlossen sich Tausende Menschen der Bewegung an.

Die Strategien der argentinischen Feminist*innen sind vielfältig. So zeichnet sich die Bewegung durch beeindruckende Massenmobilisierungen aus. Tausende von Menschen versammeln sich in den Straßen, schwenken Plakate und skandieren Parolen, um auf die Dringlichkeit des Problems aufmerksam zu machen. Im Juni 2015 versammelten sich über 250 000 Menschen in Buenos Aires zur ersten Demonstration und riefen die Parole: „Ni una menos". Diese öffentlichen Demonstrationen sind nicht nur Ausdruck der kollektiven Trauer, sondern dienen dazu, die Öffentlichkeit zu sensibilisieren und politischen Druck aufzubauen. Auch Streiks wurden benutzt, um auf die Probleme aufmerksam zu machen.

Social Media wird dabei geschickt eingesetzt, um die Botschaft zu verbreiten und Unterstützung zu mobilisieren. Hashtags wie #NiUnaMenos mobilisierten Tausende, ihre Geschichten über sexualisierte Gewalt zu teilen, Bewusstsein zu schaffen und Solidarität zu zeigen. Der Online-Aktivismus hat dazu beigetragen, die Bewegung über nationale Grenzen hinaus zu verbreiten und internationale Unterstützung zu gewinnen.

Die Bewegung hat die kreative Kraft der Kunst genutzt, um ihre Botschaft zu verstärken. Graffiti, Lieder, Theaterstücke und andere künstlerische Formen werden eingesetzt, um Geschichten von Überlebenden zu erzählen, auf Ungerechtigkeiten aufmerksam zu machen und eine Kultur des Widerstands zu schaffen. Diese Kultur ist mittlerweile auch über den Ozean nach Europa geschwappt. Am 25. November 2020, dem Internationalen Tag gegen Gewalt an FLINTA*-Personen, führt mitten in der Freiburger Innenstadt eine Gruppe von FLINTA* die weltberühmte Performance „El violador eres tu" („Der Vergewaltiger bist du") auf.

Die Forderungen umfassen unter anderem verschärfte Gesetze gegen Gewalt an Frauen, verbesserte Unterstützung für Opfer und eine gründlichere strafrechtliche Verfolgung von Tätern. Durch gezielte Lobbyarbeit und politischen Druck versuchen die Feminist*innen, die Gesetzgebung zugunsten der Geschlechtergerechtigkeit zu beeinflussen. Mit dem Hashtag #DeLaFotoALaFirma („Vom Foto zur Unterschrift“) wurden Politiker*innen, die sich in den sozialen Medien mit einem „Ni Una Menos“-Plakat gezeigt hatten, aufgefordert, ein Dokument zu unterschreiben, das sie zur Umsetzung der Forderungen des Kollektivs verpflichten sollte.[129]

Die Bewegung hat in relativ kurzer Zeit erhebliche Erfolge erzielt. In Argentinien führten die Proteste und die öffentliche Aufmerksamkeit dazu, dass die Regierung konkrete Maßnahmen gegen Geschlechtergewalt ergriff. Neue Gesetze wurden eingeführt, um Femizide stärker zu bestrafen, und es wurden Initiativen gestartet, um Opfer besser zu unterstützen. Schwangerschaftsabbrüche wurden im Dezember 2020 in Argentinien legalisiert – was auch als Erfolg der Bewegung zu verbuchen ist. 2017 schrieb das Kollektiv *Ni Una Menos* in ihrem Manifest: „Legale Abtreibung ist Leben. Ohne legalen Schwangerschaftsabbruch gibt es kein ‚Ni una menos‘.“[130] Ich hoffe sehr, dass dieses Gesetz auch dem aktuellen rechten Präsidenten Javier Milei standhalten wird – dieser will es nämlich wieder abschaffen.[131]

„Ni una menos“ ist nicht nur der Slogan einer Bewegung. Es ist ein kraftvoller Ausdruck des Widerstands und der Solidarität. Durch ihre kreativen Strategien und ihre klaren Forderungen hat die Bewegung nicht nur politische Veränderungen vorangetrieben, sondern auch das Bewusstsein für die drängenden Probleme geschärft, mit denen Frauen in Lateinamerika und darüber hinaus konfrontiert sind.

DIE DEUTSCHE KLIMAGERECHTIGKEITSBEWEGUNG

Die deutsche Klimagerechtigkeitsbewegung ist eine relativ junge Bewegung. Ihre Geschichte beginnt jedoch schon viel früher und an einem ganz anderen Ort. Bereits in den 1980er-Jahren protestierten in einer Gemeinde in North Carolina, USA, überwiegend Schwarze und von Armut betroffene Menschen gegen eine geplante Giftmülldeponie. 3 Jahrzehnte lang kämpften sie gegen das Projekt. Mehr als 500 Demonstrierende wurden bei einem sechswöchigen Protest festgenommen.[132] Die internationalen Klimaverhandlungen (COPs) legten dann den Grundstein für internationalen Klimaprotest in den 1990er-Jahren. Bereits 1991 fand der „First National People of Color Environmental Leadership Summit" (deutsch: Erster nationaler Umweltführungsgipfel von People of Color) statt. Dort sollten Stimmen von BIPoC aus den USA und dem Globalen Süden – aus Puerto Rico, Chile, Mexiko und den Marshall Islands – zusammengebracht werden.[133]

In Deutschland markieren die Proteste gegen den berühmt-berüchtigten G8-Gipfel 2007 in Heiligendamm den Start der Klimagerechtigkeitsbewegung hierzulande. Als erste konkrete Aktivität wird das Klima- und Antirassismuscamp 2008 in Hamburg genannt. Darauf folgte der Klimagipfel 2009 in Kopenhagen, der deutschland- und weltweit Menschen für das Thema sensibilisierte und mobilisierte.[134] In Deutschland baut die Bewegung außerdem auf Erfolgen von vor allem eher bürgerlichen Gruppen auf. So wurden zwischen 2006 und 2009 ganze 22 Neubauprojekte für Kohlekraftwerke verhindert.[135] Seitdem ist das Thema auch in vielen linken Politgruppen angekommen. Grundkonsens ist die Erkenntnis, dass die Klimakrise menschengemacht ist und das Ergebnis eines kaputten Systems ist, welches Mensch und Natur ausbeutet und im Zuge dessen auf verschiedene Machtstrukturen zurückgreift. Ob dabei jedoch das System an sich das Problem ist oder das System an sich gut und somit „nur" kaputt ist, hängt von der Analyse der unterschiedlichen Akteur*innen in der Bewegung ab. Die Akteur*innen vereint jedoch das Ziel einer radikalen Reduktion der Treibhausgasemissionen und der damit einhergehenden notwendigen sozial-ökologischen Transformation.

Oft wird von „Klimabewegung" und „Klimagerechtigkeitsbewegung" gesprochen und die Redner*innen meinen damit dasselbe. Gerechtigkeit ist jedoch nicht bei allen Akteur*innen zentral und wird manchmal vernachlässigt bis hin zu ignoriert. Das ist äußerst problematisch. Für eine wahre Klima*gerechtigkeits*bewegung muss Gerechtigkeit im Zentrum stehen, genauer gesagt unterschiedliche Formen davon, die uns schon weiter vorne auf S. 32 begegnet sind: erstens die intergenerationelle (also zwischen den verschiedenen Generationen), zweitens die intragenerationelle (also zwischen Menschen innerhalb einer Generation) – vor allem zwischen dem Globalen Süden und Globalen Norden. Ein gutes Leben für alle innerhalb der planetaren Grenzen soll ermöglicht werden.

Ganz schön viel los: Akteur*innen und Taktiken

Je nach Akteur*in fällt der Fokus der Forderungen jedoch sehr unterschiedlich aus: Für die einen geht es um konkrete, realpolitische Forderungen, bei den anderen stehen Kritik und Wunsch nach einem Systemwandel im Vordergrund. Abhängig vom Kampagnen- oder Bündnisfokus sind beliebte Ziele die Energiewende, konkret ein sofortiger Kohle- und neuerdings auch Gasausstieg sowie der Ausbau erneuerbarer Energien. Oder aber die Verkehrs- bzw. Mobilitätswende: ein Stopp von Autobahnausbauten, Ausbau von ÖPNV etc. (Mehr zu Themen in Kapitel 11 ab Seite 206.) Im Vergleich dazu bleiben beispielsweise *Extinction Rebellion* mit ihren Forderungen genereller: „Sagt die Wahrheit“ und „Handle jetzt“ sowie die Einberufung von Bürger*innenräten sind die Hauptforderungen, die sich vorrangig an die Bundesregierung richten.[136]

Straßenblockaden mit Festkleben, Farbattacken auf Parteizentralen und Kartoffelbreiwürfe auf (von Glas geschützte) berühmte Gemälde – all das waren Taktiken, durch die die *Letzte Generation* in Deutschland vor ihrem Strategiewechsel[137] zwischen 2021 und 2023 für großes Aufsehen in den Medien sorgte. Genau wie ihre Taktiken haben sich auch ihre Forderungen immer wieder verändert: ein Gesetz gegen Lebensmittelverschwendung, die Einführung eines Tempolimits auf deutschen Autobahnen, ein dauerhaftes 9-€-Ticket, die Gründung eines Gesellschaftsrates und die Aufforderung an Bundespräsident Frank-Walter Steinmeier, sich hinter eine Erklärung zu stellen, die „Ehrlichkeit“ fordert und soziale Ungerechtigkeit und die Klimakatastrophe zum Thema hat.[138] Dabei machte sich die Gruppe nicht nur Freund*innen in der Klimagerechtigkeitsbewegung und in der Zivilbevölkerung.

Über die Klimagerechtigkeitsbewegung in Deutschland zu schreiben, ohne die *Letzte Generation* zu nennen, ist heutzutage quasi unmöglich. Wichtig ist für mich an dieser Stelle eines: Die *Letzte Generation* ist eine von vielen Akteur*innen innerhalb der Bewegung. Sie ist nicht *die* Klimagerechtigkeitsbewegung – genau deswegen ist es wie gesagt wichtig, klar zu haben, was eine soziale Bewegung ausmacht und was wiederum eine Gruppe, die *Teil* einer solchen Bewegung ist.

Die Aktionsformen der Klimagerechtigkeitsbewegung sind deswegen auch so vielfältig wie die Akteur*innen selbst. Klassische Klimacamps finden vor allem in ländlicheren Regionen statt, wie in den Braunkohleabbaugebieten im Rheinland und im Leipziger Land. Sie sind Orte der gelebten Utopie und oft Ausgangspunkte für zahlreiche Proteste – wie im Fall von Lützerath. In den vergangenen Jahren kam noch eine neuere Art der Klimacamps hinzu: (mehr oder weniger) dauerhafte Protestcamps in Stadtzentren. 13 solcher von *Fridays for Future* initiierten Klimacamps waren im September 2021 aktiv. Große Aufmerksamkeit in den Medien und der Bevölkerung erreichte das Bündnis *Ende Gelände* mit seinen Massenaktionen zivilen Ungehorsams. Seit 2015 blockieren jedes Jahr Tausende Klimaaktivist*innen fossile Infrastruktur – bis 2020 Braunkohle, seit 2021 auch Gas. Weitere Massenaktionen wie die von Bündnissen wie *Sand im Getriebe* rufen zum Protest gegen die Automobilmesse IAA auf und mobilisieren dafür Hunderte Menschen.

Ebenfalls ziviler Ungehorsam und beliebte Aktionsform sind Waldbesetzungen. Angefangen mit dem „Hambi" (Hambacher Forst), entdeckten vor allem die jüngeren Klimaaktivist*innen im „Danni" (Dannenröder Forst) ein emanzipatorisches Protestmittel für sich. Auch in Lützerath waren Bäume und kleine Waldabschnitte rund um das Dorf besetzt. Seitdem gibt es zahlreiche kleinere Waldbesetzungen in verschiedenen Wäldern Deutschlands und Solidaritäts-Baumbesetzungen im städtischen Raum. Daneben finden immer wieder Kleingruppenaktionen einzelner Bezugsgruppen mit unterschiedlichen Aktionszielen statt.

Weniger kontrovers von der Öffentlichkeit diskutiert werden die klassischen Demonstrationen und andere Formen legaler Proteste. *Fridays for Future* erlangte weltweit riesige Aufmerksamkeit mit wöchentlichen Klimastreiks, die auch in zahlreichen deutschen Städten stattfinden. Mehrmals im Jahr gibt es dazu globale Klimastreiks. Legal, aber heiß diskutiert war ein Hungerstreik von jungen Aktivist*innen, kurz vor der Bundestagswahl im September 2021, der für großes mediales Aufsehen sorgte. Klassisch sind außerdem die Mobilisierungen der Bewegung zu Protesten gegen die COPs, auch bekannt als UN-Klimakonferenzen. Klimaklagen – also Klagen gegen Regierungen und Unternehmen – haben vor allem in den letzten Jahren zugenommen. Wahrscheinlich auch deswegen, weil es einige Erfolge zu verzeichnen gibt: Die Deutsche Umwelthilfe klagte vor dem Verfassungsgericht erfolgreich gegen das Klimaschutzprogramm der Bundesregierung.[139] Während ich diese Zeilen schreibe, geht gerade die erfolgreiche Klage einer Gruppe von Schweizer Seniorinnen vor dem europäischen Menschenrechtshof durch alle internationalen Medien.[140] Laut Expert*innen wird sie wahrscheinlich auch eine Inspiration für weitere Klagen in Deutschland und Österreich sein. Demonstrationen, Unterschriftensammlungen, Bürgerbegehren und Bildungsarbeit sind ebenfalls Teil des Spektrums an Taktiken, die sich die Klimagerechtigkeitsbewegung zunutze macht.

Klassische Klimagruppen versuchen schon seit längerer Zeit, sich mit Akteur*innen mit anderen Schwerpunkten zusammenzutun. Durch die breiteren Bündnisse soll die Gerechtigkeitsperspektive mehr in den Vordergrund gerückt werden. *Fridays for Future Deutschland* startete 2023 eine verstärkte Zusammenarbeit mit Gewerkschaften wie ver.di unter dem Namen *Wir fahren zusammen*. Gemeinsam mit Busfahrer*innen riefen sie 2023 und 2024 zu Streiks auf und verknüpften so Klima-, Mobilitäts- und Arbeitskampffragen.

Von Erfolgen und Krisen

Dass die Klimagerechtigkeitsbewegung in den Köpfen der Menschen in Deutschland Gutes erreicht hat, zeigen die Forschungen der deutschen Wissenschaftler Johannes Brehm und Henri Gruhl. Sie haben die Auswirkungen von Klimastreik und zivilen Ungehorsam in Deutschland auf die Sorge der Menschen vor der Klimakrise zwischen 2016 und 2020 untersucht. Das Ergebnis? Entgegen der Behauptungen einiger Medienvertreter*innen und Politiker*innen trägt konfrontativer Protest sehr wohl zu einem gesteigerten Bewusstsein in der Bevölkerung bei. Die Studie verrät uns, dass sowohl die eher „zahmen" Proteste von *Fridays for Future* als auch die radikaleren Aktionen von *Ende Gelände* und *Extinction Rebellion* zu diesem verstärkten Verständnis in der Gesellschaft beitragen.[141] Kurz: Protest wirkt!

Die Organisation *More in Common* untersuchte in der bereits erwähnten Studie unter anderem den Rückhalt der Klimabewegung in der Bevölkerung. Was 2021 höchstwahrscheinlich auch als Erfolg der Klimagerechtigkeitsbewegung – vor allem *Fridays for Future* – zu verbuchen war, nämlich mit 68 % ein starker Rückhalt in der Gesellschaft für Klimaschützer*innen, hat sich 2023 schockierenderweise halbiert, auf 34 %. Noch gravierender ist der Unterschied bei der Aussage: „Die Klima- und Umweltbewegung in Deutschland hat das Wohl der gesamten Gesellschaft im Blick." Dort änderte sich die Zustimmung von 60 auf 25 %.[142] Gerade der zweite Aspekt dürfte nicht unwesentlich mit dem Engagement der *Letzten Generation* und der Darstellung der Aktionen in den Medien verknüpft sein. Die Strategie der *Letzten Generation* mit vehementen Straßenblockaden hat viele Menschen in ihrem Alltag gestört, ohne dass die Forderungen der Klimagruppe an sie direkt gerichtet waren. Nun ist legitimer Klimaprotest natürlich nicht immer bequem, oder sollte es nicht sein – und wird damit gewiss niemals bei allen Leuten Anklang finden (vor allem nicht bei jenen, die durch die geforderten und notwendigen Änderungen ihre Privilegien verlieren würden). So und so stellt sich aber die Frage, inwieweit die Gerechtigkeitsperspektive mit dieser Strategie im Einklang ist oder nicht. Gleichzeitig sollten wir aber auch nicht vergessen, dass seit der ersten Umfrage von *More in Common* Anfang 2021 der Fokus der Öffentlichkeit durch den Angriffskrieg auf die Ukraine ein anderer wurde, was bestimmt nicht unwesentlich zur Verschiebung in der öffentlichen Meinung beigetragen hat.

Die Klimabewegung hat an Bedeutung verloren – so ehrlich muss man sein. Damit wir aber in Anbetracht dessen nicht gleich das Handtuch werfen, hilft wieder ein Schritt zurück: Soziale Bewegungen und eben auch die Klimagerechtigkeitsbewegung verlaufen zyklisch, wie die bereits erwähnten Konzepte der Jahreszeiten und des „Movement Action Plan“ deutlich machen wollen. Und selbst wenn wir innerhalb der Bewegung echte Erfolge verzeichnen können, unsere Forderungen erfüllt werden – den Zustand „fertig“ gibt es nicht. Es werden neue Forderungen entstehen, neue Bedarfe. Dass die Frauenrechtsbewegung das Wahlrecht erkämpft hat, bedeutet nicht, dass sie nicht mehr notwendig ist. Ganz im Gegenteil. Und so wird es auch mit den Themen rund um Klimagerechtigkeit sein. Die deutsche Mitbegründerin der Letzten Generation und Autorin Lea Bonasera schreibt in ihrem Buch „Die Zeit für Mut ist jetzt“: „Konflikte können immer weitergehen. Wir lösen vielleicht ein Problem von heute, aber es werden nie alle Probleme gelöst sein. Es ist eine Lebensaufgabe.“[143] Du siehst also, es lohnt sich zu jedem Zeitpunkt, Teil der Klimagerechtigkeitsbewegung zu werden!

Wie sieht es aber mit konkreten Erfolgen der Klimagerechtigkeitsbewegung aus? Oft genannt wird hier die Rettung des „Hambacher Forsts". Das Waldstück am Rande des Tagebaus Hambach, das Teil des rheinischen Braunkohlereviers ist – der größten CO_2-Quelle Europas[144] – sollte abgeholzt werden. Der Initiator war (wieder einmal) der Energiekonzern RWE. Jahrelang besetzten deswegen Aktivist*innen das Waldstück, um es vor der Rodung zu retten. 2020 dann die freudige Nachricht: Im Rahmen des Kohleausstiegs einigten sich die Bundesländer darauf, dass der „Hambi" erhalten bleiben sollte. Erfreulich, aber gleichzeitig nur ein teilweiser Erfolg: Denn Teil des Deals war es, dass der Tagebau Garzweiler weiter betrieben werden durfte – und dafür weitere Anwohner*innen ihr Zuhause verloren.[145] Eines der betroffenen Dörfer: Lützerath. Dennoch: In einem Interview mit der Waldbesetzerin Indigo erfahre ich, dass durch den Erfolg der Hambacher Waldbesetzung auch die Dörfer rund um den Tagebau Garzweiler neue Hoffnung schöpften – dem Deal der Entscheidungsträger*innen zum Trotz. Die Anwohner*innen wendeten sich an die ehemaligen Besetzer*innen und fragten sie, ob sie den Kampf vor Ort unterstützen wollten. Und so entstand die Besetzung in Lützerath.[146]

Als weiteren Teilerfolg würde ich den Bürgerrat Klima bezeichnen, der 2021 in Deutschland ins Leben gerufen wurde. Dieser griff besonders die Forderung von *Extinction Rebellion* nach eben solchen Bürger*innenräten auf. Schirmherr war Bundespräsident a. D. Horst Köhler. In 12 Sitzungen tagten 160 Bürger*innen, die per Losverfahren ausgesucht wurden. Sie entwickelten Empfehlungen für die Klimapolitik Deutschlands.[147] Die Empfehlungen waren überraschend progressiv und sind damit ein Zeichen, dass diese Methode der Demokratie einerseits funktioniert und andererseits die Klimagerechtigkeitsbewegung die Dringlichkeit der Klimakrise und Notwendigkeit des Handelns gut in den Köpfen der Menschen verankert hat. Warum also *Teil*erfolg? Weil die Ergebnisse des Klima-Bürgerrats zwar breit geteilt wurden, aber dann doch in den Schubladen der eigentlich angesprochenen Parteien und Politiker*innen landeten – denn die Ergebnisse waren nicht bindend. So zeigt sich mal wieder: Auch nach diesem Eingeständnis, nach dem Aufsetzen des Klimabürgerrats braucht es eine starke Bewegung, die mit Protesten und anderen Aktionen die Entscheidungsträger*innen an ihre Verantwortung erinnert, die notwendigen Schritte tatsächlich umzusetzen – und sich nicht nur mit eindrucksvoll klingenden Initiativen ohne konkrete Wirkung zu schmücken.

Soziale Bewegungen ändern Normen und Institutionen

Soziale Bewegungen haben in der Vergangenheit nicht nur ganz konkrete Ziele erreicht. Sie haben zudem einen großen Teil dazu beigetragen, dass sich in der Geschichte die öffentliche Meinung und das gesellschaftliche Bewusstsein geändert hat. Das geschah und geschieht nicht nur durch Gesetzesänderungen, sondern auch durch veränderte kulturelle Normen. „Eine soziale Bewegung, die nur Menschen bewegt, ist lediglich eine Revolte. Eine Bewegung, die sowohl Menschen als auch Institutionen verändert, ist eine Revolution“[148], sagte Martin Luther King. Durch das Sichtbarmachen von bestehenden Konflikten können diese Veränderungen stattfinden. Lasst uns also gemeinsam, als soziale Bewegungen, die Konflikt- und Tabuthemen dieser Welt ins Rampenlicht rücken.

Wir können dafür aus vergangenen Erfahrungen lernen. Und müssen trotzdem nicht den Anspruch haben,

Ergebnisse auf der gleichen Skala zu erreichen wie unsere Vorgänger*innen, wie King oder Parks. Der queere, Schwarze trans Aktivist Parker T. Hurley schreibt dazu: „Ich habe der Redewendung ‚auf den Schultern von Ries*innen stehen' immer misstraut, denn obwohl ich die Brillanz und Widerstandsfähigkeit meiner Vorfahr*innen respektiere und würdige, bin ich mir ziemlich sicher, dass sie keine Ries*innen waren, sondern genauso stark und verletzlich wie ich."[149]

Reflexionsfragen

- Was sind aus deiner Sicht momentan die dringendsten (sozialen) Probleme und gibt es dazu Bewegungen, die diese bearbeiten?
- Was bedeutet für dich persönlich „erfolgreich" im Kontext von sozialen Bewegungen?

7. Demokratie ist mehr als Wahlen: gewaltfreie Aktion und Eskalation

Ich sehe gerade noch, wie eine junge Frau von Polizisten über den Asphalt weggeschleift wird. Nach und nach arbeiten sich die Polizist*innen weiter vor und räumen die Blockade, die wir auf der Brücke mitten in Madrid heute früh mit unseren Körpern errichtet haben. Wir sind hier, weil wir eine andere Verkehrs- und Klimapolitik von der Regierung in Madrid und in Spanien fordern. Weil all die Demonstrationen und Petitionen bisher nicht viel gebracht haben, sitzen wir heute, im Jahr 2019, bei der ersten Massenaktion der Klimagerechtigkeitsbewegung in Spanien, an einem Samstagmorgen auf der Straße.

Vor mir fängt jemand laut an zu rufen: „Show me what democracy looks like!" und wir antworten im Sprechgesang: „This is what democracy looks like!"

Ich werde nervös beim Blick auf die Polizist*innen, bei denen der Geduldsfaden gerissen ist oder die noch nie einen hatten – und direkt mit Knüppel und Schmerzgriffen hantieren.

Während ich immer wieder „This is what democracy looks like!" rufe und damit meine Zuversicht in die Demokratie zeige und in die Tatsache, dass unser Protest Teil dieses Aushandlungsprozesses ist, hagelt es Schmerzgriffe um mich herum. Wie zynisch, schießt es mir durch den Kopf. Denn auch so kann Demokratie aussehen – wenn falsche Werte mit Gewalt durchgesetzt werden und friedlichem Protest die gesamte Breitseite der staatlichen Gewalt entgegenschlägt.

KÄMPFEN MIT GEWALTFREIER AKTION

Um unseren Forderungen Gehör zu verleihen – egal ob an die Politik gerichtet oder nicht –, nutzen wir in sozialen Bewegungen unter anderem gewaltfreie Aktionen.

Die Pazifistin, Friedensforscherin und Geschäftsführerin vom *Bund für Soziale Verteidigung*, Dr. Christine Schweitzer, definiert gewaltfreie Aktion als eine „zivile Form der Auseinandersetzung, die soziale, wirtschaftliche und politische Formen der Macht einsetzt, ohne auf Gewalt oder die Androhung von Gewalt zurückzugreifen“.[150]

Das ist ganz schön breit. Und macht klar, dass gewaltfreie Aktion viel mehr ist als das, was wir vielleicht ursprünglich damit verbinden.

Bis heute führe ich Workshops für die *Werkstatt für Gewaltfreie Aktion* und darüber hinaus auf selbstständiger Ebene durch, eben unter anderem zum Thema gewaltfreie Aktion. Viele Menschen – ich glaube, so ging es anfangs auch mir – verwechseln die gewaltfreie Aktion mit zivilem Ungehorsam. Das ist nicht ganz verkehrt, denn ziviler Ungehorsam ist eine Form von gewaltfreier Aktion. Aber es fällt eben noch viel mehr darunter.

Die zentralen Merkmale

Wichtig ist es vor allem, dass die gewaltfreie Aktion eine kämpferische Methode ist, um gesellschaftliche Konflikte auszutragen. Es ist kein passives Nichtstun. Gewaltfreie Aktion klingt für manche Menschen vielleicht erst mal so, als würde man sich einfach hinstellen und ohrfeigen lassen. Oder nur Aktionen machen, die mit einem milden Lächeln à la „Die schon wieder“ wegignoriert werden können. Das stimmt aber so nicht. Gewaltfreie Aktionen sind eine Art zu kämpfen – auch wenn dieses kriegerische Wort vielleicht irritierend ist. Es ist aktiv, genauso, wie ich es in diesem Buch vermitteln will.

Anders als beispielsweise beim Militär gibt es bei gewaltfreien Aktionen aber definitiv keinen Zwang teilzunehmen. Niemand hat eine Weisungsbefugnis über Menschen, die an einer Aktion teilnehmen. Menschen machen freiwillig bei den Aktionen mit. Weil sie es für sinnvoll halten, für bereichernd, für notwendig. Sie stehen für sich als zivile Person, folgen keinen Befehlen und entscheiden eigenständig, ob und wie weit sie gehen wollen. Auch ein Ausstieg sollte jederzeit möglich sein.

Bis hierhin ist alles wahrscheinlich noch ziemlich unkontrovers, oder? Die beiden Merkmale (aktive, kämpferische Methode und Freiwilligkeit der Teilnahme) haben bisher noch bei allen Aktiven, mit denen ich über Aktionen gesprochen habe, Anklang gefunden.

Ganz viele verschiedene Akteur*innen bedienen sich der gewaltfreien Aktion. Dabei scheinen die Ziele auf den ersten Blick vielleicht divers: eine Aktion gegen Waffenlieferungen, eine Aktion gegen Femizide, eine Aktion für den Erhalt eines Waldes. Was aber im Grunde all diese Ziele eint: Sie wollen die gesellschaftlichen Strukturen so beeinflussen, dass wir in einer emanzipatorischen, einer freieren, gerechteren Zukunft für alle landen. Teil der gewaltfreien Aktion ist es, dass die Mittel, um dieses Ziel zu erreichen, auch dem Ziel an sich entsprechen. Dieser Logik nach macht es keinen Sinn, gewaltvolle Mittel einzusetzen, um eine gerechtere – also gewaltfreiere – Utopie zu erstreiten. Mit der Art, wie wir kämpfen, gesellschaftliche Konflikte sichtbar machen und den Finger in die Wunde legen, machen wir bereits deutlich, wohin die Reise gehen soll.

Spätestens hier wird es in manchen Diskussionen kontrovers. Denn diese enge Definition der gewaltfreien Aktion findet nicht in allen Kreisen Anklang.

Verhandlungen mit politischen Gegner*innen: lieber die Finger davon lassen?

Damit Gruppen und Bewegungen mit ihren Aktionen Erfolg haben, braucht es die Bereitschaft, mit politischen Gegner*innen in einen Dialog zu treten – so die Theorie der gewaltfreien Aktion. Und zwar nicht etwa, um die Gegenseite wild anzupöbeln, sondern tatsächlich mit einer gewissen konstruktiven Streitbarkeit. Daran stoßen sich immer wieder Aktivist*innen, mit denen ich auf Camps und Co. ins Gespräch komme. Ich kann das sehr gut verstehen. Denn oft steckt hinter einem Dialogangebot der Versuch, die Proteste zu beruhigen, mundtot zu machen, den Wind aus den Segeln zu nehmen – und das Gespräch mit den Aktivist*innen danach für eigene PR-Zwecke zu nutzen. Strategisch gesehen ist es logisch, dass Verhandlungen mit dem Gegenüber sinnvoll sein können, um sie*ihn zu bewegen. Aber es ist auch nachvollziehbar, warum bestimmte Menschen und Gruppen keine Lust auf diesen Prozess haben, sich ihm verweigern. Das ist nicht per se ein Problem, denn nicht jede*r muss alle Rollen einnehmen. Es kann andere Akteur*innen, andere Gruppen oder Menschen geben, die diese wichtige Rolle einnehmen – dann muss ich selbst es nicht tun.

Oft fällt auf Bewegungsebene diese Rolle den größeren, etablierteren NGOs zu. Das hat seine Vor- und Nachteile. So wurde 2018 in Deutschland die sogenannte „Kohlekommission" gegründet, um über den Kohleausstieg zu verhandeln. Mit dabei waren Vertreter*innen der Kohleregionen, Gewerkschaften, Wissenschaft, aus der Wirtschaft und Industrie – und von großen Umweltschutzverbänden. Am Ende einigten sich alle darauf, dass 2038 Schluss mit der Kohle sein solle.[151] „Viel zu spät!", schallte es aus dem Rest der Klimagerechtigkeitsbewegung. Zu Recht. *Ende Gelände* und andere radikalere Akteur*innen waren empört darüber, wie *Greenpeace*, *BUND* und der *Deutsche Naturschutzring* sich auf diesen Kompromiss einlassen konnten, und fühlten sich von ihnen verraten. Auch *Greenpeace* selbst ist sich der Kritik bewusst. Karsten Smid und Nina Treu, die beide bei *Greenpeace Deutschland* arbeiteten, reflektieren: „Auch wenn die Mitarbeit am Kohlekompromiss von großen Teilen der Bewegung missbilligt wurde: [...] Es ist gerade das Spannungsfeld zwischen Pragmatismus und Protest, das unser Handeln ausmacht."[152] Die beiden weisen zudem auf die unterschiedlichen Rollen im Bewegungsgefüge hin, auf die ich im nächsten Kapitel (ab S. 163) ausführlich eingehe.

Wahrscheinlich wäre ohne die Stimme der Umweltverbände in der Kohlekommission ein noch schlechterer Deal herausgekommen. Aber mit dem offiziellen Einverständnis der großen Umweltakteur*innen wurde auf jeden Fall die Kritik von radikaleren Gruppen direkt abgeschwächt und delegitimiert. Denn es konnte immer gesagt werden: „Aber wir haben die Klimabewegung doch mit einbezogen! Und ihr habt zugestimmt!" Ich bringe deswegen selbst eine gehörige Portion Skepsis gegenüber solchen Verhandlungsprozessen mit unseren politischen Gegner*innen mit. Ich glaube aber auch, dass sich die großen Umweltverbände ihrer Rolle bewusst sind und diese so gut wie möglich ausfüllen. Was es braucht, sind vor allem Räume, an denen wir uns innerhalb der Bewegung austauschen, diskutieren und dafür sorgen, dass wir möglichst an einem Strang ziehen – und manche dafür mit der Gegenseite ins Gespräch gehen, andere nicht.

Gar nicht so einfach: Trennung von Rolle und Funktion

Manchmal ähnlich komplex und als Grundvoraussetzung für gewaltfreie Aktion definitiv umstritten ist die Trennung von Person und gegenwärtiger Rolle des*der politischen Gegner*in. Ein gutes Beispiel dafür: der Umgang mit der Polizei. Die einen sehen in Polizist*innen eine Funktion, die versucht, den Status quo aufrechtzuerhalten und gegenwärtige Machtverhältnisse zu verteidigen – notfalls mit Schlagstock und Schmerzgriff. Die anderen sehen in der Polizei klassisch den „Freund und Helfer". Wieder gilt: Nicht alle Menschen müssen sich in die direkte Auseinandersetzung mit der Polizei bringen – oder zumindest nicht in eine Situation des Dialogs. Bei Aktionen wie Demonstrationen oder Blockaden gibt es dafür oft eigens die Rolle des „Polizeikontakts": Menschen, die willig und darauf vorbereitet sind, mit der Polizei zu reden und gegebenenfalls zu verhandeln. Dabei begegnen sie den Polizist*innen eben in ihrer Rolle als Staatsorgan – nicht als Privatpersonen mit Familie etc.

Das ist eine pragmatische Lösung für eine ziemlich politische Debatte: Sollen wir überhaupt mit der Polizei reden oder nicht? Wenn du das eine abstruse Frage findest und direkt erwidern würdest: „Klar, warum nicht?" – dann hast du wahrscheinlich noch keine oder wenige schlechte Erfahrungen mit der Polizei gemacht. Das ist super und ich hoffe, es bleibt so. Aber leider gibt es nicht nur Menschen, die im Kampf um Gerechtigkeit immer wieder Gesetze übertreten und deswegen mit der Polizei aneinandergeraten, sondern auch Menschen, die allein aufgrund ihres Aussehens von Polizist*innen generalverdächtigt werden. „Racial profiling"[153] nennt man das. Diese rassistische Polizeipraxis führt dazu, dass sich BIPoC viel mehr Polizeigewalt ausgesetzt sehen. Der Mord an George Floyd in den USA, der die Bewegung *Black*

Lives Matter (wieder-)aufleben ließ, ist nur ein sehr prominentes und tragisches Beispiel. Mit der Polizei in einer Aktion „einfach so" auf Augenhöhe zu reden, ist oft *weißen* Menschen vorbehalten. Es ist deswegen ein Akt der Verbündetenschaft („Allyship"), ohne konkreten Auftrag, nicht mit der Polizei zu reden – sondern das den Polizeikontakten zu überlassen.

Der kontroverseste Punkt mit Blick auf die Merkmale von gewaltfreier Aktion ist die Frage, ob der bewusste Verzicht auf den Einsatz von Gewalt nur gegen Personen sein muss oder auch Gegenstände beinhaltet. Oft ist diese Diskussion auch der Einstieg in eine breitere Debatte darüber, was Gewaltfreiheit eigentlich genau bedeutet.

Streitfrage „Gewaltfreiheit"

Am Tag der Großdemonstration in Lützerath flimmerten abends in den Nachrichten die ersten Berichte von der Aktion über den Bildschirm. Gezeigt und diskutiert wurde in den nächsten Tagen vor allem die Anwendung von Gewalt. Ich hatte in der Hinsicht Glück: Die Szenen von Polizist*innen, die mit ihren Schlagstöcken auf Menschen einprügeln, sehe ich diesmal nur auf YouTube und in sozialen Medien, nicht direkt vor meinen Augen.

Doch auch den Demonstrant*innen wurde Gewalt vorgeworfen. Einige Bilder vom ersten Tag der Räumung, die in den sozialen Medien die Runde machen, zeigen angezündete Reifen und brennende Barrikaden an den Eingängen zum besetzten Dorf. Die Besetzer*innen berichteten, dass sie aus Verzweiflung zu diesen Abschreckungsmaßnahmen gegriffen hatten, da die Räumung, anders als kommuniziert, bereits einige Tage früher startete.

Auf dem *Unser Aller Camp* und in den Aktionen fanden sich, so mein Eindruck, erstaunlich viele Menschen, die sich für gewaltfreie Aktionen aussprachen. Auch während meiner Trainings verliefen die Diskussionen rund um den Begriff „Gewaltfreiheit" wesentlich weniger kontrovers als auf vielen anderen Camps in den letzten Jahren.

Bei meinen eher theoretischen Workshops zu gewaltfreier Aktion, aber auch bei meinen praktisch orientierten Aktionstrainings, bei denen ich mit Menschen übe, wie sie sich in Aktionen des zivilen Ungehorsams gut verhalten können, mache ich am Anfang gerne eine Aufstellung: Die Workshopteilnehmenden können sich auf einer imaginären Linie positionieren, je nachdem, was ihre persönliche Meinung ist. Ich stelle dabei unterschiedliche Aktionsszenarien vor und frage sie: Ist das für dich persönlich eine gewaltfreie oder eine gewaltvolle Aktion? Wie vieles im Leben ist hier nicht alles schwarz oder weiß, deswegen ist die Linie ein Spektrum. Das heißt, es gibt auch eine „Grauzone", in der die Menschen die Aktion weder gewaltfrei noch -voll einordnen oder Tendenzen haben.

Ich fange gerne mit folgendem Szenario als Einstieg an: Klimaaktivist*innen blockieren mit ihren Körpern den Zugang zu einem Werk, in dem Autos produziert werden. Sagen wir für das Szenario, ein VW-Werk. Sie pöbeln oder schubsen nicht, aber weil sie vor dem Werk stehen, kommen die Arbeiter*innen nicht an ihnen vorbei und somit an diesem Tag nicht an ihren Arbeitsplatz. Ist das eine gewaltfreie Aktion? Was meinst du? Die Aktivist*innen greifen niemanden verbal oder körperlich an. Sie sind ganz ruhig. Aber was ist mit den Konsequenzen der Aktion? Wer trägt sie? Was ist mit den Arbeiter*innen, die nicht an ihren Arbeitsplatz können? Manche Workshopteilnehmende sagen, dass sie dieses Abhalten vom Weg zum Arbeitsplatz als gewaltvoll empfinden. Dass die Arbeiter*innen vielleicht keinen Lohn bekommen für diesen verpassten Tag, dass sie sich vielleicht ihren Job nicht ausgesucht haben.

Man könnte aber auch so argumentieren, dass die Konsequenzen für die Arbeiter*innen und die Gewalt nicht von den blockierenden Aktivist*innen ausgehen, sondern von den Autokonzernen, die solche katastrophalen Arbeitsbedingungen fördern. Man könnte argumentieren, dass sie die Schuld an ihrem Versagen im Kampf gegen die Klimakrise und den darauf folgenden Widerstand auf die möglicherweise prekär angestellten Arbeiter*innen auslagern, indem sie ihnen den Lohn für diesen verpassten Produktionstag kürzen. Diese theoretische Argumentation ändert zwar nichts an den realen Konsequenzen des potenziellen Lohnverlusts, aber sie zeigt: Es ist kompliziert. Das Szenario öffnet den Raum rund um Fragen der unterschiedlichen Formen der Gewalt – die auch strukturell sein kann.

Es ist nur eines von mehreren Szenarien, die ich in meinen Trainings gerne nutze. Vielleicht ist aber die Frage nach der Legitimität einer Aktion viel wichtiger als die, ob eine Aktion gewaltfrei ist. Bei manchen Menschen ist diese Auffassung deckungsgleich. Also wird nur als legitim betrachtet, was eindeutig als gewaltfreie Aktion eingeschätzt wird. Aber ist es wirklich so einfach? Was ist mit Aktionen wie der Zerstörung von Zäunen, wie es indigene Gruppen der Akroá-Gamella zwischen 2015 und 2017 in Brasilien taten? Ihr Land wurde ihnen durch die Regierung weggenommen, um dort Wälder abzuforsten und Farmen von nicht-indigenen Menschen aufzubauen. Die Antwort von Farmer*innen und Polizei auf die Aktionen der Indigenen war eindeutig: Gewaltandrohungen und gewaltvolle Attacken.[154] Aus welcher Position heraus entscheiden wir, ob die Sabotage der indigenen Protestgruppen gewaltfrei war? Ob sie legitim war? Als stille Beobachter*innen von außen oder als Betroffene?

WIRKWEISEN: VON DIALOG ZU DRUCK

Gewaltfreie Aktionen wirken auf 3 verschiedenen Ebenen: Im Idealfall können wir unsere Gegner*innen im Dialog überzeugen. Und zwar mit Argumenten, Fakten, Studien und wissenschaftlichen Erkenntnissen. Dafür ist es wichtig, dass wir sehr genau analysiert haben, wo das Problem liegt und wie dieser Konflikt gelöst werden kann. Außerdem müssen wir bereit sein, mit unseren Gegner*innen in einen Dialog zu treten. Das ist aber nicht jede*r, wie ich ein paar Seiten vorher schon erläutert habe.

Wenn Argumente nicht reichen, ist es an der Zeit, Druck auszuüben. Das können wir tun, indem wir versuchen, unsere Gegner*innen moralisch unter Druck zu setzen. Wir greifen deren Gewissen an, denn natürlich sind auch Entscheidungsträger*innen Menschen. Und wir als Menschen sind für Moral prinzipiell empfänglich und universell ansprechbar. Besonders gute Karten haben wir, wenn wir zeigen, dass wir selbst bereit sind, Opfer zu bringen. Wenn wir uns dafür freiwillig in unangenehme Situationen wie Polizeikontrollen oder Sitzblockaden bei Wind und Wetter mit Schlafmangel begeben, erhöht das den moralischen und psychischen Druck auf Entscheidungsträger*innen.

Wenn alle Stricke reißen und weder unsere Argumente noch der Appell an die Moral unserer Gegner*innen Wirkung zeigen, kann es Zeit für die dritte Ebene sein. Hier ist der Ansatz, unsere Gegner*in politisch, wirtschaftlich und sozial unter Druck zu setzen. Im Notfall kann das sogar im Versuch enden, ihnen die Herrschaftsfähigkeit zu entziehen. Der*die Gegner*in muss merken, dass auch von ihm*ihr ein Preis zur Aufrechterhaltung von Repression und Unterdrückung zu zahlen ist – bis hin zur Entmachtung bzw. Verlust der eigenen Privilegien.

ESKALATIONSSTUFEN FÜR MEHR EFFEKTIVITÄT

Diese Wirkweisen spielen auch beim Konzept der Eskalationsstufen eine Rolle. Der deutsche Politikwissenschaftler Theodor Ebert schrieb das Buch „Gewaltfreier Widerstand. Alternativen zum Bürgerkrieg“[155]. Darin stellt er das besagte Konzept vor, welches ich ziemlich hilfreich finde. Ich wende es gerne in meinen Workshops zu gewaltfreier Aktion mit Gruppen und einzelnen Aktiven an. Denn es öffnet den Blick für verschiedenste Aktionsformen und das gesamte Spektrum an gewaltfreien Aktionen. Wie eingangs schon gesagt, ist unser Verständnis, was gewaltfreie Aktion ist, oft sehr eingeschränkt.

Die Idee hinter dem Konzept ist, dass es verschiedene Eskalationsstufen für gewaltfreie Aktionen gibt. Je nach Stufe sind sie auf unterschiedliche Wirkmechanismen ausgelegt. Diese sind den 3 Ebenen ähnlich, die ich gerade angeführt habe.

Besonders augenöffnend finde ich die Unterteilung in Aktionen, die eher „abwehrend“ und andere, die eher „aufbauend“ sind. Erstere sind klassischere Protestformen: Sie drücken den Unmut über den Status quo aus. Bei zweiteren steht die Alternative, die Utopie im Vordergrund, das „so könnte es auch sein“. Ebert bezeichnet beides als wichtig: Es braucht sowohl die abwehrenden (subversiven) als auch die aufbauenden (konstruktiven) Aktionen. Aber kommen wir nochmal zurück zu den Eskalationsstufen – sie lassen sich wie folgt zusammenfassen.

Stufe 1:
Bei der ersten Stufe ist das Ziel, die*den Gegner*in zu überzeugen. Es wird das Bewusstsein geschärft, Men-

schen werden informiert und ein Verständnis für das Unrecht geschaffen. Dafür gibt es zum einen die Möglichkeit des Protests als abwehrende Aktion. Hier ist das Motto: zeigen, was problematisch ist und darüber laut, aber eben noch nicht „gefährlich" werden. In dieser Phase werden Flugblätter verteilt, Petitionen gestartet und somit Diskussionen angeregt etc. Alternativen werden aufgezeigt, indem etwa Gegengutachten erstellt werden. Das wäre zum Beispiel der Fall, wenn wir zusammen mit dem lokalen Naturschutzverein Belege dafür sammeln, dass das neue Einkaufszentrum am Rande unserer Kleinstadt die Abholzung eines Waldstücks und eine Bedrohung für die dort ansässigen Tiere bedeuten würde. Wenn wir dann noch einige Unterschriften in der Gemeinde sammeln von Menschen, die sich hinter unsere Forderung stellen, haben wir noch bessere Karten für einen Erfolg – denn wir nutzen gleichzeitig eine abwehrende Aktionsform.

Es ist der Moment, in dem versucht wird, die Öffentlichkeit aufzurütteln und wir die Grundlage für Veränderung legen. Es wird versucht, eine breite Basis zu schaffen, also bisher passive Menschen mit ins Boot zu holen und aktiv zu werden. Noch wird aber nicht in die Funktionsmechanismen des bestehenden Systems eingegriffen. Damit stellt diese Stufe keine direkte Gefahr für unsere politischen Gegner*innen dar.

Stufe 2:
Wenn der Dialog keine Früchte trägt, betritt man die Bühne des legalen Widerstands. Legale Formen der Nicht-Zusammenarbeit ermöglichen es, das Unrecht sichtbar zu machen, ohne sich selbst dafür in Repressionsgefahr zu begeben. Es wird die freiwillige Zusammenarbeit entzogen, um das System am Funktionieren zu hindern oder zumindest die – finanziellen und bei-

spielsweise personellen – Kosten zu erhöhen. „Die Nichtzusammenarbeit mit dem Schlechten gehört ebenso zu unseren Pflichten wie die Zusammenarbeit mit dem Guten“, ermunterte uns schon Mahatma Gandhi.

Rollen, die von uns erwartet werden, die wir im kapitalistischen Theater wie selbstverständlich spielen, erfüllen wir nicht – indem wir zum Beispiel langsam arbeiten. Das ist nicht illegal. Aber in unserer auf Produktivität und Effizienz gepolten kapitalistischen Wirtschaftsweise ein Affront gegen das System. Ein anderes Beispiel: Wer eine Ehrung oder Auszeichnung verliehen bekommen soll, kann diese verweigern. Der Feministin und Journalistin Florence Hervé sollte 2014 vom damaligen Bundespräsident Joachim Gauck das Bundesverdienstkreuz verliehen werden, für ihre „ehrenamtliche Arbeit in Sachen Frauenpolitik, deutsch-französischer und internationaler Zusammenarbeit“.[156] In ihrem Ablehnungsbrief schrieb sie: „Es widerstrebt mir, eine Auszeichnung vom höchsten Repräsentanten eines Staates anzunehmen, dessen Regierungen selten den Eindruck erweckten, an der Beseitigung von Diskriminierung, sozialer Ungleichheit, an dauerhafter Abrüstung und einer friedensfördernden, gleichberechtigten Zusammenarbeit mit anderen Staaten interessiert zu sein. [...] Ich verbinde meine Verweigerung der Annahme des Bundesverdienstkreuzes am Bande mit dem Wunsch, dass sich in der künftigen Politik dieses Staates die Ziele meines Engagements widerspiegeln.“[157]

Wer lieber konstruktive Aktionen nutzt, der baut in dieser Stufe legale Gegenstrukturen auf. Eine alternative Zeitung, eigene Bürger*innenräte, ein unabhängiges Radio: All das können Gegenstrukturen sein, die das Erproben von neuen Systemen zum Zweck haben. Da auch hier das Ziel ist, das System zumindest ein wenig zu lähmen, wird dessen Abwehr schon spürbarer. Ein lokales Beispiel aus Freiburg: Hier gibt das älteste freie Radio, das „Radio Dreyeckland“, welches sich „für soziale Gerechtigkeit, Frieden und Umweltschutz“[158] einsetzt und in Freiburg in der alternativen Szene sehr gerne gehört wird. Auch ich durfte schon zweimal dort mit auf Sendung gehen – einmal als Mitglied der Pressegruppe des 8.-März-Bündnisses und einmal für meine Arbeit bei der *Werkstatt für Gewaltfreie Aktion*. Aber nicht alle finden die Arbeit des Radios genauso unterstützenswert – so kam es im Januar 2023 zu einer Hausdurchsuchung bei dem Radio sowie bei 2 Mitarbeitenden.[159] Der Sender ist ein Dorn im Auge derjenigen, die er kritisiert.

Stufe 3:
Der Druck steigt, und mit ihm erreichen wir die letzte Eskalationsstufe. Für die subversiven Aktionen heißt das: ziviler Ungehorsam. Hier geht es darum, die Regeln zu brechen, um auf Ungerechtigkeiten aufmerksam zu machen. Sitzblockaden, politische (also illegale) Streiks, Boykotte – Menschen setzen sich in dieser Stufe bewusst über Gesetze hinweg, um die Aufmerksamkeit der Mächtigen zu erlangen. Das kann eher reformistische Züge haben, wenn die Aktionen des zivilen Ungehorsams primär die Anpassung einzelner Gesetze im Blick haben, wenn also beispielsweise die *Letzte Generation* ein Gesetz zur Lebensmittelverschwendung fordert. Es kann aber laut Ebert auch revolutionär zugehen, wenn die Aktionen das gesamte Herrschaftssystem infrage stellen – wenn zum Beispiel Aktivist*innen von *Black Lives Matter* sich gegen rassistische Polizeigewalt einsetzen. Der zivile Ungehorsam ist der Punkt, an dem der Protest eine unbequeme Form annimmt. Hier geht es nicht mehr ums bloße Überzeugen mit Informationen oder das Verlangsamen des Systems. Hier ist das Ziel, das System zu stoppen.

Konstruktive Aktionen der dritten Stufe konzentrieren sich auf den Aufbau von illegalen Gegenstrukturen. Auch hier gibt es eher reformbedachte Gegenstrukturen: beispielsweise die Sit-ins Schwarzer Menschen in amerikanischen Restaurants während der rassistischen Praxis der Rassentrennung. Die Sit-ins sollten aufzeigen, wie eine Welt aussehen würde, in der Menschen jeder Hautfarbe gemeinsam in einem Restaurant sitzen und essen können.

Bei revolutionären Gegenstrukturen werden ganze eigene Institutionen aufgebaut: zum Beispiel Selbstverwaltungsorgane oder eigene Gerichte. So wie beispielsweise bei den Zapatistas, einer politischen Bewegung aus indigenen Aktivist*innen, die im südmexikanischen Bundesstaat Chiapas ihr Zuhause haben. Ihren Ursprung hat die Bewegung bereits in den 1980er-Jahren, als sie sich gegen die neoliberale Denkweise und ganz konkret ein Freihandelsabkommen stellte, das für ihre Leben gravierende Einschnitte bedeutet hätte. In den Gemeinden der 5 autonomen Landkreise gibt es den „Rat der guten Regierung“, in dem Delegierte nicht nur Entscheidungen über viele wichtige Themen treffen, sondern auch die Aufgabe der Rechtsprechung übernehmen[160] – der feindlich gestimmten mexikanischen Regierung zum Trotz.

Eine taktische Bandbreite für die Revolution

Theodor Eberts Eskalationsstufen der gewaltfreien Aktion sind mehr als nur ein theoretisches Konzept. Sie sind eine Anleitung für diejenigen, die Veränderungen herbeiführen wollen. Von der Verbreitung von Informationen über den Dialog bis hin zu Nicht-Zusammenarbeit und zivilem Ungehorsam sind diese Stufen ein Wegweiser für alle, die sich gegen Ungerechtigkeiten erheben und dabei strategisch vorangehen wollen, indem sie ihre Aktionsformen an die Umstände und Ziele ihrer Kämpfe anpassen. Die 3 Stufen weiten unseren Blick für die Möglichkeiten, für das breite Spektrum an Taktiken, das uns zur Verfügung steht. In einer Welt, in der der Ruf nach Gerechtigkeit lauter wird, bietet Eberts Konzept eine Blaupause für eine Revolution.

Wie unglaublich groß die Vielfalt an Aktionsmöglichkeiten ist, zeigte auch der US-amerikanische Politikwissenschaftler Gene Sharp, der eine berühmte Liste mit 198 Methoden der gewaltfreien Aktion veröffentlichte.[161] Diese wird heute noch vielfach zitiert – und erweitert. Noch kreativer wird es bei der Sammlung in den Handbüchern „Beautiful Trouble“ und „Beautiful Rising“[162], die neben Aktionsformen auch Taktiken auflisten.

Beim Blick auf Sharps Auflistung fällt eines ins Auge: All seine Methoden sind subversive Aktionen, also solche, die eher das „Dagegen“ im Fokus haben. Im Gegensatz dazu stehen bei Ebert konstruktive Aktionen, die also Alternativen auf gleicher Höhe aufbauen wollen. Sharps Liste spiegelt damit die Realität der Klimabewegung wider. Denn tatsächlich finden viele Gruppen den Aufbau von Alternativen zum kapitalistischen System sehr wichtig, legen ihr eigenes Hauptaugenmerk aber dann doch auf punktuellen Protest bzw. subversive Aktionen. Natürlich gibt es sie, die Akteur*innen, die es sich zur Aufgabe gemacht haben, andere Formen des Wirtschaftens, Zusammenlebens, Politikmachens ins Zentrum ihres Engagements zu stellen. Aber oft werden sie nicht unbedingt als Teil der Klimagerechtigkeitsbewegung wahrgenommen – und auch die beiden Definitionen, die ich am Anfang vom vorherigen Kapitel zu sozialen Bewegungen aufgeführt habe (S. 86), sprechen klar nur von „Protestformen“ und „Anfechtung“. Sind Menschen, die Genossenschaften, Projekte der solidarischen Landwirtschaft und so weiter aufbauen, nicht auch Teil des großen Ganzen? Ebert würde darauf höchstwahrscheinlich mit „Auf jeden Fall!“ antworten. In der Realität, und ehrlicherweise auch in meinem Kopf, fehlen hier noch Brücken zwischen den beiden Strategien. Denn um nichts Geringeres als die sozial-ökologische Transformation umzusetzen und den Profiteur*innen die Stirn zu bieten, brauchen wir kein „entweder/oder“, sondern ein „sowohl als auch“!

Digitaler Aktivismus: Engagement 2.0

Was weder Ebert noch Sharp in ihren Konzepten berücksichtigten, waren digitale Formen des Engagements. Heutzutage braucht man nicht einmal die Wohnung zu verlassen, um sich für Gerechtigkeit in sozialen Bewegungen einzusetzen. Egal ob Online-Petitionen unterschreiben, einen Post liken, eine E-Mail weiterleiten oder eine Fake-Website erstellen: Für all das braucht es erstmal nur einen Internet- und Computerzugang. Doch wie so vieles hat digitales Engagement 2 Seiten: Einerseits ist da die (relativ) leichte Zugänglichkeit, was super ist und zum Beispiel auch Menschen außerhalb von Städten die Beteiligung erleichtert. Andererseits laufen wir aber Gefahr zu denken, dass es schon reicht, einen Post in den sozialen Medien zu teilen. Gerade solche Netzwerke sind eine gute Möglichkeit, Menschen dafür zu mobilisieren, auf die Straße zu gehen und zu protestieren – wie es zum Beispiel beim Arabischen Frühling der Fall war.[163] Das verknüpft die Vorteile von moderner Technologie mit echter Beteiligung. Digitaler Aktivismus kann allerdings in meinen Augen immer nur ergänzend zu „analogem Aktivismus“ sein, wenn wirkliche Veränderungen in den Lebensrealitäten von betroffenen Menschen hervorgerufen werden sollen.

DER ELEFANT IN DIESEM BUCH: ZIVILER UNGEHORSAM

Es ist dir bestimmt schon aufgefallen: Viele meiner Beispiele sind keine legalen Demonstrationen, sondern Aktionen des zivilen Ungehorsams. Das bedeutet, es werden bei diesen Aktionen bewusst Gesetze übertreten, um auf einen gesellschaftlichen Missstand hinzuweisen oder ihn zu bekämpfen. Die schwedische *Fridays-for-Future*-Gründerin Greta Thunberg brachte es auf den Punkt: „Wir können die Welt nicht retten, indem wir uns an die Spielregeln halten. Die Regeln müssen sich ändern, alles muss sich ändern, und zwar heute."[164] Menschen übertreten bei zivilem Ungehorsam keine Gesetze, weil sich die Beteiligten davon (nur) einen persönlichen Vorteil erhoffen, sondern aus moralischen Gründen. Wenn ich mich (rein theoretisch) auf den Parkplatz vor unserer WG setze und ihn blockiere, um Autofahrer*innen daran zu hindern, dort zu parken – nur, damit meine Mitbewohnerin immer den besten Parkplatz direkt vor unserer Tür bekommt – ist das kein ziviler Ungehorsam, sondern Egoismus. Denn ziviler Ungehorsam zielt als Protestform darauf ab, die öffentliche Meinung zu beeinflussen und positive Veränderungen herbeizuführen – weil ich es für moralisch richtig und gesamtgesellschaftlich nötig halte. Klassische Beispiele sind Blockaden von Straßen, Werkeingängen oder Kohlebaggern, von Gleisen oder Flugzeugen, aber auch Baum-, Wald- und Häuserbesetzungen etc.

Der Begriff „ziviler Ungehorsam" wurde geprägt, um die Handlungen von Personen wie Mahatma Gandhi, Rosa Parks und Martin Luther King Jr. zu beschreiben, die sich (meist) gewaltfrei gegen Ungerechtigkeit und Unterdrückung stellten. Besonders im 20. Jahrhundert erlebte der zivile Ungehorsam Aufwind. In Deutschland waren die Platzbesetzungen der Anti-Atomkraft-Bewegung erste Aktionen des zivilen Ungehorsams, genauso wie Straßenblockaden gegen Fahrpreiserhöhungen in den 60er- und 70er-Jahren.[165]

Ziviler Ungehorsam kann dabei unterschiedlich aussehen: Er kann einen symbolischen („performativen") oder einen direkten Charakter haben – oder Elemente von beidem verbinden. Eine unangemeldete Demonstration hat vor allem symbolischen Charakter. Wir zeigen damit: Wir sind hier, und wir sind laut (weil ihr uns die Zukunft klaut)! Im Gegensatz dazu greift die Blockade von einem Kohlebagger unmittelbar in eine Situation ein und verändert sie damit – ist also direkter. Auch wenn Aktionen nur symbolisch sind: Sie erregen Aufmerksamkeit und sorgen dafür, dass wir in der Gesellschaft wieder mehr über Klimaschutz reden und streiten – in den Medien, aber auch zu Hause am Küchentisch.

Eine Frage der moralischen Verantwortung

Die Philosophie des zivilen Ungehorsams beruht auf grundlegenden Prinzipien. Eines davon ist, wie gesagt, der moralische Rechtsbruch: Er besagt, dass es Fälle gibt, in denen es moralisch gerechtfertigt ist, gegen Gesetze zu verstoßen, die als ungerecht empfunden werden. Der amerikanische Philosoph Henry David Thoreau drückte dies in seinem berühmten Essay „Über die Pflicht zum Ungehorsam gegen den Staat" aus. Er argumentierte, dass Menschen die Pflicht haben, ihrem Gewissen zu folgen, auch wenn das bedeutet, gegen das Gesetz zu verstoßen. „Man sollte nicht den Respekt vor dem Gesetz pflegen, sondern vor der Gerechtigkeit"[166], schreibt er. Er selbst verweigerte aus Kritik an der Sklaverei und dem Krieg gegen Mexiko, den die USA zu diesem Zeitpunkt führte, die Zahlung von Steuern – und landete deswegen für eine Nacht im Gefängnis.

„Man hat eine moralische Verantwortung, ungerechte Gesetze zu missachten“[167], formulierte es Martin Luther King. Kannst du dich noch an die „guten Gründe“ aus dem 5. Kapitel erinnern? Kings und Thoreaus Argumente weisen hier in Richtung „moralischer Pflicht“ – im Speziellen auch für die Anwendung von zivilem Ungehorsam. Aber genauso spielt hier natürlich der Grund der Überlebensnotwendigkeit eine Rolle. Denn viele Menschen übertreten die Gesetze in ihren Aktionen nicht nur aus einem (bisher noch) abstrakten Gefühl der Verantwortlichkeit heraus, wie es etwa bei mir der Fall ist, wenn ich in eine Kohlemine eindringe, um auf die Klimakrise und die Zerstörung von Dörfern und Wäldern aufmerksam zu machen. Diese Menschen tun das, weil sie etwas an ihren ganz konkreten Lebensumständen verändern wollen. Sie kämpfen für ein gutes Leben, das ihnen verwehrt wird.

Wasser bedeutet Leben

Für ein (gutes) Leben braucht es zum Beispiel Wasser. Was vielleicht für dich und mich noch selbstverständlich klingt, ist es leider mancherorts nicht mehr. Und nicht immer haben Hitzeperioden Schuld daran. In Mexiko ist unter anderem Danone, der französische Multikonzern, der Grund, warum vielen Menschen in der Umgebung des Werkgeländes das Wasser fehlt. Der Konzern privatisierte das Wasser in der Region, um es teuer zu verkaufen. Die Brunnen der indigenen Bevölkerung erreichten einen besorgniserregenden Tiefstand. Deswegen besetzte die Widerstandsgruppe *Pueblos Unidos de la Región Cholulteca y de los volcanes* („Vereinte Völker der Region Cholulteca und der Vulkane“) am Weltwassertag im März 2021 die Eingänge zum Gelände der Firma – und einige Monate später das gesamte Gelände.[168] Dort errichteten sie „Altepelmecalli“, das Haus der Völker, erstellten gemeinschaftliche Projekte zu Themen wie Gesundheit, Kooperativen, Frauenorganisationen und Gerechtigkeit[169] – und sie zerstörten den Brunnen auf dem Werksgelände. Das ist ziviler Ungehorsam und sogar Sachbeschädigung, der direkt die Lebensqualität der marginalisierten Gruppen verbessert hat. Denn die Brunnen der Bevölkerung erholten sich nach der Stilllegung des Werkes wieder. Und das Wasser, das für die Menschen Leben bedeutet, floss.

Verschiedene Definitionen sorgen für Spielräume

Für den deutschen Philosophen und Soziologen Jürgen Habermas ist ziviler Ungehorsam „ein moralisch begründeter Protest, dem nicht nur private Glaubensüberzeugungen oder Eigeninteressen zugrunde liegen dürfen; er ist ein öffentlicher Akt, der in der Regel angekündigt ist und von der Polizei in seinem Ablauf kalkuliert werden kann; er schließt die vorsätzliche Verletzung einzelner Rechtsnormen ein, ohne den Gehorsam gegenüber der Rechtsordnung im Ganzen zu affizieren; er verlangt die Bereitschaft, für die rechtlichen Folgen der Normverletzung einzustehen; die Regelverletzung, in der sich ziviler Ungehorsam äußert, hat ausschließlich symbolischen Charakter – daraus ergibt sich schon die Begrenzung auf gewaltfreie Mittel des Protests.“[170]

Vieles von dem, was Habermas in seinem Verständnis vom zivilen Ungehorsam beschreibt, ist in linken Klimagerechtigkeitsgruppen nicht unbedingt gang und gäbe. So werden Aktionen nicht immer öffentlich angekündigt – um es der Polizei zu erschweren, die Aktion bereits vorher abzuwürgen. Auch die Bereitschaft, die juristischen Konsequenzen zu tragen, hält sich bei einem

Teil der Aktivist*innen der Bewegung in Grenzen. Sie verweigern ihre Identitätsauskunft und versuchen so, selbst bei einer Ingewahrsamnahme ohne rechtliche Folgen aus der Aktion zu kommen. Manche Gruppen, wie die *Letzte Generation*, machen jedoch um ihre Identität keinen Hehl und nutzen die Gerichtsprozesse als Bühne, um über die Klimakrise und die Notwendigkeit von zivilem Ungehorsam und zivilem Widerstand zu sprechen.

Habermas steht für eine ziemlich enge Definition von zivilem Ungehorsam. Daneben gibt es wesentlich weitere Definitionen, wie beispielsweise die vom amerikanischen Historiker und Aktivisten Howard Zinn. Er verstand unter zivilem Ungehorsam „die überlegte und gezielte Übertretung von Gesetzen um dringender gesellschaftlicher Ziele willen“.[171]

Ist ziviler Ungehorsam als Widerstandsform überhaupt legitim? Ja, ich finde, das ist er – und zwar besonders dann, wenn die legalen Mittel erschöpft sind und wenn das Unrecht, das bekämpft wird, schwerwiegender ist als der Verstoß gegen das Gesetz. Auf dem Spiel steht nicht weniger als unser Überleben, als das Überleben von vielen Lebewesen auf dieser Erde. Also eigentlich alles. Aber nicht nur, wenn wir schon alle legalen Mittel ausprobiert haben – also nach der 100. genehmigten Demonstration, der 5000. Unterschriftensammlung – ist ziviler Ungehorsam legitim, sagte die jüdische politische Theoretikerin Hannah Arendt. Denn für sie ist ziviler Ungehorsam Teil des „alltäglichen politischen Meinungsstreit[s]“[172]. Menschen, die politische Wesen sind, streben nach Veränderung. Damit ist für Arendt ziviler Ungehorsam nicht nur dann legitim, wenn es dem eigenen Gewissen widerspricht, einem Gesetz zu folgen. Sondern sie spricht uns Bürger*innen zu, dass wir selbst beurteilen können, wann es zivilen Ungehorsam als „Beitrag zu gesellschaftlichen, politischen und rechtlichen Aushandlungsprozessen"[173] braucht. Nur ein Beispiel: Ist es nicht komplett abstrus, dass unser Rechtssystem den Schutz von Eigentum über das Recht von Menschen auf den Zugang zu (sauberem) Wasser, Luft und Nahrung stellt?

Ziviler Ungehorsam mit oder gegen Demokratie?

Für einige Kritiker*innen mag ziviler Ungehorsam als eine Art „böse Form des Anarchismus" erscheinen, die die Rechtsstaatlichkeit untergräbt und zu absolutem Chaos führt. Der deutsche Protestwissenschaftler Simon Teune sagt genau das Gegenteil: „Immer wieder [wurden] Veränderungen durch Gesetzesübertritte, durch Regelüberschreitungen herbeigeführt. Also gerade dadurch, dass man eine Ordnung nicht anerkennt, verändert man eine Ordnung [...]. Und das ist in vielen Aspekten im Sinne einer Demokratie gewesen in der Vergangenheit."[174]

Tatsächlich mussten „viele, viele Menschenrechte, die wir heute als universell betrachten, [...] erst von gewaltfreien Massenbewegungen erkämpft werden"[175], beschreibt die amerikanische Politikwissenschaftlerin und Autorin Mary Elizabeth King. Auch der amerikanische Philosoph John Rawls sieht in zivilen Ungehorsam „einen letzten Ausweg, um die Stabilität einer gerechten Verfassung zu erhalten"[176]. Damit arbeitet ziviler Ungehorsam nicht gegen die Demokratie, sondern mit ihr – und trägt maßgeblich zur Erhaltung und Stärkung von gerechten Institutionen bei.

Es gibt aber auch Formen des Protests, die, anstatt die Demokratie zu stärken, ganz klar darauf abzielen, sie zu untergraben oder ihre grundlegenden Werte anzugreifen. Die deutschen *Querdenker*-Demonstrationen mit dem „Sturm auf den Reichstag" im August 2020 sind ein erschreckendes Beispiel dafür. Gerade in Zeiten, in denen die (extreme) Rechte bei uns und in vielen anderen Ländern einen besorgniserregenden Aufschwung erfährt, ist der Schutz unserer Demokratie enorm wichtig. Denn wir *können* die Demokratie schützen, nicht nur mit dem Kreuz an der richtigen Stelle bei einer Wahl, sondern eben auch ergänzend darüber hinaus – mit verschiedenen gewaltfreien Aktionen, mit Protest.

Repression als Einschüchterungsversuche

Das sehen leider nicht alle staatlichen Akteur*innen so. Die Konsequenz? Eine Kriminalisierungstendenz von Klimaaktivismus. Die Hausdurchsuchungen bei der *Letzten Generation* im Versuch, sie als „kriminelle Vereinigung" zu kriminalisieren und damit zu delegitimieren, sind nur ein sehr offensichtliches Beispiel. Diese Art der Repression kann neben legalen Konsequenzen auch emotionale Folgen für die Aktivist*innen mit sich führen – wie man sich dagegen rüsten kann, habe ich in Kapitel 11 (S. 232) aufgeführt.

Gezielte Kriminalisierung von Klimaaktivist*innen gibt es aber schon viel länger – so zum Beispiel durch das verschärfte Polizeigesetz von Nordrhein-Westfalen, das laut Teune darauf abzielt, Proteste in den Tagebaugebieten durch *Ende Gelände* und Co. gezielt zu erschweren und als illegitim zu markieren.[177] Er ergänzt dazu: „Ich glaube, angesichts der Herausforderungen, vor denen wir stehen, ist diese Reaktion sehr problematisch, weil sie eben die Möglichkeiten, die Klimakrise demokratisch anzugehen, sehr stark einschränken. Wenn solche Aktionen nicht möglich sein sollen, dann wird es schwierig, überhaupt in gesellschaftlichen Austausch darüber zu kommen, wie die Klimakrise angegangen werden soll."[178]

Doch nicht nur der Staat versucht, fossile Infrastruktur und Kapital zu schützen. Auch klimafeindliche Unternehmen nutzen Repressionen, um unangenehme Stimmen mundtot zu bekommen. So forderte zum Beispiel die Fluglinie Eurowings einen Schadensersatz von knapp 750 000 € von der *Letzten Generation*, nachdem diese Flughäfen blockiert und so den Flugverkehr gestört hatten.[179]

Die Verschlimmerung von Strafverfolgung ist nicht nur im deutschsprachigen Raum zu beobachten. Auch in etlichen anderen Ländern wie in Frankreich, Spanien und Italien gab es staatliche Angriffe und Strafverschärfungen, um Klimaprotest zu verunmöglichen.[180] Eines darf man aber bei der ganzen Sache nicht vergessen: Im Vergleich zu anderen Ländern rund um die Welt, insbesondere im Globalen Süden, sind die Rahmenbedingungen für Protest hierzulande ironischerweise fast schon einladend. Manuel Grebenjak erinnert in seinem Buch daran, dass „laut einem Bericht von Global Witness [...] zwischen 2012 und 2022 weltweit insgesamt 1910 Menschen umgebracht [wurden], weil sie ihre und unsere gemeinsamen Lebensgrundlagen schützen wollten. Der Großteil dieser Morde wurde in Lateinamerika verübt, meist von organisierten Verbrecherbanden im Zusammenhang mit wirtschaftlichen Interessen."[181] In Mexiko waren es im Jahr 2023 allein 20 Menschen.[182]

Es gibt glücklicherweise auch ein paar gute Nachrichten: Immer wieder kommt es vor, dass Aktivist*innen freigesprochen werden. So wurden 3 Aktivist*innen von *Just Stop Oil*, dem englischen Pendant der *Letzten Generation*, als „nicht schuldig" freigesprochen. Das Urteil des Gerichts: Sie hatten für ihren „langsame[n] Marsch" auf einer Autobahn „eine rechtmäßige Entschuldigung dafür, in Aktion zu treten".[183] In Deutschland gibt es ebenfalls Freisprüche: Das Amtsgericht Leipzig hielt eine Straßenblockade von 5 Aktivist*innen der *Letzten Generation* im Angesicht der Klimakrise für gerechtfertigt.[184]

Verschiedene Formen der Beteiligung

Der Gesetzesbruch ist nicht für jede*n denk- oder gar machbar. Dafür gibt es viele Gründe – und die haben, wieder einmal, oft mit Privilegien zu tun: sei es die Verantwortung für ein Kind oder ältere Menschen, der Wunsch, sich verbeamten zu lassen (wofür es eine reine Weste im Sinne des polizeilichen Führungszeugnisses braucht), die Angst vor einem Jobverlust, vor Abschiebung oder den Konsequenzen im sozialen Umfeld. Es zeigt sich ein weiteres Mal: Für die einen ist ziviler Ungehorsam mit einer moralischen Pflicht, aber eben auch mit Privilegien verbunden. Dazu zählt, (notfalls) die juristischen und sozialen Konsequenzen für das eigene Handeln gegen die Gesetze in Kauf nehmen zu können. Für die anderen bleibt gar keine andere Wahl, als ungerechte Gesetze zu brechen – um das eigene Überleben zu sichern.

Die gute Nachricht? Es gibt sehr viele verschiedene Arten, Aktionen des zivilen Ungehorsams zu unterstützen, ohne sich selbst mit dem Gesetz anzulegen. Die Aktionen sind eher wie ein Eisberg: Man sieht nur die Spitze. Die Fotos, die in den Titelseiten und Newsfeeds landen und auf denen Aktivist*innen auf Schienen sitzen, zeigen nur einen Bruchteil. Nicht auf dem Bild zu sehen und wesentlich seltener ein Gesprächsthema sind die Menschen im Hintergrund: diejenigen, die das Essen stellen, die Mahnwachen betreuen, Rechtshilfefragen beantworten, die freigelassenen Aktivist*innen vor den Polizeiwachen herzlich in Empfang nehmen.

Grundsätzlich wirken Aktionen des zivilen Ungehorsams wesentlich besser, wenn es noch andere, niedrigschwelligere Aktionen gibt, die zeigen, dass viele Menschen hinter den Protesten und der Botschaft stehen. So gab es bei den Blockaden von *Ende Gelände* zeitgleich immer auch eine Großdemonstration mit Bündnispartner*innen wie größeren NGOs sowie Bürger*inneninitiativen, die zeigen: Wir selbst können oder wollen vielleicht keine Gesetze übertreten, aber wir finden es richtig und wichtig, dass andere Menschen das tun – denn unser Kampf braucht es. Auch die Großdemonstration in Lützerath erfüllte unter anderem diese Funktion und zeigte mit ihren 35 000 Menschen: Wir sind viele, und wir stehen hinter der Verteidigung des Dorfes – auch über die legalen Grenzen hinaus.

Wichtiger Nebeneffekt: ziviler Ungehorsam wirkt politisierend

In Lützerath sind am Tag der Großdemonstration Tausende Menschen dem Aufruf von der Redner*innenbühne gefolgt und trotz Aufenthaltsverbot in Richtung des besetzten Dorfes gelaufen, um es vor der Räumung zu bewahren. Was dort passierte, war auch ein wesentlicher Teil von Aktionen des zivilen Ungehorsams: die Politisierung von Menschen, die daran teilnehmen. Bei den Platzbesetzungen von Atomkraftgegner*innen in Whyl waren es vor allem Bäuer*innen, die diese mitorganisiert haben. Frauen hatten eine zentrale Rolle inne, denn sie stellten viel Infrastruktur in Form von Materialien und Essen.[185] Sie unterstützten also maßgeblich die illegalen Aktionen. Und das, ohne dem typischen Bild der „krassen Draufgängerinnen" zu entsprechen, die Gesetze brechen, anstatt brav bei einer angemeldeten Demo ihre Forderungen kundzutun.

Laut Teune werden besonders im ländlichen Raum oft eher konservative Akteur*innen durch zivilen Ungehorsam politisiert.[186] Oft schließen sich betroffene Menschen in ländlichen Regionen und darüber hinaus zu Bürger*inneninitiativen zusammen. Ihr Antrieb: die Verbesserung ihrer konkreten Lebensumstände, beispielsweise gegen die Abbaggerung ihres Dorfes oder die Luft-

und Lärmverschmutzung durch einen Flughafen. Was dabei manchmal zu kurz kommt, ist der weitere Blick. Der Blick darauf, wie diese Bedrohung des eigenen guten Lebens mit dem globalen guten Leben und dessen Zerstörung zusammenhängt. Dafür ist es wichtig, den Blick zu weiten, nationale und globale Zusammenhänge zu verstehen – und beispielsweise den Kapitalismus als Treiber hinter dieser Zerstörung zu erkennen. Dafür sind die Erfahrungen mit zivilem Ungehorsam gut. Denn oft spüren wir hier plötzlich am eigenen Leib, wie das System in Form von Repression zurückschlägt – im Versuch, uns in unsere Schranken zu verweisen und das System nicht zu gefährden.

Auch wenn mein Plädoyer ganz klar *für* zivilen Ungehorsam ausfällt, ist eines klar: Es gibt nicht die eine Aktionsform, die in jedem Kontext und zu jedem Ziel passt. Ziviler Ungehorsam ist ein Puzzlestück im großen Puzzle der sozialen Bewegungen. Dennoch ist es in meinen Augen nicht nur ein legitimes, sondern auch ein zentrales.

NOCH EINEN SCHRITT WEITER? SABOTAGE UND ESKALATION

Manche Menschen gehen noch einen Schritt weiter und stellen sich sogar die Frage: Ist ziviler Ungehorsam überhaupt genug? Das Buch „Wie man eine Pipeline in die Luft jagt“[187] des schwedischen Humanökologen Andreas Malm löste 2021 in Teilen der deutschsprachigen Klimabewegung eine rege Debatte über genau diese Frage aus: Braucht es vielleicht sogar die gezielte Zerstörung oder zumindest Beschädigung von fossiler Infrastruktur und anderen klimaschädlichen Gegenständen? Bisher waren es vor allem Beschädigungen von Kohlebaggern, das Zudrehen einzelner Gasleitungen und das Luftablassen bei Autoreifen von SUVs, die als Sachbeschädigung durchgeführt wurden. Im März 2024 erregte die „Vulkangruppe“ großes Aufsehen, die einen Strommasten in Brand setzte, um gegen das Tesla-Werk im deutschen Brandenburg nicht nur zu protestieren, sondern konkreten ökonomischen Schaden anzurichten.[188] Doch Sachbeschädigung ist keinesfalls eine komplett neue Taktik in deutschen sozialen Bewegungen. Wie bereits im vorherigen Kapitel erwähnt, nutzte die Anti-Atomkraft-Bewegung Sabotagetechniken, um Atommülltransporte aufzuhalten. Auch die Suffragetten, die für Frauenrechte kämpften, begingen Sachbeschädigung und nutzten das „Argument der zerbrochenen Fensterscheibe“ für ihre Sache.[189]

VERTIKALE VERSUS HORIZONTALE ESKALATION

Hinter dem gesamten Konzept von Ebert und anderen Überlegungen zu Wirkungsweisen von Aktionen steht ein Ziel oder vielmehr eine Frage: Wie können wir mehr Handlungsmacht erreichen, um unsere Forderungen umzusetzen und nicht nur als Spielball der Mächtigen behandelt zu werden?

Eberts Antwort darauf ist eindeutig: Er plädiert mit seinem Konzept für eine vertikale Eskalation. Das bedeutet, dass die Taktiken angepasst werden müssen und Gruppen und soziale Bewegungen immer eskalativer agieren, immer mehr riskieren können (wobei allerdings Sabotage nicht in seinen Eskalationsstufen vorkommt).

Es gibt aber noch eine Alternative dazu: die horizontale Eskalation. Hier geht es darum, möglichst breit zu mobilisieren. (Mehr dazu auch im Kapitel 9 zu Bündnissen ab S. 185.) Statt in die Höhe geht es also hier in die Weite. Je mehr Menschen, desto besser, mal ganz platt gesagt. Das erreichen wir, indem wir neue Zielgruppen ansprechen und immer mehr Menschen für unser Anliegen gewinnen. Hier fällt oft auch das Stichwort „3,5-%-Formel".

3,5 % – die magische Zahl?

Diese Zahl haben die beiden amerikanischen Politikwissenschaftlerinnen Erica Chenoweth und Maria J. Stephan 2019 in ihrer Forschung ins Spiel gebracht. So viele Menschen einer Gesellschaft braucht es laut dieser Analyse, damit eine soziale Bewegung erfolgreich ist. Also keineswegs die Mehrheit! 3,5 %: Das wären für Deutschland knapp 3 Millionen Menschen. Allerdings geht es hier nicht darum, dass all diese Menschen zu Hause nickend vor dem Fernseher oder Handy sitzen, wenn sie die Forderungen der Klimagerechtigkeitsbewegung über den Bildschirm flimmern sehen. Es geht darum, dass sie sich aktiv an der Bewegung beteiligen[190] – und sich gemeinschaftlich organisieren. Die Formel ist allerdings nicht kritikfrei. Denn Chenoweth und Stephan haben sich in ihrer Forschung Regimewechsel angeschaut. Also soziale Bewegungen, die ein autoritäres Regime stürzen wollten – und nicht beispielsweise eine Wirtschaftsweise in einer Demokratie. Selbst Erica Chenoweth ist nicht sicher, ob sich die 3,5-%-Formel auf konkrete Kampagnen oder Klimaschutz umsetzen lässt. In ihrem Buch „Civil Resistance" antwortete sie darauf: „Das weiß niemand."[191]

Ein Blick auf die sogenannten „Bauernproteste", die im Frühjahr 2024 deutschlandweit aufbrandeten, zeigt, dass es manchmal sogar wesentlich weniger als 3,5 % der Bevölkerung braucht, um die Politik zu bewegen. Denn schon eine kleine Anzahl sehr lauter Proteste – mit Traktoren, Mistgabeln und teilweise auch Deutschlandflaggen – reichte aus, damit die Bundesregierung den Bäuer*innen große Zugeständnisse machte, die den Klimaschutz massiv untergraben. Sie erreichten damit „im Handumdrehen mehr als Hunderttausende Klimaaktivist*innen über Jahrzehnte"[192], kommentiert Karig. Denn anders als die Klimaaktivist*innen hatten die Bäuer*innen eine mächtige Lobby im Rücken: die der Landwirtschaft, der Großgrundbesitzer*innen. Aktionsformen wie Straßenblockaden, für die Gruppen der Klimabewegung oft geächtet werden, waren plötzlich vollkommen okay. Dass sich dafür Kleinbäuer*innen mit stellenweise sehr berechtigten Forderungen mit Rechten zusammentaten, tat dem Erfolg der Proteste schockierenderweise anscheinend keinen Abbruch.

Auch wenn die genaue, magische Prozentzahl somit vielleicht noch nicht klar ist: Wir brauchen sie trotzdem, mehr Menschen in unseren Bewegungen. Die gute Nachricht? Wir müssen gar nicht unbedingt unsere größten Gegner*innen überzeugen. Das Konzept des „Spektrums der Verbündeten" führt uns vor Augen, dass es eher darum geht, schon passive Verbündete oder „neutrale" Menschen und Bevölkerungsgruppen von unserer Sache zu überzeugen.[193] Klar, auch das passiert nicht einfach so. Aber es ist ein deutlich realistischeres Vorhaben, oder?

Eskalation in die Breite

Die Klimawissenschaftlerin und Aktivistin Payal Parekh und Aktivistin Carola Rackete plädieren in einem Artikel für die Weitung unserer Klimabewegung.[194] Sie schreiben: „Wir können es uns nicht leisten, uns nur auf die städtische Bevölkerung zu konzentrieren – unsere geheime Superkraft ist es, die Breite unserer Bewegung zu erhöhen."[195] Warum das so wichtig ist, machen sie am Beispiel des gescheiterten Volksentscheids in der Schweiz klar: Dort konnten 2021 die Schweizer*innen für ein neues CO_2-Gesetz abstimmen. Doch es gab bei der Abstimmung dafür keine Mehrheit. Ein zentrales Problem: Die Parteien und politischen Gruppen, die für die Abstimmung sensibilisierten und mobilisierten, ignorierten größtenteils die ländliche Bevölkerung – und damit viele potenzielle Verbündete.[196] Statt immer höherschwellige Aktionsformen zu nutzen und so zu eskalieren, plädieren Parekh und Rackete stattdessen für eine Eskalation in Richtung Masse. Niedrigschwellige Aktionen wie eine große, angemeldete Demonstration können ehemals apolitische oder neutrale Menschen zum kollektiven Handeln bewegen – und die Türen öffnen für weitere Schritte der Beteiligung. Im Idealfall nimmt man zu diesen niedrigschwelligen Aktionen auch Freund*innen und Bekannte mit. Denn wer weiß, vielleicht erleben sie dann auch, wie selbstermächtigend das Gefühl sein kann, aktiv zu werden. Und kommen beim nächsten Mal wieder mit: zur Demo, zum Treffen der Lokalgruppe, zu einer Aktion des zivilen Ungehorsams.

Fridays for Future versuchen sich mit ihren Klimastreiks und -demonstrationen an dieser horizontalen Mobilisierung. Die Ergebnisse einer Befragung unter Teilnehmenden einer Klimademonstration 2019 sprachen Bände: Nur knapp 5% hatten einen Haupt- oder mittleren Schulabschluss, weniger als 5% gehörten der Arbeiter*innenschicht an.[197] Auch *Extinction Rebellion* und die *Letzte Generation* in Deutschland versuchen, sich breiter aufzustellen und neue Menschen für zivilen Ungehorsam zu gewinnen. Ihre Strategie? Explizit „linke" Themen, Szenesprache und Forderungen zu vermeiden und so hoffentlich auch die politische Mitte anzusprechen. Alle genannten Akteur*innen tun dies in meinen Augen mit mäßigem Erfolg – denn noch sind es weiterhin vor allem Menschen aus dem Bildungsbürgertum, die sich ihnen anschließen. Und sie müssen aufpassen, die Öffnung ihrer Gruppen nicht auf Kosten des dringend nötigen Systemwandels zu erreichen (mehr dazu in Kapitel 9 ab Seite 190).

Let's organize

„Organizing" heißt ein weiteres Stichwort zur horizontalen Mobilisierung, also die Organisierung der Gemeinschaft. Innerhalb der Klimagerechtigkeitsbewegung sickert so langsam die Erkenntnis durch, dass wir mehr Menschen gewinnen müssen. Dafür reicht die Mobilisierung, beispielsweise für eine einzelne Demonstration, einfach nicht aus. Es gibt auch beim Organizing unterschiedliche Ansätze. Wichtig ist dabei, dass wir die Menschen, die wir organisieren wollen, dort abholen, wo sie gerade sind. Fragen, die wir uns in verschiedenen Facetten stellen müssen, wären etwa: Was liegt ihnen am Herzen? Was sind ihre Lebensrealitäten? Mit welchen Problemen haben sie täglich zu kämpfen? Die Ökonomin und Aktivistin Tonny Nowshin erzählt in einem Interview dazu: „Wir brauchen [...] ein Organisieren von Menschen, das all die Onkel und Kinder einbezieht, also Menschen verschiedener Altersgruppen. Wir brauchen Gespräche im Viertel, in der Nachbarschaft, um wirklich ein Klimabewusstsein zu schaffen. Wir brauchen viele kleine Klimagruppen, in denen verschiedene Menschen zusammenkommen, also eine Art von wirklich dezentraler Bürger*innenorganisation."[198]

Über die eigene Filterblase, die „Bubble", hinauszugelangen, ist gar nicht so einfach. Aber es ist jeden Versuch wert – es *muss* es sein.

Die Bandbreite an Konzepten und Aktionsformen – auch für andere Kämpfe

Genauso groß wie die Auswahl an strategischen Konzepten ist die Bandbreite an Aktionsformen, mit denen wir versuchen können, die sozial-ökologische Transformation zu erkämpfen, die unterschiedlichen Wirkmechanismen zu aktivieren und mehr Menschen für unsere Sache zu gewinnen. Ich hoffe, ich habe dir vielleicht ein bisschen Mut gemacht, zivilen Ungehorsam als ebenso notwendiges, legitimes und hilfreiches Mittel für unsere Kämpfe zu sehen.

Wie in den vorherigen Kapiteln habe ich mich primär auf die Klimagerechtigkeitsbewegung bezogen. Aber auch hier gilt: Alle Überlegungen sind genauso gut für andere Kämpfe relevant. Ich glaube, dass soziale Bewegungen im Allgemeinen das größte Potenzial bergen, wenn wir uns für die verschiedenen Strategien und Taktiken öffnen – und alle gemeinsam an einem Strang ziehen. An einem Strang, der aus ganz verschiedenen Fäden besteht, die am Ende alle zusammenlaufen.

Reflexionsfragen:

- Kannst du dir vorstellen, selbst bei Aktionen des zivilen Ungehorsams mitzumachen? Falls ja: In was für einer Rolle? Falls nicht: Was spricht für dich dagegen?
- Wen sollte man noch zu erreichen versuchen, um über die eigene Blase hinwegzukommen? Fallen dir Gruppen oder Leute in deinem Umfeld ein?

8. Reform, Revolution oder Transformation: Theorien des Wandels in sozialen Bewegungen

Es ist Herbst und ich sitze in Mailand in einem stickigen Raum der Universität. 3 Tage lang findet hier neben dem hochtrabend klingenden „World Congress of Climate Justice" auch das diesjährige europäische Netzwerktreffen von *Stay Grounded* statt. Seit April des Jahres lebe ich meinen ganz persönlichen beruflichen Traum als Aktionskoordinatorin und Campaignerin bei dem internationalen Netzwerk. Heute sitzen um mich herum nicht nur etwa die Hälfte meines Teams, sondern noch weitere 20 Menschen, die aus verschiedenen Orten Europas zu unserem Treffen gereist sind. Was uns alle eint? Die Vision einer Welt, in der Mobilität ökologisch sinnvoll und sozial gerecht gestaltet ist – und Fliegen deswegen keine große Rolle spielt.

Am Vormittag schalten wir einen Campaigner von *Greenpeace* zu, der in Brüssel sitzt und uns schildert, welche Möglichkeiten und Hindernisse er in den nächsten Monaten auf der Ebene der europäischen Politik sieht. Er redet etwa eine halbe Stunde. Nach seinem Vortrag haben viele Leute im Raum Fragen an ihn: Wie sieht er die Chance der Einführung einer Kerosinsteuer auf europäischer Ebene? Welche Entscheidungen stehen in der Kommission zum Thema Flugverkehr an, und wann? Die Fragen kommen von Aktiven, die sich gegen den Ausbau von Flughäfen in ihrer Region als Teil einer neu gegründeten Bürger*inneninitiative in Italien einsetzen, und von Aktiven, die gegen Frachttransporte an einem belgischen Flughafen kämpfen. Es scheint, als wäre die Zeit für diesen Programmpunkt viel zu kurz. Einige sind enttäuscht, als meine Kollegin bekannt gibt, dass wir „nun leider zum nächsten Programmpunkt weitergehen müssen".

Ich bemerke nicht, dass es in einem Anwesenden gerade gehörig brodelt. Nach einer kurzen Pause, in der wir uns die Beine vertreten, platzt es aus ihm heraus: „Ich verstehe nicht, warum hier alle so tun, als wäre Brüssel die Antwort auf alles! Dabei müsste uns doch schon längst klar sein, dass die EU auch keine Vorreiterin in Sachen Klimapolitik ist. Dass Veränderung auf lokaler und nationaler Ebene stattfinden muss. Wir müssen selbst handeln, jetzt! Bei uns zu Hause, lokal, wegen mir auch national."

Der, der sich da in Rage geredet hat und seiner Verzweiflung und seinem Unmut Ausdruck verleiht, ist ein langjährig Aktiver einer portugiesischen Klimagerechtigkeitsgruppe, die schon seit Jahren versucht, mit direkten Aktionen ihre Forderungen voranzubringen und dabei vor zivilem Ungehorsam alles andere als zurückschreckt.

Bei diesem Netzwerktreffen von *Stay Grounded* wird sichtbar, was auch bei ganzen sozialen Bewegungen zu erkennen ist: Es gibt eine Vielzahl von Akteur*innen, die ganz unterschiedliche Rollen im Bewegungsgefüge einnehmen und an sehr unterschiedlichen Stellen ansetzen.

FORMALE POLITIK ALS FEINDIN ODER VERBÜNDETE?

Veränderung kann auf unterschiedliche Weise vorangehen. Akteur*innen – nicht nur in unserem Netzwerk *Stay Grounded*, sondern auch in sozialen Bewegungen allgemein – beantworten die Frage, wie sich gesellschaftspolitische Veränderungen am besten voranbringen lassen, sehr verschieden. Dabei haben wir meist unsere ganz eigene „Theorie des Wandels", die auf unserem Verständnis der Welt und von Politik beruht. Es ist wichtig, in einer Gruppe, die gemeinsam aktiv ist oder werden will, eine *gemeinsame* Theorie des Wandels zu haben. Oder sich zumindest der Differenzen innerhalb der eigenen Gruppe bewusst zu sein, sie offen anzusprechen und so verarbeitbar zu machen. Innerhalb von sozialen Bewegungen gibt es meist ein breites Spektrum an Auffassungen.

Erik Olin Wright, der Soziologe, von dem auch das Konzept der realen Utopien stammt (siehe S. 15), hat dazu in seinem Buch „How to Be an Anticapitalist in the 21st Century" einige kluge strategische Gedanken aufgeschrieben.[199] Ganz grob kann man zwischen 2 verschiedenen Ansätzen unterscheiden: Entweder, wir werfen die bestehenden Institutionen über Bord und ersetzen sie durch komplett neue. Oder wir transformieren sie, sodass sie besser unseren Bedürfnissen entsprechen. Oft gehen mit diesen strategischen Logiken auch verschiedene Gedanken einher, wie diese Veränderung zeitlich passiert: Gibt es einen plötzlichen, radikalen Bruch? Oder ist der Wandel eher schleichend, langsamer? Je nachdem, wie die Analyse ausfällt, fällt auch der Umgang und die Haltung mit formaler Politik als eine Institution sehr unterschiedlich aus.

Hey, Politiker*innen, handelt endlich!
Viele Gruppen appellieren mit ihren Aktionen sehr stark an die formale Politik und setzen viel Hoffnung in sie. Sie versuchen, ihre Aktionen an der Politik auszurichten. Sie sehen formale Politik und ihre Vertreter*innen – also Politiker*innen – prinzipiell als Verbündete an. Die Forderungen können dabei eher breit sein, oder aber sehr konkret. Hauptsache, die Politik handelt. Dahinter verbirgt sich das Grundverständnis, dass unsere Demokratie funktional und gut ist – auch wenn sie vielleicht ihre Schwachstellen hat. Und dass Politiker*innen ein Interesse daran haben, sinnvoll zu handeln. Wie genau dieses Interesse aussieht, dazu später nochmal mehr.

Man kann diesen Menschen vorhalten, dass sie die Macht von Lobbyist*innen unterschätzen. So berichtete die Organisation *LobbyControl* in einer Studie, dass Unternehmen, die im deutschen Gasgeschäft tätig sind, 2021 mehr als 40 Millionen € für ihre Lobbyarbeit ausgaben.[200] Politiker*innen handeln nicht vollkommen frei. In Zeiten, in denen Unternehmen und ganze Industriezweige viele wirtschaftliche „Argumente" in der Hand halten, um Druck auf Politiker*innen auszuüben, sind sie auf fossiles Geld quasi angewiesen. Das ist oft genug Gegendruck zu dem, was wir als Aktivist*innen fordern.

Ein gutes Beispiel für Gruppen, die die Hoffnung in die Politik noch nicht aufgegeben haben, sind *Fridays for Future* und die *Letzte Generation*. Beide Gruppen stellen ihre Forderungen ganz explizit an die Politik. *Fridays for Future Deutschland* richtet ihre Forderungen an die deutsche Regierung und fordert von ihr die Einhaltung des Pariser Abkommens.[201] Im April 2024 war die neueste Forderung der *Letzten Generation* an den deutschen Präsidenten Frank-Walter Steinmeier gerichtet.[202] Die Aktionsgruppe ließ sich 2024 nun sogar selbst zur EU-Wahl aufstellen.[203] Hier zeigen sich strategische Lücken, wenn gleichzeitig Tobias März und Marina Hagen-Canaval, beides Aktivist*innen der *Letzten Generation*, schreiben: „Wir erkennen an, dass unsere Demokratie korrumpiert ist, da die Gewalt nicht mehr von den Bürger*innen ausgeht, sondern von den Konzernzentralen."[204]

Hoffnung auf die Politik? Sicher nicht!

Im Gegensatz dazu glauben andere Gruppen nicht, dass Politiker*innen zu den gewünschten Veränderungen beitragen können oder wollen. Anarchistische Gruppen setzen ganz auf die Macht der Selbstverwaltung. Anarchismus meint die „politische Ordnungsvorstellung bzw. Utopie, die eine Herrschaft von Menschen über Menschen ablehnt und eine Gesellschaft ohne Autoritäten, staatliche Gewalt, Normen und Gesetze anstrebt".[205] In diesen Fällen ist die Hoffnung auf selbstverwaltete Änderung eine, die eine Grundüberzeugung markiert.

Aber auch andere sind überzeugt davon, dass Politiker*innen sowie Entscheidungsträger*innen in der Wirtschaft im Gefüge der gesellschaftlichen Veränderung keine Stellschraube sind. Sie sehen Wirtschaft und Politik eher als Hindernisse oder Feind*innen. Bei diesen Gruppen steckt weniger ein Grundsatz hinter diesem Verständnis. Vielmehr ist der Ursprung in einer sehr verständlichen Frustration zu finden: der Frustration über die minimalen oder komplett fehlenden Schritte Richtung sozial-ökologischer Transformation, vor allem aus der Politik. Denn trotz zahlreicher Studien und Handlungsempfehlungen von Wissenschaftler*innen im Hinblick auf die Klimakrise und andere Krisen bleiben die Maßnahmen der Politik weit hinter den notwendigen Änderungen zurück. Das nach der Entscheidung des Bundesverfassungsgerichts von 2021[206] nicht ausreichende Klimaschutzgesetz für Deutschland wurde im Mai 2024 deswegen neu aufgelegt. Der Bundgeschäftsführer der Deutschen Umwelthilfe, Jürgen Resch, findet zu dem neuen Gesetz klare Worte: „Das entkernte Klimaschutzgesetz ist unvereinbar mit dem historischen Klimabeschluss des Bundesverfassungsgerichts von 2021. [...]. Die Verschiebung konkreter Klimaschutzmaßnahmen auf die nächste und übernächste Bundesregierung ist eine in Gesetzesform gegossene Prokrastination beim Klimaschutz in Deutschland."[207]

Resch deutet damit auch ein weiteres Problem an: Die Einteilung in Legislaturperioden macht das Aufschieben von Verantwortlichkeiten für tiefgreifende, dringend notwendige Veränderungen zu einer wundervollen Ausrede für Regierungsparteien. Ganz nach dem Motto: Darum kümmert sich dann die nächste Regierung, die ein paar Jahre später ins Amt kommt.

Was denn nun – Verbündete oder nicht?

Auch rund um die internationalen Klimakonferenzen, die COPs, scheiden sich die Geister: Manche Gruppen wollen die Verhandlungen unbedingt nutzen, um auf die Klimakrise aufmerksam zu machen. Sie wollen die Politiker*innen, die dort zusammenkommen, an ihre Verantwortung erinnern und sie zum Handeln bewegen. Andere Gruppen sehen das Ganze eher als eine Art Theater, das für die Weltöffentlichkeit gespielt wird und von dem nichts Konkretes zu erwarten ist. Diese Gruppen meiden oder boykottieren ganz bewusst das internationale Spektakel – und zwar nicht erst die 28. Ausgabe, die ganz unironisch im Ölimperium der Vereinigten Arabischen Emirate stattfand.

Ich persönlich sehe den Weg manchmal nicht so klar. Ich bin überzeugt davon, dass es Menschen in der Politik gibt, die ihr Bestes tun. Die voller Überzeugung und Elan ihre Arbeit verrichten und sich selbst als Stellschraube in der sozial-ökologischen Transformation verstehen. So wie zum Beispiel viele (ehemals) bewegungsaktive Menschen, die nach Jahren in ehrenamtlichen Gruppen ihren Weg in Richtung institutionalisierter Politik gehen. Seit 2021 ist Kathrin Henneberger, ehemalige Pressesprecherin von *Ende Gelände*, Bundestagsabgeordnete für die Grünen. 2024 zog Lena Schilling, bekanntestes Gesicht von *Fridays for Future Österreich*, mit der ich 2023 gemeinsam mit einem österreichischen Filmteam im Matsch in Lützerath unterwegs war, für die österreichischen Grünen ins EU-Parlament ein. Die deutsche Kapitänin, Seenotretterin und Aktivistin Carola Rackete überraschte, als sie sich 2023 für die Linke für die Europawahl aufstellen ließ. Das sind nur einige bekannte Beispiele der jüngsten Zeit. Ich bin mir sicher, dass diese Menschen aus bestem Wissen und Gewissen ihre neue Aufgabe antreten und sich ihre Entscheidung ziemlich gut überlegt haben. Auch glaube ich nicht, dass sie einen plötzlichen Sinneswandel hingelegt haben, sondern immer noch hinter den gleichen oder zumindest ähnlichen Idealen stehen und diese, soweit es geht, in ihre politische Arbeit hineintragen werden. Es gibt also definitiv Menschen, die politische Ämter innehaben und auf unserer Seite stehen. Und es ist gut, dass wir Verbündete innerhalb der etablierten Parteien haben, innerhalb der Bundesregierung, aber besonders auch in der Opposition. Denn diese Parteien können Forderungen, die wir in sozialen Bewegungen ausarbeiten und in die Gesellschaft tragen, Gehör schenken und sie mit in bundes- und länderpolitische Debatten einbringen.

Doch allein auf diese Verbündeten dürfen wir uns nicht verlassen. Was passieren kann, wenn Idealismus die sogenannte „Realpolitik" trifft, konnte man zum Beispiel ziemlich gut bei der Partei „Die Grünen" beobachten. Egal ob Waffenlieferungen, Atomkraftwerke oder restriktive Asylpolitik: Kaum Teil der Bundesregierung, scheint die Partei viele ihrer Grundsätze über Bord zu werfen – bedingt durch Koalitionszwang und einen herausfordernden neuen Kontext mit dem Angriffskrieg in der Ukraine, heißt es.[208]

Macht – eine gefährliche Verführung

So einiges läuft in unserer derzeitigen Demokratie in meinen Augen schief. Wirtschaftsinteressen erhalten durch Lobbyarbeit viel zu viel Macht. Apropos Macht: Politiker*innen sind Menschen. Sie können verführt werden, und Macht ist eine dieser Verführungen. Wer hohe Ämter in der Politik ausübt, hat viel von dieser Macht. Das äußert sich in direkter Entscheidungsmacht über die großen und kleinen Dinge, die sich auf das Leben von uns allen auswirken. Aber auch in Macht in Form von finanziellen Ressourcen. Politiker*innen in Spitzenpositionen erhalten eine ganze Stange Geld. Deutsche Minister*innen wie etwa Christian Lindner verdienen gut 21 000 € monatlich. Dazu kommen diverse Zuschläge und Zulagen in Höhe von ungefähr 10 000 € – im Monat.[209] Wer in so einer Machtposition angekommen ist, gehört selbst zur Elite. Und würde sich mit gesetzlichen Bestimmungen zu gerechter Umverteilung ins eigene Fleisch schneiden.

Die amerikanische Schriftstellerin Ursula Le Guin, die durch ihre politischen Utopien und Science-Fiction-Bücher bekannt wurde, schreibt in einem ihrer bekanntesten Werke: „Ein einzelner Mensch kann nicht mit dem Staat verhandeln. Der Staat erkennt keine andere Währung an als die Macht, und er selbst gibt die Münzen aus."[210] Deswegen ist es bestenfalls irreführend, als Zivilgesellschaft *zu* viel Hoffnung auf Politiker*innen und politische Institutionen zu setzen.

Wie schnell sich das Blatt bzw. die Münzverteilung wenden kann, zeigt ein aktuelles Beispiel aus dem Kampf gegen Atomkraft: Umweltschützer*innen des *BUND* sollten sich eigentlich mit der grünen Vize-Ministerpräsidentin von Nordrhein-Westfalen treffen. Denn Ende 2024 sollen die ersten Castoren mit radioaktivem Atommüll über die Gleise durch Deutschland rollen. Ein fest vereinbartes „Fachgespräch“ wurde dann plötzlich von Mona Neubaur abgesagt – was die Anti-Atom-Initiativen und den *BUND* auf Grund laufen ließ.[211] Ein Fingerschnips und weg war er, der Platz am Tisch der Mächtigen.

Trotzdem halte ich es weiterhin für sinnvoll, Entscheidungsträger*innen in der Politik in die Mangel zu nehmen. Denn dort liegt derzeit noch viel an Entscheidungsmacht, werden Gesetze verfasst und verabschiedet. Wie genau, also ob wir nett an die Politik appellieren oder doch eher Druck ausüben müssen, dazu habe ich im vorherigen Kapitel schon einiges geschrieben.

Gleichzeitig müssen wir in Nischen der Gesellschaft die Sache in die eigene Hand nehmen und Alternativen erproben. Aber dass wir die Schlagkraft haben, in der heutigen Zeit die institutionalisierte Politik komplett zu ignorieren und die sozial-ökologische Transformation komplett allein durchzuziehen – das halte ich leider auch nicht für sehr realistisch.

„Wie, ihr seid nicht perfekt?“

Den Frust von *Climáximo* und anderen Gruppen kann ich verstehen. Zu oft schon wurden unsere Erwartungen enttäuscht, zu lange schon werden wir als Aktive in sozialen Bewegungen von der Politik ignoriert, belächelt oder gar verunglimpft – zum Beispiel als „Klimaterroristen“ oder „Klima-Chaoten“. Diese reißerische, gefährliche Wortwahl überrascht bei BILD-Zeitung und Co. natürlich überhaupt nicht. Aber dass auch gestandene Politiker*innen nicht Halt davor machen, Klimaprotest derart zu diffamieren, ist tatsächlich traurig. So sagte Michael Roth, Vorsitzender des Auswärtigen Ausschusses des deutschen Bundestags, nach einer Aktion der *Letzten Generation* auf Twitter: „Was für eine billige, würdelose Aktion. Ihr scheißt auf die Grundrechte, zerstört Kunst ähnlich wie die Taliban und fühlt euch noch als Heldinnen und Helden."[212] Der deutsche Bundeskanzler Olaf Scholz findet zwar etwas diplomatischere Worte, sagt aber im Kern das Gleiche: „Was hat das Werfen von Brei auf ein schönes Gemälde mit Klimaprotest zu tun?", gefolgt davon, dass der „Protest nicht richtig zu Ende gedacht" sei.[213] Bei solchen Aussagen schwingt ganz schön viel Selbstgerechtigkeit mit. Natürlich müssen nicht alle Menschen diese Aktionen befürworten, und wenn sich Spitzenpolitiker*innen auf den Schlips getreten fühlen, dann wurde wohl eindeutig ein wunder Punkt getroffen. Aber ich unterstelle allen Menschen, die sich mit Aktionen für das Klima und allgemein gegen Ungerechtigkeit einsetzen, dass sie versuchen, ihr Bestmögliches zu tun. Dass ihre Analysen manchmal in Strategien enden, die ich selbst nicht nachvollziehen kann oder Lücken aufweisen, ist hoffentlich Teil eines gemeinschaftlichen, bewegungsübergreifenden Lernprozesses. Denn wenn wir uns erst auf den Weg in Richtung Utopie machen, sobald wir den perfekten Plan haben, sind wir wahrscheinlich nie so weit. Und schauen einfach zu, wenn es noch düsterer wird.

„Aber ihr sagt ja nur, was ihr *nicht* wollt. Was sind denn eure Lösungen?" Diesen Satz habe ich so oder so ähnlich schon häufiger gehört. Manchmal kommt er von Politiker*innen, manchmal von umstehenden Leuten oder Menschen aus meinem Bekanntenkreis. Sie wollen damit ausdrücken, dass wir, wenn wir schon unbedingt protestieren müssen, doch bitte auch die perfekten Lösungen liefern sollen. Ist das so? Nein, ich finde nicht. Es gibt so viele Menschen in der Politik, in der Wirtschaft, die eine absurd hohe Summe an Geld verdienen – für genau diesen Job, genau diese Aufgabe: in ihren Themenbereichen zusammen mit Expert*innen Lösungen und Strategien zu entwickeln, um unseren Planeten vor dem Klimakollaps zu retten und anderen Ungerechtigkeiten die Stirn zu bieten. Wer von sozialen Bewegungen erwartet, dass sie diese Arbeit komplett selbst machen, der verlagert die sowieso schon große Verantwortung vollständig auf diese Akteur*innen. Anstatt soziale Bewegungen derartig vom Handeln abzuhalten oder zumindest zu behindern, sollten wir lieber darauf schauen, wie in unserer Gesellschaft Lösungen entstehen und vor allem: wie sie umgesetzt werden. Denn wie Greta Thunberg richtigerweise anmerkte: „Die Klimakrise ist bereits gelöst. Wir haben alle Fakten und Lösungen. Alles, was wir tun müssen, ist aufzuwachen und uns zu verändern.“[214]

EIN NEUES DEMOKRATIEVERSTÄNDNIS

Demokratie ist eine Art, wie Politik gestaltet werden kann. Schon deswegen geht für mich kein Weg komplett an institutionalisierter Politik als Teil einer gelingenden Gesellschaft vorbei. Einer Gesellschaft, die auch die Bedürfnisse von Minderheiten anerkennt und erfüllt. Demokratie kann allerdings unterschiedlich ausgestaltet sein. Lea Bonasera schreibt dazu: „Nirgends auf der Welt gibt es schon eine perfekte Demokratie. Vielmehr befindet sich jedes politische System in einem Spektrum. In diesem Spektrum sind Systeme mehr oder weniger demokratisch – keine ist jedoch vollkommen. [...] Als Bürger*innen sollten wir uns also fragen: Ist das, was wir aktuell haben, die Form der Demokratie, die wir uns wünschen? Ein System, in dem Politiker*innen getrieben sind, Mehrheiten zu finden und in Koalitionen mit vielen sich gegenseitig lähmenden Kompromissen regieren zu müssen?“[215]

Ein Beispiel: Obwohl es mehr und mehr Menschen gibt, die sich für die Einführung eines Tempolimits auf deutschen Autobahnen aussprechen[216], sieht es mit der politischen Umsetzung mau aus. Alten *weißen* Männern mit Autofaible – wie Verkehrsminister Volker Wissing – sei Dank.

Direkte Demokratie – im Gegensatz zur parlamentarisch gewählten – muss deswegen eine besonders große Rolle spielen. „Demokratie muss gelebt werden, damit sie funktioniert. Und zwar nicht durch Bürgerentscheide, in denen wir mit Ja oder Nein stimmen können. Politik ist komplex – wir brauchen echte Beteiligung und einen Gesellschaftsprozess“,[217] plädiert auch Carola Rackete. Maßnahmen wie der von *Extinction Rebellion* geforderte

Bürger*innenrat oder Gesellschaftsrat bei der *Letzten Generation* sind Beispiele für diese Art der direkten Demokratie. *Extinction Rebellion* schreibt auf ihrer Website, ein Bürger*innenrat „bringt Menschen zusammen, um zu lernen, zu beratschlagen und Empfehlungen für ein bestimmtes Problem von öffentlichem Belang zu erarbeiten. Dafür werden die Mitglieder per Losverfahren zufällig aus der Bevölkerung ausgewählt. Ein Quotensystem gewährleistet, dass die Versammlung in ihrer finalen Zusammensetzung die Merkmalsverteilung (beispielsweise Geschlecht, Alter, Herkunft, Bildungsniveau) der gesamten Gesellschaft repräsentiert."[218] Das verhindert auch, dass weiterhin (etwas überspitzt gesagt) nur alte *weiße* Männer politische Entscheidungen fällen, die uns alle betreffen.

Relokalisierung und Vergesellschaftung

Unsere politische Struktur ist vertrackt. Machtkonzentration ist nur ein Problem davon. Abhilfe könnte Relokalisierung schaffen, also die verstärkte Konzentration auf lokale Strukturen wie Produktion anstatt eher abstrakter nationaler oder internationaler Strukturen. Damit verbunden könnte eine Verschiebung von Kompetenzen zurück von politischen Ämtern und Wirtschaft hin zu selbstverwalteten, zivilgesellschaftlichen Strukturen sein – also doch eine Prise Anarchismus.

Das sollte Teil von Forderungen verschiedener sozialer Bewegungen sein – und ist es auch. Wie zum Beispiel bei der erfolgreichen Kampagne *Deutsche Wohnen enteignen*. Beim Volksentscheid im September 2021 stimmten 59,1 % der Berliner*innen für die Enteignung des Immobilienriesen „Deutsche Wohnen" und die Vergesellschaftung der Wohnungen.[219] Das bedeutet, dass die über 3000 Wohnungen im Land Berlin „in eine gemeinwirtschaftliche, nicht profitorientierte Anstalt öffentlichen Rechts unter demokratischer Verwaltung durch Belegschaft, Mieter*innen und Stadtgesellschaft"[220] überführt werden sollen. Ein Riesenerfolg für die Engagierten dieser Kampagne. Auch die Kampagne *RWE und Co. enteignen* plant für 2029 einen NRW-weiten Volksentscheid zur Vergesellschaftung des mächtigen Energiekonzerns.[221] Genossenschaftlich organisierte Energieprojekte, die in der Hand der Bürger*innen vor Ort liegen, fordern ebenfalls diese Relokalisierung im Bereich Energiegewinnung bzw. setzen sie bereits heute um.

UNTERSCHIEDLICHE ROLLEN IN SOZIALEN BEWEGUNGEN

Soziale Bewegungen sind ein komplexes Ökosystem. Sie bestehen aus einer Lebensgemeinschaft von unterschiedlichen Organismen: Da gibt es die etablierten Nichtregierungsorganisationen (NGOs), dazwischen tummeln sich kleinere Bürger*inneninitiativen, die aktionsorientierten Gruppen springen fröhlich von Ort zu Ort. Sie sind alle Teil eines großen Ganzen. Würde einer dieser Organismen fehlen, wäre das Ökosystem nicht vollständig und wahrscheinlich auch nicht funktionsfähig.

Der US-amerikanische Aktivist und Bewegungsforscher Bill Moyer hat diese Erkenntnis in ein Konzept umgewandelt. Er sagt, dass sozialer Wandel oft von Aktiven gestaltet wird, die verschiedene Rollen im Ökosystem der sozialen Bewegungen einnehmen. Dies lässt sich auf 4 Kernrollen herunterbrechen, die jeweils spezifische Funktionen und Eigenschaften mitbringen.[222] Jede dieser Rollen kann dabei entweder ineffektiv oder effektiv ausgeführt werden. In jeder Rolle steckt also großes Potenzial für Wandel – aber auch für destruktives Verhalten, das über kurz oder lang die Bewegung eher schwächt als stärkt. Dabei können ganze Gruppen eine bestimmte Rolle einnehmen und/oder einzelne Aktive innerhalb einer Gruppe eine oder mehrere dieser Rollen abdecken. In Kapitel 11 (S. 229) wende ich mich der Bedeutung des Konzepts für uns als Einzelpersonen zu. Hier geht es nun erst einmal um verschiedene Rollen für ganze Gruppen innerhalb des Bewegungsgefüges.

1. Bürger*innen:

Bürger*innen fördern mit ihrem Denken und Handeln verschiedene demokratische Wertvorstellungen wie Freiheit und Gerechtigkeit. Es ist für andere Menschen einfach, sich mit ihnen zu identifizieren, da sie so „normal“ sind. Damit führen sie zur Akzeptanz in der Gesellschaft bei. Sie sind tief in der Gesellschaft verankert. Bürgerliche Akteur*innen schützen außerdem die Bewegung davor, als „Chaot*innen, die man nicht ernst nehmen kann“ zu gelten.

Nicht sonderlich hilfreich sind jedoch Bürger*innen, die blind in die Politik vertrauen und die Interessen und Machtgefüge, die sich in diesen Institutionen widerspiegeln, nicht wahrnehmen – warum, dazu habe ich in diesem Kapitel schon einige Worte verloren. Noch weniger hilfreich sind definitiv die Super-Patriot*innen, die mit ihrem blinden Gehorsam gegenüber den herrschenden Machthaber*innen eher regressive oder gar nationalistische Änderungen fördern.

Oft organisieren sich diese Bürger*innen in – wie der Name schon sagt – Bürger*inneninitiativen. Sie haben als direkt Betroffene ein ganz konkretes Ziel und nutzen dafür institutionelle Methoden wie Unterschriftensammlungen. Solche Maßnahmen ergreifen zum Beispiel sehr oft Anrainer*innen von Flughäfen, Tagebauten oder Autobahnen.

2. Reformer*innen:

Reformer*innen glauben an die Macht der Parlamente: Sie nutzen die etablierten, offiziellen Systeme und Institutionen wie Gerichte oder Rathäuser, um Wandel voranzubringen. Dort versuchen sie, ihre Ziele, Werte und Ideen in bestehendes Recht, Politik oder das konventionelle Denken einzuspeisen. Dafür nutzen sie beispielsweise Volksabstimmungen, Gerichtsverfahren, klassische Lobbyarbeit, manchmal auch angemeldete Kundgebungen, treten bei Wahlen an. Wandel passiert nach ihrem Verständnis von „innen heraus“. Sie denken oft eher längerfristig und gelten als relativ anschlussfähig. Mit reformistischen Akteur*innen verhandeln Entscheidungsträger*innen verhältnismäßig gerne, denn im Vergleich zu den Rebell*innen (dazu gleich mehr) scheinen sie „vernünftiger" und weniger bedrohlich. Sie fungieren dabei oft als Kontrollmechanismus, denn sie sind nah dran am „offiziellen" politischen Geschehen und können entsprechend gut kontrollieren, ob Versprechungen der Politik auch eingehalten werden.

Wenn es nicht so gut läuft, versteifen sich Reformer*innen auf die sogenannte „Realpolitik". Dann verlieren sie die Ideale und Utopien aus den Augen und kämpfen stattdessen für unbedeutende, kleine Reformen – Reförmchen quasi. Reformistische Akteur*innen laufen außerdem Gefahr, in ihren eigenen Strukturen patriarchale und hierarchische Organisationsformen zu reproduzieren. Das ist gefährlich, denn ein ganzheitlicher gesellschaftlicher Wandel muss genau diese Machtstrukturen aufbrechen. Wer mit der eigenen Organisation also stark auf diesen alten, regressiven Strukturen aufbaut, fängt an, um seine Existenz zu bangen. So treten leicht die Bedürfnisse zur Aufrechterhaltung der Organisation an die vorderste Stelle, vor jene der Bewegung. Da Reformer*innen nah an der Macht arbeiten, kann es passieren, dass sie zu viel von dieser verheißungsvollen Luft schnuppern und kooptiert werden. Dann verfolgen sie plötzlich die Interessen der Herrschenden und nicht mehr der Bewegung – und merken es selbst oft nicht. „Ein Sitz am Tisch fesselt mich an Machtsysteme, die genau das verstärken könnten, was ich zu überwinden versuche", warnt auch der nigerianische Philosoph Bayo Akomolafe.[223]

Große, institutionalisierte Nichtregierungsorganisationen – also Verbände, aber auch Lobbyorganisationen – wie zum Beispiel der *BUND* oder *NABU* übernehmen neben verbündeten Politiker*innen diese Rolle.

3. Change Agent/Aktivist*in für gesellschaftlichen Wandel:

Dann wären da noch die „Aktivist*innen für gesellschaftlichen Wandel“, auf Englisch „Change Agents“. Sie nehmen eine unterstützende Rolle in der Bewegung ein. Ihre Stärke ist die „People power“: Sie leisten Überzeugungsarbeit und Bewusstseinsbildung – oft durch Bildungsarbeit. Sie beziehen die Gesellschaft ein, besonders die Bürger*innen, und lassen sie an direkter Demokratie teilhaben. Sie stellen notwendige Ressourcen bereit wie zum Beispiel Wissen, logistische Unterstützung oder Geld. Dabei involvieren sie bereits existierende Graswurzelgruppen und Netzwerke, also Gruppen, die aus der Basis der Bevölkerung entstanden sind und nicht „von oben herab“. Ihre Arbeit ist auf Langfristigkeit ausgelegt; sie bringen Stabilität in die anderen, sonst oft sprunghafteren Rollen, besonders der Rebell*innen. Dadurch arbeiten sie aktiv am Paradigmenwechsel mit.

Uneffektiv wird diese Rolle, wenn Change Agents *zu* utopisch unterwegs sind und mit ihren perfektionistischen Visionen nicht mehr an praktische politische und soziale Aktionen anschließen können. Quasi, wenn sie vom Pfad der realen Utopien, wie wir ihn bei Eric Olin Wright in diesem Buch schon kennengelernt haben, abkommen. Aber auch, wenn sie ähnlich wie die Reformer*innen ihre Arbeit in Mini-Reformen stecken, handeln sie nicht mehr effektiv im Sinne des großen Ganzen. Auch die Change Agents müssen dabei aufpassen, nicht in alte Machtstrukturen zu fallen, sondern partizipative Demokratie als Grundlage zu schaffen. Besonders wichtig ist bei Change Agents, dass sie die Komplexität und Verwobenheit verschiedener Themen auf dem Schirm haben. Wenn sie sich auf ein einziges Thema fixieren und Überschneidungen mit anderen Themengebieten ignorieren, tragen sie nicht mehr zu einem ganzheitlichen, emanzipatorischen Ziel bei. Grundvoraussetzung für effektives Handeln der Change Agents ist, dass sie nah dran sind an politischen und sozialen Themen und ihre Arbeit nicht losgelöst davon tun.

Die *Werkstatt für Gewaltfreie Aktion* ist ein Beispiel für so einen Change Agent auf Bewegungsebene. Mit Trainings, Moderationen und Weiterbildungen im deutschsprachigen Raum rund ums Thema gewaltfreie Aktion sorgt unser Verein dafür, dass Menschen und Gruppen sich ermächtigt fühlen und die Werkzeuge dazu haben, effektiv und langfristig Veränderung anzuleiten. Das *Movement Hub* macht eine ähnliche Arbeit, vor allem im Berliner Raum, aber auch darüber hinaus. Mit einem Strategiepodcast, der Betreuung eines Bewegungskalenders und der Bereitstellung von kleinen finanziellen Förderungen trägt es zur langfristigen Stabilität bei. *Radius*, ein relativ neues Kampagnenbüro, bietet Gruppen in Österreich bei Kommunikation, Kampagnen und Strategie Unterstützung an. Und *Skills for Action* – ein Netzwerk aus Aktionstrainer*innen im deutschsprachigen Raum, bei dem ich seit 2020 dabei bin – leistet wichtige Basisarbeit in Form von Trainings zu zivilem Ungehorsam für die Klima- und andere emanzipatorische Bewegungen. Vieles von dem, was wir in unserem internationalen Netzwerk *Stay Grounded* tun, ist ebenfalls klassische Basisarbeit: Vernetzung von Akteur*innen, Trainings, Bereitstellung von Recherchen und Materialien für die Öffentlichkeitsarbeit. Und auch *Zucker im Tank* unterstützt mit Workshops verschiedene Gruppen im Bewegungsgefüge, mit Fokus auf sogenannte Kleingruppen.

4. Rebell*innen:

Rebell*innen sind die Rockstars unter den Rollen – im Guten wie im Schlechten. Sie greifen zu den unterschiedlichsten Protestformen, um auf Missstände in der Gesellschaft aufmerksam zu machen. Das schließt direkte, gewaltfreie Aktionen inklusive zivilem Ungehorsam mit ein. Die Hauptaufgabe von Rebell*innen besteht darin, den Ist-Status zu hinterfragen und die Dringlichkeit von Veränderungen zu betonen. Ihre Zielgruppe ist dabei breit: Herrschende und offizielle Institutionen sollen in die Mangel genommen werden. Das passiert oft durch symbolische oder direkte Aktionen, die die gesellschaftlichen Konflikte ins öffentliche Rampenlicht stellen und so die öffentliche Diskussion darüber anregen. Effektiven Rebell*innen geht es letzten Endes um einen kompletten Paradigmenwechsel, nicht um die kleinen Schritte. Ihre Aktionen sind oft aufregend, mutig – und bergen ein gewisses Repressionsrisiko.

Ein Großteil der Beispiele, die ich in diesem Buch mit dir teile, sind Rebell*innen. Denn die meisten meiner persönlichen Erfahrungen stammen aus diesen Gruppen, also von Akteur*innen wie *Ende Gelände*, *Extinction Rebellion*, *Letzte Generation* und so weiter. Das liegt wohl daran, weil ich mich persönlich in dieser Rolle mit am wohlsten fühle – aber auch dazu mehr in Kapitel 11 ab S. 229.

Wenn Rebell*innen wiederum anfangen, gegen alles und jede*n zu sein, wird es brenzlig. Wenn sie allgemein akzeptierte Werte wie die Demokratie infrage stellen, verlieren sie ihren – teilweise sowieso schon bescheidenen – Rückhalt in der Zivilgesellschaft. Das Bild von der radikalen, einsamen Stimme am Rand der Gesellschaft kann sie zu Außenseiter*innen machen, die sich in Aktionen verrennen und Taktiken nutzen, ohne eine realistische Strategie dahinter zu haben. Wenn (berechtigte) Wut und Aggression überhandnehmen, kann sich das Blatt wenden und die öffentlichen Diskussionen drehen sich nicht mehr um die Inhalte, sondern lediglich um die

Aktionsform oder das Auftreten der Rebell*innen. Das passiert sowieso schon oft, kann aber durch kritisches Verhalten von Rebell*innen gefördert werden. Rebell*innen laufen außerdem mitunter Gefahr, ihre eigene Wahrheit als absolut zu verstehen und sich damit moralisch überlegen zu fühlen.

Radikale Flanke – Fluch oder Segen?

Die Rebell*innen bilden oft die sogenannte „radikale Flanke" einer sozialen Bewegung – wovon Letztere laut Protestforscher*innen durchaus profitieren.[224] Doch für „Radikalität" braucht es nicht immer gleich Sachbeschädigung. Es kann auch eine eher symbolische Form der radikalen Aktion sein – Hauptsache, es ist „radikaler" als das, was andere Akteur*innen in der Bewegung in ihrer Rolle tun. Wobei „tun" sich hier nicht ausschließlich auf konkretes Handeln bezieht; es geht nämlich nicht nur um die Aktionsform, also zum Beispiel das Zerstören von Maschinen oder das Werfen von Tomatensuppe auf das Schutzglas vor berühmten Gemälden (wie die *Letzte Generation* es in den letzten Jahren mehrfach getan hat). Es geht auch um die damit verknüpften Forderungen – und die sind bei der *Letzten Generation* in Deutschland beispielsweise nicht sehr radikal.

Diese radikalen Aktionen sind für Entscheidungsträger*innen schwer zu ignorieren und lassen gleichzeitig andere Akteur*innen moderater erscheinen, sympathischer, anschlussfähiger – netter zum Verhandeln quasi. Ein prominentes Beispiel für eine radikale Flanke: die Gruppe *Black Panthers*, die nach der Ermordung von Malcolm X, einem afroamerikanischen militanten Aktivisten und Gegenspieler von Martin Luther King, in der US-amerikanischen Bürgerrechtsbewegung entstand.

Zusammenspiel der Rollen

Wie das mit theoretischen Konzepten meistens so ist, verschmelzen auch hier die Kategorien und manche dieser Gruppen nehmen unterschiedliche Rollen ein. Die Grenzen sind nicht so klar, wie sie in Bill Moyers Kategorien erstmal erscheinen. Die 4 Rollen von Aktivist*innen nach Moyer bilden ein vielschichtiges Gefüge, das den Mechanismus des sozialen Wandels strukturiert. Die Kombination dieser Rollen im komplexen Ökosystem der sozialen Bewegungen ermöglicht eine umfassende Herangehensweise an gesellschaftliche Herausforderungen. Bestehende Machtgefüge werden von unterschiedlichen Seiten gleichzeitig in die Mangel genommen und bearbeitet. Und die unterschiedlichen Rollen haben auch zu verschiedenen Zeitpunkten im Zyklus verschieden hohe Relevanz. Die Rollen sind Teil eines größeren Konzepts von Bill Moyer: dem „Movement Action Plan“[225]. Durch das Verständnis und die gezielte Anwendung dieser Rollen können Aktivist*innen effektiver auf Veränderungen hinwirken.

Orte des Protests, wie Lützerath, sind lebendige Beispiele dafür, wie das Zusammenspiel der verschiedenen Rollen aussehen und den Kampf gegen Klimakrise und bestehende Macht- und Herrschaftsstrukturen sinnvoll verstärken kann.

Wanted: mehr Diversität im Ökosystem

Es gibt eine Fülle an Konzepten, die wir für unser strategisches Handeln und Denken in sozialen Bewegungen nutzen können. Die im Buch aufgeführten sind nur ein paar Beispiele, die für mich persönlich in meinem Engagement am hilfreichsten sind und waren.

Mit diesem Kapitel möchte ich abschließend einen Appell verknüpfen – an Aktive in der Bewegung, aber auch an mich selbst. Einen Appell, offen zu bleiben für unterschiedliche Stärken und Schwächen, unterschiedliche Analysen von dem, was für den Wandel notwendig ist, den wir in der Gesellschaft brauchen. Lasst uns alle unsere Rolle im Ökosystem der sozialen Bewegungen finden – und uns darum bemühen, unsere effektivste Form zu sein.

Reflexionsfragen:

- Fällt dir ein Beispiel für eine positive Veränderung in unserer Gesellschaft ein? Wie hat diese Veränderung stattgefunden?
- Was ist für dich wichtiger Bestandteil einer guten Strategie?

9. Effektiv versus performativ: Strategisch sinnvoll organisieren

Ich bin hochkonzentriert. Zwar bin ich ganz allein im Büro der *Werkstatt für Gewaltfreie Aktion* in Freiburg – und trotzdem gleichzeitig gerade Teil einer der größten Vernetzungs- und Koordinierungsversuche der deutschsprachigen Klimagerechtigkeitsbewegung überhaupt. Ich moderiere eines der digitalen Plenumstreffen. Mit mir in diesem digitalen Raum: Delegierte von sage und schreibe 83 Gruppen.

Was in diesem Februar 2021 passiert, ist die zweite bewegungsübergreifende Strategie- und Aktionskonferenz. Wegen der andauernden Corona-Pandemie findet sie online statt, zu Hause, vor unseren Laptops – und doch über 3 Ländergrenzen hinweg. 2 Fishbowl-Diskussionen, 12 Open-Slot-Workshops, 7 Kleingruppendiskussionen zu verschiedenen Mobilisierungsmomenten – wir haben uns viel vorgenommen für diese 3 Tage. Nämlich nichts weniger als den Versuch, uns gruppenübergreifend gemeinschaftlich zu organisieren und gemeinsame Strategien für das Jahr zu planen. Denn noch immer ist der notwendige Wandel im Kampf gegen die Klimakrise nicht in Sicht.

Mit der Werkstatt unterstützen wir die Planungen der Konferenz seit mehreren Wochen, und deswegen moderiere ich heute auch. Die Konferenz ist wundervoll. Sie ist mit viel Schweiß und Liebe organisiert. Sie ist das pure Chaos. Sie ist frustrierend. Und sie führt mir immer wieder aufs Neue vor Augen, wie wichtig und wertvoll es ist, dass wir in sozialen Bewegungen voneinander lernen, aus vergangenen Erfahrungen Schlüsse ziehen und uns immer wieder die Frage stellen: Wie können wir strategisch sein anstatt aktionistisch?

KAMPAGNEN: AKTIONEN STRATEGISCH PLANEN

Der Ausbau einer Autobahn, die rassistische Migrationspolitik einer Stadtregierung, die Trockenlegung eines Moores, die sexistische Werbung eines Unternehmens: Das alles sind wichtige Anliegen und Kämpfe. Eigentlich sollten wir sie alle gleichzeitig angehen. Der Impuls, der Gruppen wie *Extinction Rebellion* scheinbar umtreibt, wenn sie zu den verschiedensten Themen im Wochentakt Aktionen durchführen, ist verständlich. Aber Vorsicht: Aktionismusfalle! Damit die Aktionen wirklich eine Wirkung haben können und nicht nur maximal ein kurzes Medienstrohfeuer auslösen, braucht es mehr. Leider reicht eine einzelne Aktion – egal ob Petition, Demonstration oder Sitzblockade – in den wenigsten Fällen aus, um eine Veränderung herbeizuführen. Stattdessen sind mittel- und längerfristige Kampagnen gefragt, die immer wieder den Finger in die Wunde legen und verdeutlichen: „Wir lassen nicht locker, bis ihr etwas ändert!"

Nur um etwaige Missverständnisse zu vermeiden: Vielleicht kennst du Kampagnen ja aus einem ganz anderen Kontext, nämlich der Werbung. Für Unternehmen wie IKEA, Volkswagen oder Rewe, oder auch für Wahlkandidat*innen – darin sind zum Beispiel die USA im Rahmen der Präsidentschaftswahlen ganz groß. Aber um diese Art der Kampagnen geht es hier nicht. Wir sehen uns stattdessen Kampagnen[vi] in sozialen Bewegungen an: eine Reihe von Aktionen, die sich jeweils aufeinander beziehen und (im Sinne von Theodor Eberts Eska-

vi Der Großteil des Wissens und Konzepts dieses Abschnitts zu Kampagnen stammt aus dem Kurs „CampaPeace – Die Qualifizierung zur Campaigner*in und Moderator*in von Kampagnen" von Uli Wohland, Esther Binne und David Scheuing, den ich besuchen durfte. Mehr Infos unter: wfga.de/aus-und-fortbildungen/campapeace.

lationsstufen) eskalierend aufgebaut sind. Das Ganze findet geplant und im öffentlichen Raum statt. Es gibt einen klaren Anfang und ein klares Ende, also eine zeitliche Befristung und ein begrenztes Ziel. Für jede Kampagne gibt es eine eindeutige Zielgruppe, die Bündnispartner*innen werden aktiv angesprochen und mit eingeplant. Kampagnen haben außerdem Initiator*innen, die erkenntlich sind. Fällt dir etwas auf? Richtig: Das ist quasi genau das Gegenteil dessen, was ich über die Eigenschaften von sozialen Bewegungen in Kapitel 6 (S. 81) geschrieben habe.

Damit sind Kampagnen gewissermaßen die kleinen Geschwister von sozialen Bewegungen. Sie bilden das Gerüst für Letztere, geben Stabilität und Struktur und binden Menschen mittel- und langfristig mit ein. So wird vermieden, dass Menschen freitags auf eine Demonstration kommen und dann von Samstag bis Donnerstag wieder distanziert in ihrem Alltag weiterleben.

Aufklärungs- versus Druckkampagnen

Es gibt grob gesagt 2 Arten von Kampagnen, die für emanzipatorische Zwecke geeignet sind: Aufklärungskampagnen und Druckkampagnen. Die Verschmutzung der Meere durch Plastikmüll war Anfang der 2000er-Jahre noch nicht als Problem in der breiten Gesellschaft bekannt. Einige Umweltorganisationen wie *BUND*, *NABU* und *Greenpeace* erkannten das Problem und dachten sich zu Recht: „Das kann doch nicht wahr sein! Wir müssen die Öffentlichkeit dafür sensibilisieren!“ Daraus entstanden verschiedene Aufklärungskampagnen. Solche Kampagnen haben, wie der Name schon sagt, die Aufklärung der Öffentlichkeit zum Ziel. Dafür werden Informationen aufbereitet, vermittelt und den Menschen zugänglich gemacht. Das passiert durch die Erarbeitung von Informationsmaterialien, Zeitungsartikel und/oder kreative Aktionen wie gemeinsame Reinigungsaktionen an Stränden und Flussufern.[226] Informationen werden möglichst breit gestreut, um Sichtbarkeit zu schaffen. Denn nur wer über ein Problem informiert ist, kann das eigene Verhalten anpassen. Die Verhaltensänderung findet bei dieser Art der Kampagne auf individueller Ebene statt. Menschen hören also zum Beispiel auf, beim Einkaufen Plastikbeutel zu nutzen, sondern tragen stattdessen immer einen Baumwollbeutel mit sich herum. Oder sie achten darauf, möglichst plastikfreie Lebensmittel zu kaufen. Oder sie versuchen, geschlechtersensible Sprache im eigenen Sprachgebrauch einzubauen.

Aufklärungskampagnen sind sinnvoll, wenn ein Thema noch gar nicht in der Bevölkerung präsent ist. Wenn im Gegensatz dazu ein Problem schon in den Köpfen der Menschen da ist, machen Druckkampagnen mehr Sinn. Das bedeutet in dem Fall, dass auf Entscheidungsträger*innen Druck aufgebaut wird. Denn die Veränderung, die wir bei diesen Kampagnen wollen, zielt auf strukturelle Ebenen ab. Es geht weniger um individuelle Verhaltensänderungen, sondern um gesetzliche Neuerungen oder wirtschaftliche Anpassungen, die über das Verhalten von Individuen hinausgehen. Erreicht werden sollen Entscheidungsträger*innen in der Politik oder Wirtschaft. Die Kampagnen haben dabei ein großes, visionäres Ziel. Auf dem Weg dorthin gibt es kleinschrittige Ziele. Diese sind überschaubar und können innerhalb eines recht engen Zeitrahmens gut erreicht werden. Große, komplexe Themen werden also in kleinere verpackt und in einem festen Zeitplan umgesetzt. Kampagnen greifen begrenzte Themen auf, um auf große Missstände hinzuweisen. Je besser das Thema begrenzt und zugespitzt ist, desto eher greifen Medien die Missstände auf. Der bereits erwähnte Druck wird durch kollektives Handeln und direkte Aktionen ausgeübt.

Für Druckkampagnen und vor allem ihr Zusammenspiel sind 2 Elemente zentral: Zum einen gilt es, medial relevante Aktionen durchzuführen, also solche, die in Leitmedien sichtbar werden. Aktionen dieser Art sollten mehrfach jährlich durchgeführt werden, oder jährlich zyklisch – zum Beispiel an Jahrestagen als Aufhänger. Ziel ist, im öffentlichen Raum präsent zu sein und zu bleiben. Das zweite Element besteht aus Lobbyarbeit Richtung Entscheider*innen. Das übernehmen im größeren Stil auch mal die NGOs. Diese Arbeit findet in Berlin direkt am Bundestag statt, oder bei Lokalpolitiker*innen in der Heimatstadt oder eben in indirekter Form als Graswurzellobbyarbeit. Bei letzterer Variante versucht man, Mitglieder der eigenen Bewegung zum Lobbying zu motivieren. Mögliche Strategien sind hierbei zum Beispiel Unterschriftensammlungen, E-Mail-Aktionen und Social-Media-Aktivitäten.

Sogenannte „Triggerevents" sind für Druckkampagnen wesentlich. Denn sie erhöhen die Chancen enorm, dass Pressevertreter*innen sich für die Pressemeldung oder Aktion der Gruppe überhaupt interessieren. Triggerevents sind Ereignisse, die wir als Auslöser für einen Aufschrei, eine Debatte nutzen können. Diese können extern sein – wie zum Beispiel die Reaktorkatastrophe von Fukushima für die Anti-Atom-Bewegung. Oder das Video mit Filmaufnahmen von einer Veranstaltung auf der deutschen Ferieninsel Sylt, bei der rassistische Lieder gesungen wurden und das für einen Aufschrei in den sozialen Medien und darüber hinaus sorgte. Auch diverse Naturkatastrophen fallen in diese Kategorie. All diese Arten von Triggerevents sind aber nicht planbar; es ist schwer, sich darauf gut vorzubereiten und sie als Gruppe gut zu nutzen. Leichter geht das mit selbst gesetzten Triggern. Eigene Trigger können Aktionen sein wie jene rund um die Privatjet-Verkaufsmesse *European Business Aviation*

Convention and Exhibition (kurz EBACE) in Genf (siehe nächster Punkt), oder Jahrestage wie zum Beispiel der des Pariser Abkommens.

Die Phasen einer Druckkampagne

Den Verlauf von Druckkampagnen kann man grob verkürzt in 3 Phasen aufteilen. Machen wir es an einem Beispiel etwas konkreter, mit dem ich mich ein Jahr lang intensiv beschäftigt habe: der Kampagne gegen Privatjets von *Stay Grounded*.

Die Planungsphase: Vorbereitung ist das A und O

In der Planungsphase einer Kampagne stehen entscheidende Schritte an, die den Grundstein für ihren Erfolg legen. Zunächst werden die Themen sorgfältig ausgewählt, um die Aufmerksamkeit der Zielgruppe zu gewinnen. Bei *Stay Grounded* startete ich im April 2023 meine Position nicht nur als Aktionskoordinatorin, sondern auch als Co-Koordinatorin unserer Kampagne gegen Privatjets. Die Idee war vor meiner Zeit in meinem Team entstanden. Denn das Thema hatte großes Potenzial, für die Probleme rund um Flugverkehr zu sensibilisieren – besonders Menschen, die sich bisher noch nicht mit den ökologischen Folgen beschäftigt hatten und für die die Frage nach Fairness eine große Rolle spielte.

Doch der Schlüssel von guter Kampagnenplanung liegt nicht nur in der Analyse vergangener Probleme, sondern vielmehr in der lösungsorientierten Planung für die Zukunft. Dabei ist es entscheidend, klare Ziele und Forderungen festzulegen. Diese sollten auf das Wesentliche reduziert werden, idealerweise auf maximal 3 Punkte. Mindestens 2 dieser Forderungen sollten innerhalb des ersten Kampagnenzyklus realisierbar sein, um frühzeitig Erfolge zu erzielen. In unserer Kampagne waren es schlussendlich 3 Forderungen: 1) Verbot von Privatjets, 2) Besteuerung von Vielflieger*innen und 3) Verbot von Vielflieger*innenprogrammen. Dabei war die erste Forderung logischerweise die zentralste. Die anderen beiden Forderungen ermöglichten uns, darauf aufmerksam zu machen, dass nicht nur die 1% mit ihren Luxusjets ein Problem sind – sondern eben auch die Vielflieger*innen. Aber vielleicht kannst du es dir schon denken: So richtig realistisch waren unsere Forderungen nicht. Vor allem nicht in dem Kampagnenzyklus von einem Jahr. Wir hatten allerdings, wie viele andere Kampagnen, vor allem auch interne Ziele, darunter die Mobilisierung von Wissenschaftler*innen zu dem Thema, eine Vergrößerung der Bewegung und die veränderte Berichterstattung in den Medien. Darüber hinaus werden in dieser ersten Phase vorbereitende Maßnahmen ergriffen, wie der Aufbau eines sozialen Netzwerks, die Sammlung von Informationen und Ressourcenklärung. Aktionen werden sorgfältig geplant und vorbereitet, seien es die Festlegung von zu boykottierenden Produkten oder andere strategische Schritte. Bei uns hieß das: Kampagnentreffen im Team und mit möglichen Bündnispartner*innen, Tabellen erstellen, Analysen von politischen Potenzialen mit Expert*innen etc.

Die Aktionsphase: Dynamik durch Eskalation

Die zweite Phase ist geprägt von einer eskalierenden Abfolge von Aktionen, die darauf abzielen, politischen Druck zu erzeugen. Das geschieht stufenweise, beginnend mit Pressekonferenzen oder PR-Maßnahmen, gefolgt von öffentlichkeitswirksamen Aktionen. Bei der Privatjet-Kampagne war es ein wenig komplizierter. Denn als Netzwerk arbeiten wir mit unterschiedlichen Gruppen auf nationaler und europäischer Ebene – und die hatten teilweise schon ihre eigenen Aktionspläne. Unsere Kampagne beinhaltete als öffentlichkeitswirksamen Start eine Online-Petition[227], die zeitgleich mit einer Blockade des größten europäischen Verkaufsevents für Privatjets (der EBACE, siehe oben) in der Schweiz gestartet wurde. Außerdem veröffentlichten wir einige Monate später einen offenen Brief, der von 90 Organisationen unterschrieben wurde[228] und ein Verbot von Privatjets forderte. Mehrere kleinere Blockadeaktionen und Demonstrationen von verschiedenen Graswurzelgruppen sowie eine Massenaktion des zivilen Ungehorsams in Antwerpen vom Bündnis *Code Rouge* Ende 2023 betteten wir auch in unsere Kampagne ein. Idealtypisch eskalierend war unsere Kampagne damit nicht so ganz – das ist für einzelne Akteur*innen leichter, die die komplette Kontrolle über ihre Aktionspläne haben.

In der Aktionsphase sollte kontinuierlich der Dialog mit den Gegner*innen gesucht werden, um Verhandlungen zu ermöglichen (wobei es, wie schon im Kapitel 7 aufgeführt, auch Gruppen gibt, die diese Funktion aus Überzeugung auslagern). Wieder haben wir bei *Stay Grounded* als Netzwerk eine besondere Rolle: Wir motivieren eher andere Organisationen, die sich viel mit direkter Lobbyarbeit beschäftigen, und statten sie mit den nötigen Informationen und Materialien zu unserem Thema aus – wie etwa mit Factsheets zu Privatjets.[229] Die Kampagne gewann durch den Wechsel zwischen Dialog und öffentlichen Aktionen an Dynamik, wodurch der Druck auf die Entscheidungsträger*innen kontinuierlich erhöht wurde.

Die Durchsetzungsphase: Erfolge feiern und Bilanz ziehen

In der Durchsetzungsphase werden Vereinbarungen mit den Gegner*innen überprüft und Aktionen ausgewertet, um daraus zu lernen. In manchen Fällen arbeiten Gruppen hier mit ihren Gegner*innen direkt zusammen, um gemeinsame Lösungen zu finden, wie zum Beispiel in der schon erwähnten Kohlekommission. Die Erfolge der Kampagne werden gefeiert und eine umfassende Erfolgsbilanz gezogen. Als wir bei *Stay Grounded* nach einem Jahr der Kampagne unser Fazit zogen, war das nicht ganz so einfach. Denn wie bei sozialen Bewegungen allgemein ist es auch für uns als Netzwerk gar nicht so einfach zu bestimmen, welche Erfolge denn nun wirklich auf unsere Kappe gehen. Unsere internen Ziele hatten wir größtenteils erreicht. Wir nahmen uns am Ende der Kampagne die Zeit für einen ausführlichen Rückblick, um aus unseren Kampagnenerfahrungen zu lernen und die nächsten Schritte zu planen. Wichtig ist es, diesen Moment der Durchsetzung gebührend zu würdigen und den Blick auf kommende Herausforderungen gerichtet zu halten.

LobauBleibt: Keinen Bock auf Autobahn

Noch ein Beispiel gefällig? 2021 und 2022 verzeichnete die österreichische Klimagerechtigkeitsbewegung mutmachende Erfolge. Das Bündnis *LobauBleibt* verhinderte erfolgreich den „Bau von Österreichs größtem und kontroversestem Autobahnprojekt“[230]: der Lobau-Autobahn. Das Mammutprojekt wurde bereits in den 1970ern beschlossen. Für die Autobahn im Westen von Wien sollte ein Tunnel unter dem Naherholungsgebiet, der „Lobau“, und einem Nationalpark gegraben werden. Die lokale Umweltbewegung wehrte sich dagegen mit kleineren Aktionen, Petitionen, Demos und einer Besetzung bereits Anfang der 2000er. Doch erst 2021 kam der Stein so richtig ins Rollen. Denn verschiedene Gruppen wie *System Change, not Climate Change*, *Extinction Rebellion*, *Fridays for Future* und der *Jugendrat* (eine Jugendorganisation aus Wien) taten sich mit den etablierten NGOs und lokalen Bürger*inneninitiativen zusammen. Sie formierten sich zu einem Bündnis, um gegen Bauarbeiten einer der

Zubringerstraßen zu protestieren, der „Stadtautobahn“. Das geschah auf keinen Fall zufällig: Die österreichische Aktionsgruppe *System Change, not Climate Change* lud im Januar 2021 verschiedene Akteur*innen zu einem bewegungsinternen Vernetzungscall ein. Damit startete das, was ich als Druckkampagne einordnen würde – mit den Bündnispartner*innen von *LobauBleibt* als Initator*innen. Das klare Ziel: der Stopp der Lobau-Autobahn. Die Zielgruppe: die Stadtregierung, die in der Angelegenheit die Fäden in der Hand hielt. Dafür wurden anfangs eine Reihe von gemeinsamen Aktionen und Demonstrationen organisiert. Später bauten der *Jugendrat* und *Fridays for Future* ein Camp am Ort der Zerstörung auf. Dort gab es Workshops, Vorträge und Diskussionsabende – genauso wie ein Theater für Kinder, Fußballturniere und Raves.

Die Eskalation erreichte im Herbst mit der Besetzung der Stadtautobahnbaustellen einen neuen Höhepunkt. Ursprünglich hatte das Bündnis die Besetzung für einen Tag als symbolischen Akt geplant. Letztendlich blieben die Aktivist*innen mehrere Monate lang. Bei den Räumungen von 2 besetzten Baustellen im Frühjahr 2022 schnitt sich die Stadtregierung gehörig ins eigene Fleisch – und verhalf dem Autobahnprotest zu einem Triggerevent, wie die beiden Aktivist*innen Lucia Steinweder und Fabian Hattendorf im Buch „Kipppunkte“ analysieren: „Die Bilder des riesigen Abrissbaggers, der innerhalb von Sekunden die ‚Pyramide‘, ein aus Holz gebautes Symbol des Protests und Wohnort für viele Aktivist*innen über Monate hinweg, dem Erdboden gleichmachte, während mehrere Hundertschaften an Polizist*innen die Baustellen mit Zäunen, Schlagstöcken und Pfefferspray abschirmten, führten vielen vor Augen, dass *LobauBleibt* sich mit einem mächtigen Gegner angelegt hatte.“[231] Das führte zu einem Schlüsselmoment der eigenen Politisierung für viele Sympathisant*innen des Protests.[232]

Die Gegnerin war in diesem Fall die sozialdemokratisch regierte Wiener Stadtregierung – und so richteten sich nicht nur die Forderungen an sie, sondern auch die Aktionsformen orientierten sich an dieser Zielgruppe: Es gab zum Beispiel große Demonstrationen vor der SPÖ-Parteizentrale.

Ein weiteres großes Element der Kampagne war die Pressearbeit. Besonders relevant wurde sie, als die Stadtregierung plötzlich Drohbriefe an Aktivist*innen schickte – und selbst Minderjährigen und Verkehrswissenschaftler*innen mit riesigen Summen Schadensersatz drohten, wenn sie die Besetzung nicht verließen. Das Bündnis schaffte es, diesen Frontalangriff der Stadtregierung als erneutes Triggerevent für ihre Mobilisierungen zu nutzen.

Das Endergebnis? 2022 wurden die Pläne für die Lobau-Autobahn gekippt. Und die österreichische Klimagerechtigkeitsbewegung und Anwohner*innen hatten Grund zum Jubeln.[233]

Mit vereinten Kräften

LobauBleibt ist ein gutes Beispiel dafür, wie Kampagnen wirken und uns Erfolge bescheren können. Durch das beständige Ausüben von Druck auf die Entscheidungsträger*innen wie in dem Fall in der Politik gelang es den Initiator*innen, das Blatt zu ihren Gunsten zu wenden. Die horizontale Eskalation der Aktionen mit dem Höhepunkt der Besetzungen sorgte gleichzeitig dafür, dass immer mehr Menschen mobilisiert wurden – also gleichzeitig vertikal, auch wenn die beiden Aktivist*innen Steinweder und Hattendorf selbstkritisch analysieren, dass es ihnen nicht gelang, die lokalen Anwohner*innen des Bauprojektes zu sensibilisieren und schlussendlich zu organisieren. Festhalten lässt sich jedenfalls: Das Wiener Beispiel zeigt, dass dieser Coup nur mit vereinten Kräften gelang.

BÜNDNISSE: ALLIANZEN SCHMIEDEN

Gemeinsam sind wir stärker. Das gilt nicht nur auf individueller Ebene, wenn wir uns als einzelne, von den Krisen der Welt schockierte Menschen zusammentun. Es gilt auch für Gruppen, die sich zu Bündnissen vereinen. Das können kurzfristige, punktuelle Allianzen sein oder längerfristige Bündnisse.

By2020WeRiseUp

2019 und 2020 war ich teilweise aktiv bei *By2020WeRiseUp*. Diese Initiative wurde von ein paar Menschen aus der europäischen Klimagerechtigkeitsbewegung ins Leben gerufen. Ihre Analyse: Wir müssen uns über Landesgrenzen hinweg zusammentun, um den Verantwortlichen der Klimakrise mit der notwendigen Schlagkraft entgegentreten zu können. Deswegen schickten die Beteiligten viele Mails, kontaktierten befreundete Aktivist*innen und luden zu Vernetzungstreffen an verschiedenen Orten Europas ein: in der Schweiz, in Belgien, in Deutschland. Teil der Initiative und bei den Treffen involviert waren über 60 Gruppen – vor allem kleinere, lokale Aktionsgruppen wie *Fossil Free Münster*, *JunepA*, *System Change, not Climate Change*, *Kohle erSetzen!* und *Am Boden bleiben*. Aber auch größere Bündnisse wie *Stay Grounded* und *Ende Gelände* waren involviert. Manche von ihnen behandelten ein bestimmtes Thema, wie etwa die *Gastivists*, die sich gegen fossiles Gas einsetzen. Andere, wie wir von *ClimAcció* – nicht zu verwechseln mit der portugiesischen Gruppe *Climáximo* –, die ich damals vertrat, hatten verschiedene Themen aus dem Bereich Klimagerechtigkeit auf der Agenda. Wir setzten uns in europäischen Seminarhäusern mehrere Tage zusammen, um die nächsten Schritte zu planen und unsere Aktionen aufeinander abzustimmen, die ansonsten national oder regional geplant waren. Das Konzept hinter *By2020WeRiseUp*? Aktionswellen. In Zeiträumen von wenigen Wochen fanden an unterschiedlichen Orten Europas zeitgleich Aktionen statt, die die Entscheidungsträger*innen unter Druck setzen sollten. Das war eine relativ komplexe Angelegenheit, denn die verschiedenen Gruppen und auch wir von *ClimAcció* mussten gleichzeitig verschiedene Ebenen der Abstimmung mit unterschiedlichen Akteur*innen abwickeln – gar nicht so leicht, das alles parallel zu managen und alle Bedürfnisse zu berücksichtigen.

Die Bündnistreffen waren unter anderem deshalb wertvoll, weil sie dazu führten, über unseren eigenen, nationalen Tellerrand hinauszuschauen und uns mit Gruppen aus anderen Ländern, ihren Kämpfen und ihren politischen Kontexten und Analysen zu beschäftigen. Auch thematisch lernte ich bei jedem Treffen etwas dazu, denn Klimagerechtigkeit hält wahnsinnig viele Themen bereit. Durch die Auseinandersetzung mit Gruppen, die ihre Kämpfe auf andere Themengebiete konzentrierten, waren ein reger Austausch und eine Wissensweitergabe möglich. Auch praktisch bei Bündnisarbeit: Die Bündnistreffen „zwingen" Gruppen dazu, sich mit der eigenen Strategie auseinanderzusetzen, Argumente auszubauen und die Strategie kommunizierbar zu machen. Die Treffen waren für uns von *ClimAcció* gut, um zuhause in Barcelona eine ehrliche Bestandsaufnahme zu machen und die Ergebnisse zu den Bündnistreffen, teilweise am anderen Ende Europas, mitzubringen.

Stay Grounded

Auch bei *Stay Grounded* arbeiten wir ständig mit verschiedenen Gruppen zusammen. Als internationales Netzwerk zur Reduktion von Flugverkehr und für eine sozial gerechte und ökologisch nachhaltige Mobilität sind wir per Definition selbst ein Bündnis. In meiner täglichen Arbeit als Aktionskoordinatorin und Campaignerin hat diese Bündnisarbeit einen sehr hohen Stellenwert und ist mein (fast) tägliches Brot.

Im Gegensatz zu *By2020WeRiseUp* ist *Stay Grounded* aber in der gemeinsamen Vision und dem Themengebiet wesentlich zentrierter. Auch wenn die Bürger*inneninitiative in Frankfurt am Main für ein Nachtflugverbot am Frankfurter Flughafen kämpft und sich unsere Mitgliedsgruppen in Lateinamerika gegen Militarisierung und die Rolle der Flugindustrie darin einsetzen, eint die Gruppen doch das Ziel, den Flugverkehr einzudämmen. Das macht manche Dinge einfacher: Es gibt weniger Konkurrenz darum, welches Thema denn nun tatsächlich das wichtigste ist. Natürlich gibt es auch bei *Stay Grounded* unterschiedliche Vorstellungen von Prioritäten. Gleichzeitig sind wir aber auch weniger divers, weniger ganzheitlich. Es geht vor allem erstmal um Flugverkehr. Für eine sozial-ökologische Transformation brauchen wir noch viel, viel mehr Veränderung auf unterschiedlichen Ebenen.

Bündnisse, so weit das Auge reicht

Um ein ähnliches Anliegen dreht sich das Bündnis *Zeroport*, das ich während meiner Zeit in Barcelona mitgründete. Es handelt sich um einen Zusammenschluss verschiedener Gruppen, von direkten Aktionsgruppen wie *ClimAcció* über Bürger*inneninitiativen von Anwohner*innen bis hin zu großen NGOs wie *Greenpeace Spanien*. Allen Beteiligten war der geplante Ausbau des Flughafens und Hafens in Barcelona ein Dorn im Auge. Gemeinsam war es einfacher, sich auf die verschiedenen Rollen innerhalb des Kampfes gegen die zerstörerischen Infrastrukturprojekte zu einigen und sie sinnvoll einzusetzen.

Ein Bündnis der besonderen Art gibt es mittlerweile in Deutschland: Unter dem Slogan *Wir fahren zusammen* streikten 2024 Klimaaktivist*innen von *Fridays for Future* und Bus- und Bahnfahrer*innen in mehreren deutschen Städten zusammen.[234] Das Bündnis ist ein tolles Beispiel dafür, wie eher breit aufgestellte Gruppen der Klimagerechtigkeitsbewegung mit Arbeiter*innen in verschiedenen, von der Klimakrise betroffenen und für die sozial-ökologische Transformation essenziell wichtigen Sektoren gemeinsame Sache machen – und so die horizontale Mobilisierung für sich nutzen können.

Es muss aber nicht gleich international oder national sein. Schon Bündnisarbeit in der Gemeinde oder Kleinstadt ist unglaublich wertvoll. *Hände weg vom Dietenbach-Wald*, ein Bündnis, das ich 2023 in einem Strategieprozess begleiten durfte und das Waldbesetzer*innen mit Anwohner*innen und Menschen aus Naturschutzorganisationen zusammenbringt, ist nur ein Beispiel von vielen, wie Zusammenarbeit zwischen verschiedenen Bewegungsakteur*innen auf lokaler Ebene aussehen kann.

Und was bringt's?

Durch die Bildung von Bündnissen können soziale Bewegungen eine gemeinsame Stimme entwickeln, die ihre Forderungen und Anliegen effektiver kommuniziert – und die lauter ist als die Stimme einer einzelnen Gruppe. Das erhöht den Druck auf politische Entscheidungsträger*innen und Institutionen und steigert die Chancen, politische Veränderungen herbeizuführen.

Bündnisarbeit ermöglicht es, Ressourcen wie finanzielle Mittel, Fachwissen, Infrastruktur und Netzwerke zu teilen und zu nutzen. Dadurch können soziale Bewegungen effizienter arbeiten und ihre Aktivitäten ausweiten. Zum Beispiel könnten Organisationen mit unterschiedlichen Schwerpunkten und Ressourcen wie Bildung, Rechtshilfe und Community-Organizing zusammenkommen, um eine umfassendere Unterstützungsbasis für einen bestimmten Kampf zu schaffen.

Bündnisarbeit fördert die Solidarität und Zusammenarbeit zwischen verschiedenen Gruppen und Gemeinschaften, die sich möglicherweise in unterschiedlichen Kontexten und mit verschiedenen Herausforderungen konfrontiert sehen. Indem sie gemeinsam für gemeinsame Ziele arbeiten, können sie Vertrauen aufbauen, voneinander lernen und sich gegenseitig unterstützen. Zum Beispiel können lokale Gemeinschaften, Umweltschutzorganisationen und indigene Gruppen zusammenarbeiten, um sich gegen die Ausbeutung natürlicher Ressourcen und Umweltzerstörung einzusetzen – wie es bei uns bei *Stay Grounded* zentral ist. „Wenn du gekommen bist, um mir zu helfen, dann verschwendest du deine Zeit. Aber wenn du gekommen bist, weil deine Befreiung mit meiner zusammenhängt, dann lass uns zusammenarbeiten“, plädierte in den 1970ern eine aktivistische Aborigines-Gruppe aus Queensland.[235]

Durch die Zusammenarbeit mit verschiedenen Gruppen und Organisationen können soziale Bewegungen ihren Aktionsradius erheblich erweitern. Dies kann dazu beitragen, neue Zielgruppen zu erreichen, die Unterstützung zu mobilisieren und die öffentliche Aufmerksamkeit auf bestimmte Anliegen zu lenken.

Bündnisarbeit kann darüber hinaus dazu beitragen, die Bewegungsdynamik zu stärken und ihre Widerstandsfähigkeit gegenüber Gegenreaktionen und Repression zu erhöhen. Durch die Vielfalt der beteiligten Akteur*innen und Perspektiven können soziale Bewegungen flexibler und anpassungsfähiger auf Veränderungen reagieren.

SYSTEM CHANGE, NOT CLIMATE CHANGE

Kampagnen haben kurz- und mittelfristige Ziele, die zunächst einmal „realistisch“ sind bzw. es sein sollten. Denn nur so können wir Erfolge erzielen und einen langen Atem kultivieren, den wir für die radikalen Veränderungen brauchen. Doch trotzdem sollten wir in unseren Kampagnen nicht zu kurz denken oder greifen, denn solche schnellen Lösungen gehen nicht an die Wurzel. Sie können uns die Illusion geben, dass sie das dahinterliegende Problem lösen werden – während sie tatsächlich oft eher die Symptome von systematischen Ausbeutungen bekämpfen. Kampagnen und alle Arten von Aktivismus, die wir betreiben, sollten immer (mit) an die Wurzel des Problems gehen. Sie sollten also „radikal“ im eigentlichen Sinne sein: Das lateinische Wort „radix“ bedeutet „Wurzel“ und „Ursprung“[236]. Es heißt somit eigentlich, dass etwas von Grund auf oder bis an die Wurzel geht – und nicht etwa „extrem“ ist, wie das Wort im Kontext von sozialen Bewegungen und Protest oft genutzt wird. Um die Wurzel zu packen, brauchen wir statt individualistischen, konsumistischen Ansätzen vor allem systematische, tiefergehende Änderungen.

Im schlimmsten Fall können unsere gut gemeinten, kurzfristigen Lösungen tatsächlich die Probleme noch verstärken. Zu viel Pragmatismus und zu viel Fokus auf unsere Taktiken können den ungerechten Status quo verstärken oder die Pest durch Cholera ersetzen. So analysiert Timo Luthmann, dass der Erfolg der Anti-Atomkraft-Bewegung in Deutschland zwar zum Aus der Kernkraft geführt hat – aber gleichzeitig auch zu einem Anstieg von Braun- und Steinkohleverbrauch. Die Bürgerrechtsbewegung in den USA liefert noch ein Beispiel:

So habe der „verkürzte Ansatz eines Teils der Bewegung, sich ausschließlich auf das Erstreiten der konstitutionellen Rechte wie das Wahlrecht für Schwarze zu konzentrieren, [...] jedoch fast nichts an ihrer ökonomischen Benachteiligung geändert".[237]

Der nigerianische Philosoph Bayo Akomolafe fasst es zusammen: „Aktivismus könnte Teil von Systemen sein, die sich verstärken. Und selbst wenn wir den Sieg erringen und am Ende des Weges die Trophäe in die Höhe recken und sagen: ‚Wir haben das für uns gewonnen', könnten wir an größeren Territorien beteiligt sein, die lächeln und sich erfreut die Hände reiben und sagen: ‚Genau das, was ich sehen wollte, gönne ihnen den Sieg, damit sie keinen anderen Ausweg kennen, damit sie keine andere Realität wahrnehmen können. Damit sie an keiner anderen Ahnenreihe teilhaben können'."[238]

Mit anderen Worten: Wir dürfen das große Ganze nicht aus den Augen verlieren – ein Risiko, das besteht, wenn wir uns nur auf Aktionen und Kampagnen fokussieren und nicht immer auch eine Systemkritik mitdenken.

Welches System wir umkrempeln müssen

Unsere Welt ist in viele Systeme eingeordnet. Dementsprechend kann auch Systemwandel so vieles gleichzeitig bedeuten: Es kann sich auf das globale Ernährungssystem beziehen, ein lokales Müllsystem oder unser gesamtes Wirtschaftssystem. Darum geht es vielen progressiven Gruppen in der Klimagerechtigkeitsbewegung sowie in anderen sozialen Bewegungen (und auch mir) aber nicht. Im Slogan „System Change, not Climate Change", der weltweit auf Demos der Klimagerechtigkeitsbewegung zu hören ist und den eine Wiener Aktionsgruppe direkt als ihren Gruppennamen für sich einnahm, bedeutet „Systemwandel" meist: Kapitalismus abschaffen statt Klimakrise. Die kanadische Bestsellerautorin Naomi Klein sah das schon vor 10 Jahren sehr ähnlich und hält bis heute an dieser Analyse fest: „Unsere moderne Wirtschaft ernährt sich von einem kohlenstoffreichen Massenkonsum“, schreibt sie in einem ihrer Bücher.[239] Unsere Wirtschaft basiere auf Profit und materiellem Wachstum, egal um welchen Preis, und sei von riesigen Konzernen und Finanzinteressen geleitet, die schonungslos Natur und Mensch ausbeuten. Diese Kerndynamik könne nicht verändert werden. Darum müsse der Kapitalismus überwunden werden, so Klein, hin zu einer Wirtschaft, die auf den Grundsätzen von ökologischer Nachhaltigkeit und sozialer Gerechtigkeit beruhe. Mit im Gepäck des kapitalistischen Systems sind die ganzen „-ismen“, die ich schon aufgeführt habe: Rassismus, Sexismus, Klassismus. Sie sind somit auch alle mitgemeint, wenn wir von einem Systemwandel weg vom Kapitalismus reden.

Systemkritik ist Übungssache

Wenn unser Ziel nicht weniger als ein Systemwandel ist, dann müssen wir auf das ganze System schauen, mit all seinen Bestandteilen und Beziehungen zwischen diesen Teilen. Systeme wandeln sich, sind komplex, und deswegen ist es gar nicht so einfach, Systemwandel aktiv zu *planen*. Wir müssen immer wieder neue Dinge ausprobieren, neue Wege beschreiten und dazwischen gemeinsam lernen, reflektieren und unsere Wege und Maßnahmen anpassen. Was uns wieder einmal die Wichtigkeit von (realen) Utopien vor Augen führt – mit denen wir positive Gegenentwürfe in unseren Köpfen und Herzen kreieren können. Oder wie es der amerikanische Kulturwissenschaftler Frederic Jameson formuliert: „Es ist einfacher, sich das Ende der Welt vorzustellen als das Ende des Kapitalismus.“[240] Stellen wir uns nicht das Ende der Welt vor – sondern eine Verbesserung.

Das System umkrempeln, an die Wurzel gehen, radikal sein – das mag erst einmal zu groß und abschreckend wirken, jedenfalls für unser eigenes Handeln in der Gruppe. Doch jede noch so kleine Aktion, sei es die Unterschriftensammlung, die Demonstration, die Sitzblockade, kann ein Schritt in die richtige Richtung sein, wenn wir ihn sehr bewusst gehen: Wir können unseren Forderungen nach einer direkten, „kleinen" Änderung wie einem neuen Gesetz größere, systemkritische Forderungen hinzufügen und diese so in breitere Erzählungen mit einspinnen. Auch in Hinblick auf unsere eigenen Bewegungen können wir systemkritisch denken und handeln: Wie ist unsere Gruppe/Initiative/Organisation aufgestellt? Leben wir nach innen, was wir nach außen fordern, oder reproduzieren wir kapitalistische Denk- und Handelslogiken? Teil dieser Reflexion ist die Frage, ob und wie wir in unseren Gruppen, unserer Bewegung, unserem eigenen Engagement diskriminierungssensibel aktiv sein können.

Reflexionsfragen:

- Was siehst du als fundamental für strategisches Organisieren in der Gruppe an?
- Gibt es ein Thema, das dir besonders stark am Herzen liegt oder das du dir als Kampagne vorstellen könntest? Bräuchte es dafür eher eine Aufklärungs- oder Druckkampagne?
- Welche Bündnisse gibt es schon oder sollte es für Themen geben, die dir wichtig erscheinen?

10. Emanzipatorisch, und zwar für alle: Diskriminierungs-sensibel aktiv sein

„Dann sollten wir das Training an dieser Stelle besser abbrechen." Ich nicke gefasst, als die Aktivistin von *Fridays for Future* das zu mir und meinem Co-Trainer sagt. Ich bin gerade bei einem Treffen der „Interregionalen" von *Fridays for Future* in Darmstadt und gebe ein Training, um die Aktivist*innen auf Aktionen vorzubereiten. Und in einem meiner Aktionstrainings ist es zu einem Eklat gekommen, für den ich mitverantwortlich bin.

Dank einer Einführung und Sensibilisierung einiger Menschen von *Fridays for Future* setzen wir Methoden ein, um Teilnehmer*innen zu entlasten, bei denen ein großes Menschendurcheinander viel Stress auslöst. Wir schärfen so unseren Blick für die Bedürfnisse von (zum Beispiel) neurodiversen Menschen. Fatalerweise haben wir dabei viele andere Bedürfnisse übergangen. Deswegen wurde uns gerade gespiegelt, dass sich BIPoC-Aktivist*innen in unserem Training überhaupt nicht gesehen gefühlt haben. Sie fühlten sich nicht sicher, vor allem bei den praktischen Übungen, die wir durchgeführt haben. Denn rassistische Polizeigewalt ist eine Realität und so wäre es für die BIPoC-Teilnehmer*innen sehr wichtig gewesen, dass wir uns in unserem Training praktisch, aber auch in Reflexionen mehr damit auseinandersetzen.

Weil der andere Trainer und ich auf die Schnelle nicht angemessen reagieren konnten, brachen die jungen Aktivist*innen das Training ab.

Im Zug zurück nach Hause bin ich wütend – auf mich selbst, dass es überhaupt zu dieser Situation gekommen ist. Dass mein Training dazu geführt hat, dass sich Menschen nicht bestärkt gefühlt haben – genau das Gegenteil von dem, was ich mit meiner Tätigkeit erreichen will.

Einige Tage später landet die Kritik noch einmal in ausführlicherer Form per Signal-Nachricht auf meinem Handy. Ich atme tief durch und lese sie dann aufmerksam.

Bei dem System Change Camp in Hamburg einige Wochen später nutze ich die Gelegenheit und schnappe mir die anderen Aktionstrainer*innen, die vor Ort sind. Wir gehen gemeinsam und vor allem mit der Unterstützung von Shanthuru Premkumar unser Aktionstraining mit kritischem Blick durch. Shanthuru ist BIPoC-Aktionstrainer*in und Beauftragte*r für Gerechtigkeit, Diversität und Inklusion bei *Greenpeace* in Brüssel. In der Gruppe erstellen wir gemeinsam ein spezielles Modul, um zusammen mit den Teilnehmer*innen über Diversität und Diskriminierung in Aktionen des zivilen Ungehorsams zu reflektieren.

Das ist hoffentlich ein Anfang. Es wird aber nie das Ende des Prozesses sein, nicht nur meine Aktionstrainings, sondern meine gesamte Bildungsarbeit, mein Denken und Handeln diskriminierungssensibler und inklusiver zu gestalten.

Problematische Strukturen in unseren Köpfen und Bewegungen

In unserem Streben nach einer nachhaltigen und gerechten Zukunft ist es unerlässlich, dass wir uns bewusst mit den verschiedenen Formen der Diskriminierung in unserer Gesellschaft auseinandersetzen. Denn sie existieren nicht nur „irgendwo" in unserer Gesellschaft, weit weg von uns selbst und unseren Gruppen. Sie sind überall – auch in der Klimagerechtigkeitsbewegung, in unseren Gruppen, in unseren Köpfen. Diskriminierungssensibles Aktivsein bedeutet, diese Ungerechtigkeiten anzuerkennen, zu verstehen und aktiv dagegen anzugehen, während wir gleichzeitig für eine gesunde Umwelt und eine gerechte Verteilung von Ressourcen kämpfen.

Keine Hierarchie der Unterdrückung

Sexismus, **Ableismus**, Rassismus, Klassismus: All diese Diskriminierungsformen reproduzieren wir oft unbewusst. Sie existieren alle gleichzeitig in unserer Gesellschaft – ohne dass die eine Form schlimmer ist als die andere. Audre Lorde, die sich selbst als eine „Schwarze, Lesbe, Feministin, Mutter, Dichterin, Kämpferin" bezeichnete, schrieb in einem ihrer Essays: „Durch meine Zugehörigkeit zu all diesen Gruppen habe ich festgestellt, dass Unterdrückung und Ablehnung von Unterschiedlichkeiten sich in allen möglichen Formen, Größen, Schattierungen und Sexualitäten zeigen. Ich habe außerdem gelernt, dass es unter jenen von uns, die Befreiung und eine brauchbare Zukunft für unsere Kinder vor Augen haben, keine Hierarchien der Unterdrückung geben kann."[241]

Dennoch sind manche Menschen, wie zum Beispiel ich mit meinen Erfahrungen als von Sexismus betroffene Person, trotzdem weniger Diskriminierung ausgesetzt als andere Menschen. Woran das liegt? Das lässt sich mit dem Begriff „Intersektionalität" gut erklären.

Intersektionalität

Intersektionalität meint die Überschneidung von verschiedenen Herrschaftsverhältnissen. Das englische

Wort „intersection" heißt übersetzt „Verkehrskreuzung", und so ist es auch in diesem Kontext zu verstehen: Verschiedene Dimensionen von Identität und Diskriminierung können sich kreuzen. Geprägt wurde der Begriff bereits 1989 von der US-amerikanischen Rechtswissenschaftlerin Kimberlé Crenshaw.[242] Sie beschäftigte sich aus einer juristischen Perspektive mit der Tatsache, dass Schwarze Frauen andere Erfahrungen machen als Schwarze Männer, aber auch als *weiße* Frauen. Für unseren Aktivismus bedeutet das, dass wir verschiedene Kategorien berücksichtigen müssen, wie beispielsweise Geschlecht, race, Klasse, sexuelle Orientierung und Behinderung. Indem wir diese Vielschichtigkeit anerkennen und mitdenken, können wir sicherstellen, dass unser Engagement inklusiv(er) ist und die Bedürfnisse aller berücksichtigt.

Barrierefreiheit und Zugänglichkeit

Manchen Menschen wird der Zugang zu sozialen Bewegungen, Gruppen und Engagement durch Barrieren versperrt. Das kann wortwörtlich eine physische Barriere sein, zum Beispiel Treffpunkte, die für Menschen im Rollstuhl nicht erreichbar sind. (Mehr dazu gleich.) Eine Barriere kann aber auch auf anderen Ebenen bestehen, etwa wenn Online-Ressourcen nicht für Screenreader geeignet sind. Menschen wie ich, die nicht von der Gesellschaft **be_hindert** werden, müssen deswegen sicherstellen, dass unsere Aktionen, Veranstaltungen, Materialien und Ressourcen für alle zugänglich sind – offline sowie online. Körperliche oder geistige Einschränkungen, finanzielle Ressourcen oder der geografische Standort sollten keine Rolle dabei spielen, ob Menschen sich aktiv für sich und ihre Belange einsetzen können oder nicht. Denn: „Es ist keine Frage der Behinderung, ob der Klimawandel uns bedroht oder nicht." Genauso wenig ist es eine Frage des Einkommens. Ganz konkret kann das heißen, Gebärdensprachdolmetscher*innen zu beauftragen, barrierefreie Veranstaltungsorte[vii] zu nutzen oder finanzielle Unterstützung für Teilnehmende bereitzustellen.

Die Umweltaktivistin, Journalistin und Autorin Cécile Lecomte setzt sich seit über 2 Jahrzehnten vor allem kletternd erst gegen Atomkraft, dann auch gegen fossile Energie und Mobilität ein. Dass sie wegen einer chronischen Erkrankung im Rollstuhl sitzt, hält sie nicht davon ab, fossilen Profiteur*innen das Leben schwer zu machen. Tatsächlich ist es eher andersherum: Die Gesellschaft – und manchmal auch die Klimagerechtigkeitsbewegung, von der sie Teil ist – macht *ihr* das Leben schwer.[243] Doch glücklicherweise tut sich in vielen politischen Bewegungen etwas, sagt sie. So ist zum Beispiel bei den Großaktionen von *Ende Gelände* vor einigen Jahren das erste Mal ein „bunter Finger"[244] zum Einsatz gekommen. „Finger" sind Untergruppen, die bei den Aktionen ausschwärmen und unterschiedliche Aktionsziele und -level haben. Für den „bunten" Finger bedeutet das zum Beispiel, Blockaden auch für Menschen mit körperlichen Einschränkungen zugänglich zu machen. Zu dem Zweck werden etwa Ziele ausgewählt, für die nicht gerannt werden muss, vor allem asphaltierte Straßen genutzt und so weiter.[viii]

Empowerment marginalisierter Stimmen

Ein weiterer zentraler Aspekt des diskriminierungssensiblen Aktivseins besteht darin, marginalisierte Stimmen zu stärken und zu unterstützen. Oft werden diese Stimmen in der Debatte um Klimagerechtigkeit überhört, un-

vii Tipps für Barrierefreiheit bei Demos findest du beispielsweise unter www.einfachstars.info/blog/24176-tipps-zu-barrierefreiheit-bei-demos.

viii Noch mehr über Erfahrungen und Perspektiven von Aktivist*innen im Rollstuhl kannst du in „Glitzer im Kohlestaub" (s. Leseempfehlungen ab S. 275) nachlesen.

terrepräsentiert oder sogar aktiv ausgeblendet. So erging es auch der Wirtschaftswissenschaftlerin und Degrowthsowie Klimagerechtigkeitsaktivistin Tonny Nowshin, die 2020 an Protesten gegen das neue deutsche Kohlekraftwerk „Datteln 4" teilnahm. Bei der Aktion ließ sich die Woman of Color für die Presse gemeinsam mit Luisa Neubauer und anderen *weißen* Aktivist*innen ablichten. Das Foto, das Greenpeace später von der Aktion auf Twitter veröffentlichte, war abgeschnitten – und Tonny Nowshin nicht darauf.[245] Dieses Unsichtbarmachen der Beteiligung von BIPoC-Menschen geschah nur wenige Monate nach einem sehr ähnlichen Fall, ebenfalls in der Klimagerechtigkeitsbewegung: Die ugandische Klimaaktivistin Vanessa Nakete war aus einem Foto der Nachrichtenagentur „Associated Press" herausgeschnitten worden. Es zeigte sie bei Protesten beim Weltwirtschaftsforum in Davos neben *weißen* Klimaaktivistinnen wie Luisa Neubauer und Greta Thunberg.[246] Vanessa Nakete streikte monatelang allein vor Ugandas Parlament[247] – ohne dafür die gleiche Berühmtheit zu erlangen wie Greta Thunberg. Das macht klar: Es handelt sich nicht um einen Einzelfall, und erst recht nicht um einen Zufall.

Es ist wichtig, aktiv zuzuhören und Plattformen für marginalisierte Stimmen zu schaffen, damit sie ihre eigenen Erfahrungen und Perspektiven teilen können. Dies kann durch die Bereitstellung von finanziellen oder räumlichen Ressourcen und die Zusammenarbeit mit marginalisierten Gemeinschaften aktiv unterstützt und damit Empowerment ermöglicht werden. Der Begriff bedeutet so viel wie „Selbstermächtigung" (siehe dazu S. 74 in Kapitel 5). Allerdings liegt bei Empowerment der Fokus ganz klar auf marginalisierten Menschen. Das lässt sich schon an der Herkunft des Wortes erkennen: Es wird auf die Bürgerrechtsbewegung in den 1950ern in den USA zurückgeführt.[248] Empowerment „drückt die Erfahrung aus, dass durch gemeinsames politisches Handeln Kräfte freigesetzt werden, welche die ehemals ohnmächtigen und marginalisierten Personen und Gruppen handlungsfähig und ‚mächtig' werden lassen."[249]

Kritische Selbstreflexion und Verantwortlichkeit

Manche Menschen sind handlungsfähig, ohne sich dafür extra empowern zu müssen. Das liegt wieder einmal, du ahnst es schon, an Privilegien. Für eine Person entstehen Vorteile, die nur deshalb möglich sind, weil eine andere Personengruppe diskriminiert wird. Sehr oft sind Privilegien unsichtbar und wir merken nicht, dass wir sie haben – wenn wir uns nicht ganz bewusst damit auseinandersetzen.

Das habe ich beim Schreiben dieses Buchs und besonders dieses Kapitels versucht: mir meiner eigenen Privilegien bewusst zu sein. Ich bin eine nicht-be_hinderte, *weiße* cis-Frau und viele Formen der Diskriminierung betreffen mich persönlich nicht. Deswegen ist meine Sicht an manchen Stellen eine Außenperspektive, was ich mit Lektüretipps und Zitaten von betroffenen Menschen auszugleichen versuche. Denn es ist wichtig, dass wir uns aktiv zum Thema Unterdrückung weiterbilden. Wir sollten nicht den Anspruch stellen, dass Betroffene diese Bildungsarbeit für uns machen – und vor allem nicht kostenlos. Stattdessen liegt es an uns als nicht betroffene Menschen, uns mithilfe von Büchern, Podcasts oder Seminaren zu informieren und neue Perspektiven zu lernen.

Um wirkungsvoll diskriminierungssensibel aktiv zu sein, müssen wir uns also kontinuierlich selbst reflektieren (Buchtipps dazu siehe S. 275). Das bedeutet, unsere eigenen Vorurteile, Privilegien und Handlungen zu hinterfragen und bereit zu sein, uns zu verbessern. Wir müssen uns gegenseitig zur Rechenschaft ziehen und uns korrigieren, wenn wir Fehler machen oder jemanden verletzen. Nur durch diese kontinuierliche Arbeit können wir wirklich inklusive, gerechte Bewegungen aufbauen.

Verbündete sein und werden

Wie können wir sonst noch Menschen unterstützen, die von Diskriminierung betroffen sind? Indem wir Verbündete werden! Wie das in 11 Schritten gelingen kann, zeigen Clémence Bosselut, *Freddie Diallo* und Florian Münderlein in ihrer Handreichung „Du, Ich, Wir und diese Strukturen“[250]:

1. Zuhören und schweigen lernen – wenn Betroffene von ihren Diskriminierungserfahrungen erzählen.
2. Lesen und Informationen erhalten – und nicht erwarten, dass Betroffene diese Arbeit leisten.
3. Kritik akzeptieren – sich nicht rechtfertigen, sondern entschuldigen und Verantwortung übernehmen.
4. „Das Mikrofon weitergeben“ – und betroffene Menschen statt sich selbst in den Mittelpunkt stellen.
5. Fokus auf den Dialog mit Menschen, die die gleiche Identität haben – und als Verbündete Bildungsarbeit leisten, damit es die Betroffenen nicht tun müssen.
6. Nicht den Kopf in den Sand stecken – betroffene Menschen können sich das erst gar nicht leisten.
7. Das Verbündeten-Dasein nicht als Identität, sondern als Prozess verstehen – es gibt immer etwas Neues zu lernen.
8. Die Betroffenen die Hauptakteur*innen sein lassen – und nicht die persönliche Beziehung zu anderen Betroffenen dafür nutzen, diskriminierende Diskurse zu legitimieren.

9. Keine „Olympiade der Unterdrückung" spielen – auch wenn man selbst von (anderen Formen von) Diskriminierung betroffen ist, geht es nicht immer um einen selbst.
10. Energie und mentale Stärke nicht monopolisieren – lass dir stattdessen deine Tränen über Unterdrückung von anderen privilegierten Menschen trocknen.
11. Weitermachen! Auch wenn es anstrengend ist.

Verbündete*r zu sein ist ein langer, andauernder Prozess, der ermüdend sein kann. Aber gemeinsam verändern wir die Welt – wenn wir es schaffen, dranzubleiben.

Gemeinsam, ganz verschieden – und stark

Audre Lorde erinnert uns daran, warum das Verschiedensein in unserer Gesellschaft und unseren Bewegungen so essenziell ist: „In unseren Unterschieden sind wir am kraftvollsten und am verletzlichsten. Sich diese Unterschiedlichkeiten wieder anzueignen und zu lernen, sie als Brücken statt als Barrieren zwischen uns zu nutzen, gehört zu den schwierigsten Aufgaben in unserem Leben überhaupt."[251] Der Rechtsruck in unserer Gesellschaft macht das besonders dringlich. Denn „es gehört zum Standardrepertoire des rechten Zynismus, Angehörige diskriminierter Gruppen gegeneinander auszuspielen. Solange wir aufgrund bestimmter Identitätsanteile gespalten sind, werden wir es nicht schaffen, uns zu einem wirksamen politischen Handeln zusammenschließen."[252]

Indem wir die Verbindungen zwischen Umweltproblemen und sozialer Ungerechtigkeit anerkennen, intersektionale Perspektiven einbeziehen, Barrierefreiheit gewährleisten, marginalisierte Stimmen stärken und uns selbst kritisch reflektieren, können wir eine Bewegung aufbauen, die wirklich mit und für alle kämpft – und die

Vision von Klimagerechtigkeit nicht nur als leere Worthülse zum Ziel hat. Es liegt an uns allen – und vor allem an den privilegierten Menschen unter uns –, diese Prinzipien in unserem Aktivismus zu integrieren und eine Welt zu schaffen, in der jeder Mensch das Recht hat, in einer gesunden Umwelt zu leben und sich dafür in sozialen Bewegungen einzusetzen.

Reflexionsfragen

- Was für Privilegien hast du? Wie könnte sich das in deinem Engagement bemerkbar machen?
- Welche Barrieren und Vorurteile begegnen dir? Was wünschst du dir diesbezüglich von anderen Aktiven in der Bewegung?

11. Und jetzt? Selbst aktiv werden

Es ist Herbst 2018. Ich bin gerade von Schweden nach Barcelona gezogen. Die Stadt, die mich schon seit Jahren reizt und in der ich hoffe, der Degrowth-Gemeinschaft rund um das Umweltwissenschaftliche Institut ICTA nah zu sein. Mein Kopf ist voll mit Wissen, Fragen und Zweifeln von meinem Nachhaltigkeitsstudium. Aber auch Ideen und Utopien tummeln sich dazwischen. Die Idee vom guten Leben für alle durch Degrowth fasziniert mich, treibt mich an. In anderen Köpfen scheint es ebenfalls ordentlich zu brodeln. Greta Thunberg und *Fridays for Future* rufen zum ersten Klimastreik auf und fangen an, zunehmend mehr um das Klima besorgte Menschen mitzureißen: solche, die schon länger aktiv sind, genauso wie Neuzugänge.

In Barcelona erfahre ich von den Vorbereitungen für eine lokale Klimademonstration, die für den 10. November geplant ist. Ich gehe zu einem Vorbereitungstreffen in einer lokalen, ehemals besetzten Fabrikhalle. Um mich herum ungefähr 20 andere Menschen, teils schon wochenlang mit Planungen beschäftigt, teils wie ich ganz frisch dabei. In den folgenden Wochen planen und organisieren wir gemeinsam die Demonstration. Wir melden sie bei der Stadt an, vernetzen uns mit anderen Gruppen, schreiben einen viele Seiten langen Katalog mit Forderungen an die Stadtregierung, malen Banner, organisieren die Logistik.

Dann endlich: der 10. November. 1500 Menschen gehen an diesem Tag gemeinsam mit uns für Klimagerechtigkeit auf die Straße (2019 waren es schon 20 000 Menschen!). Es fühlt sich energetisierend an, die Protestierenden zu sehen, denen das gleiche Thema am Herzen liegt wie mir – auch wenn ich gehofft hatte, dass es mehr sein würden. Überall werden Banner und Schilder hochgehalten, es gibt Protestrufe und Gesänge. Voller Energie mache ich mich auf den Nachhauseweg.

Eine Woche später, beim Nachbereitungstreffen unseres Organisationsteams, sitzen wir jedoch mit gemischten Gefühlen da: Einerseits ist da eine Energie und Hoffnung, weil weltweit Hunderttausende auf die Straße gegangen sind. Andererseits aber können viele von uns ein Gefühl von Enttäuschung und Frust nicht verleugnen. Darüber, dass unsere Forderungen von der Stadt größtenteils ignoriert werden. Darüber, dass keine Konsequenzen folgen. Zusammen mit ungefähr 10 anderen Menschen aus der Gruppe beschließen wir, weiterzumachen. Was als loser, zeitlich bedingter Zusammenschluss anfing, endet einige Wochen später in der Gründung von *ClimAcció* – einer Aktionsgruppe für Klimagerechtigkeit. Darauf folgen einige Jahre gemeinsamer Aktivismus, bei dem wir versuchen, nicht nur mit kleinen und großen Demonstrationen und kreativem Protest, sondern auch mit zivilem Ungehorsam in Form von Sitzblockaden etc. unseren Forderungen Gehör zu verleihen und einen Teil zu Klimagerechtigkeit beizutragen.

SO VIELE THEMEN UND GRUPPEN!

Bei *ClimAcció* fokussierten wir uns vor allem auf Proteste gegen den Ausbau des Hafens und Flughafens. 1 oder 2 Schwerpunktthemen zu haben ist strategisch sinnvoll, wie schon beim Thema Kampagnenlogik in Kapitel 9 (S. 174) erwähnt. Mit anderen Worten: Es gilt, Prioritäten zu setzen. Das ist mitunter gar nicht so einfach, denn (nicht nur) im Bereich Klimagerechtigkeit ist die Vielfältigkeit an Themen enorm. Ich stelle in diesem Unterkapitel einige solcher Themen und Gruppen aus unterschiedlichen Bereichen vor. Dabei beziehe ich mich vor allem auf Deutschland, weil mir diese Gruppen bekannt sind. In diesem Sinne: Fangen wir direkt mit einem sehr, sehr großen Thema an.

Mobilität

Weltweit ist der Verkehrssektor für 20 % der globalen CO_2-Emissionen verantwortlich.[253] Das Internationale Transport Forum (ITF) schätzt, dass die Anzahl der Pkw weltweit bis 2040 auf ungefähr 2,5 Milliarden ansteigen wird.[254] Noch mehr Umweltbelastungen in der Zukunft also. Nicht zuletzt wegen der Produktion: Für die Herstellung eines einzigen Autos braucht es rund 70 Tonnen Ressourcen und Materialien[255], darunter endliche Rohstoffe wie Kupfer und andere Metalle. Deren Gewinnung geht oft mit katastrophalen Arbeitsbedingungen einher. Die Herstellung von E-Autos erfordert sogar noch mehr dieser endlichen Materialien. Allen voran Lithium, für die Batterien. Genau wie Kobalt, Graphit und Nickel wird es unter verheerenden ökologischen und sozialen Bedingungen im Globalen Süden gewonnen.[256] Auch der getankte Strom kommt nicht automatisch aus erneuerbaren

Quellen. Und von der Industrie hochgepriesene Effizienzsteigerungen bei der Batterieleistung werden durch den Rebound-Effekt (siehe S. 50) bzw. verstärkte Nutzung wahrscheinlich wieder zunichte gemacht. Eine reine Antriebswende bringt uns also nicht ans gewünschte Ziel.

All das, obwohl Autos in Deutschland durchschnittlich 23 Stunden pro Tag unbenutzt auf der Straße herumstehen.[257] Sie nehmen dabei unglaublich viel Raum ein. Raum, der andernfalls für spielende Kinder, gemeinschaftliche Grünflächen, breitere und barriereärmere Gehwege oder Fahrräder genutzt werden könnte. In städtischen Gebieten kommen dazu noch die direkten gesundheitlichen Risiken. Luftverschmutzung und Lärmbelastung führen zu Atemwegs- und Stresserkrankungen bei Menschen, die in stark befahrenen Regionen wohnen.[258] Quasi Asthma aus dem Auspuff.

Beim Stichwort Mobilität müssen wir natürlich außerdem über den Flugverkehr sprechen. 2018 waren die Flugverkehrsemissionen für fast 6% der Erderhitzung verantwortlich.[259] Bei uns in Europa, wo viele Vielflieger*innen durch die Gegend jetten, ist der Anteil noch größer. Ein Langstreckenflug erzeugt übrigens mehr CO_2-Emissionen, als viele Menschen auf der ganzen Welt in einem ganzen Jahr verursachen.[260] Scheinlösungen wie fossile Ersatzbrennstoffe zu Kerosin, sogenannte „Sustainable Aviation Fuels“ (also „nachhaltige Flugkraftstoffe“), lösen dabei die Problematiken nicht oder nur unzulänglich.[261]

Zahlreiche Gruppen setzen sich deswegen gegen fossilen Individualverkehr auf der Straße und in der Luft, aber auch gegen die Scheinlösung E-Auto ein und fordern stattdessen echte Alternativen: eine Förderung von Radverkehr, den Ausbau und die finanzielle Zugänglichkeit von öffentlichen Verkehrsmitteln – besonders auf dem Land.

Kämpfe gegen umweltzerstörerische und sozial problematische Formen der Mobilität kreisen dabei manchmal um das Verkehrsmittel selbst, so zum Beispiel bei Neubauprojekten wie dem Tesla-Werk in Grünheide bei Berlin. *Tesla den Hahn abdrehen* verbindet dabei den Protest gegen die Scheinlösung E-Auto mit Kämpfen rund um Wasserrechte. Auch Infrastrukturprojekte wie der Ausbau von Autobahnen wie beim Dannenröder Forst (Nordrhein-Westfalen), dem Lobautunnel (Wien) oder Flughäfen wie die Dritte Piste (ebenfalls Wien) bieten genügend Anlass, aktiv zu werden. Doch auch bestehende, „business as usual"-Mobilität wie der laufende Flugverkehr und Autobetrieb wird zu Recht von zahlreichen Gruppen hinterfragt, angeprangert und durch Aktionen sichtbar gemacht.

Eine dieser Gruppen ist *Stay Grounded*, ein internationales Netzwerk mit über 250 Mitgliedsorganisationen, bei dem ich seit 2023 als Campaignerin arbeite. Das Netzwerk setzt sich für die Reduktion des Flugverkehrs und eine gerechte, nachhaltige Mobilitätswende ein. Die Mitglieder reichen von etablierten NGOs über kleine, lokale Bürger*inneninitiativen bis zu aktivistischen Aktionsgruppen. Nationale und internationale Kampagnen, beispielsweise für ein Verbot von Privatjets, nutzen Mittel der Öffentlichkeitsarbeit wie Videos, aber auch Petitionen sowie Aktionen des zivilen Ungehorsams zum Druckaufbau.

Gegen fossile Mobilität am Boden und insbesondere deren größtes internationales Greenwashing-Event, der Internationalen Automobilausstellung (IAA), gibt es mehrere aktive Gruppen: *Sand im Getriebe* und *No Future for IAA* nutzen beide zivilen Ungehorsam, insbesondere Blockaden am Messegelände, auf Zufahrtsstrecken zur Veranstaltung und bei Herstellerständen in der Innenstadt, um ihren Forderungen während der Automesse Gehör zu verleihen.

Wald statt Asphalt geht es wiederum vor allem um die Infrastruktur, die individuelle Hypermobilität überhaupt erst möglich macht: Straßen und Parkplätze. Dafür müssen oft Bäume und ganze Wälder ihr Leben lassen. Waldbesetzungen sind ein beliebtes und effektives Mittel, um auf die Rodungen aufmerksam zu machen, sie zu verzögern oder sogar zu stoppen. Große Aufmerksamkeit erreichte der Kampf rund um den Dannenröder Forst in Hessen. Der etwa 250 Jahre alte Mischwald musste dem Ausbau der A49 weichen. Mehrere Monate lang lebten Aktivist*innen im Wald, bauten Holzhäuser in den Bäumen, um sie vor der Rodung zu schützen – erfolglos. 2020 fand der Protest seinen Höhepunkt und zog scharenweise Umweltschützer*innen aus ganz Deutschland für Demonstrationen und Aktionen des zivilen Ungehorsams an.

Etwas östlicher in Deutschland regt sich ebenfalls der Widerstand in den Bäumen: Dort besetzen Engagierte unter dem Label *Tesla Stoppen* einen Wald und nennen es „Wasserbesetzung". Sie tun sich mit anderen Akteur*innen der Klimagerechtigkeitsbewegung zusammen und rufen zu Aktionen unter dem Label *Disrupt* auf. Auf der Website von *Disrupt* wird mit Blick auf den Protest gegen die Teslafabrik in Grünheide darauf verwiesen, dass Anwohner*innen in Brandenburg schon jetzt Wasser rationieren müssen, während Tesla große Mengen verbraucht.[262] Auch die Aktionsgemeinschaft *Robin Wood* setzt sich mit direkten Aktionen unter anderem gegen Tesla ein.

Ein weiteres Beispiel im Bereich Mobilität ist *VW für alle* in Wolfsburg. Die Initiative setzt sich aus Beschäftigten des Automobilkonzerns und Menschen aus der Klimagerechtigkeitsbewegung zusammen und ist Teil einer größeren Plattform, der *Verkehrswendestadt*. Gemeinsam machen sich die Beteiligten für eine sozial-ökologische Transformation stark, bei der Arbeiter*innen mitentscheiden können, was wie und wo produziert wird. Zum „Was" schlägt die Initiative beispielsweise vor, die Produktionskapazitäten für den öffentlichen Nah- und Fernverkehr zu nutzen statt für motorisierten Individualverkehr.

Natürlich gibt es nicht nur aktionistische Graswurzelgruppen, die sich für eine sozial gerechte und ökologisch nachhaltige Mobilität einsetzen – also solche, die von der Basis der Bevölkerung, von „unten" entstanden sind. Zahlreiche Bürger*inneninitiativen und große Umweltverbände haben sich das Thema ebenfalls auf ihre Fahnen geschrieben. Oft entstehen so über kurz oder lang Bündnisse, die vor allem zu Großdemonstrationen gemeinschaftlich mobilisieren.

Das waren nur einige von vielen beispielhaften Gruppen, die sich dem Bereich Mobilität verschrieben haben. Aber unabhängig vom gewählten Schwerpunkt und egal ob Bus, Diesel oder E-Auto: Wer sich mit Mobilität befasst, muss auch über Energie reden.

Energie

Wir haben ein Energieproblem. Ein gewaltiges, wie diverse Statistiken verdeutlichen: Über 30 % der weltweiten CO_2-Emissionen stammen aus der Verbrennung von Kohle.[263] Allein in China werden jährlich über 10 Milliarden Tonnen Kohlendioxid durch Kraftstoffverbrennung freigesetzt.[264] Deutschland rühmt sich ebenfalls nicht gerade als Vorreiterin: Das rheinische Braunkohlerevier ist eine der größten CO_2-Quellen Europas.[265] Ein weiteres Problem ist die Luftverschmutzung. Kohlekraftwerke setzen nicht nur CO_2 frei, sondern auch eine Vielzahl von Schadstoffen wie Schwefeldioxid, Stickoxide und Feinstaub. Diese Verschmutzung beeinträchtigt die Luftqualität und führt zu ernsthaften Gesundheitsproblemen, insbesondere in den Regionen, in denen Kohlekraftwerke konzentriert sind.[266]

Dazu kommen noch die sozialen Auswirkungen der Kohleindustrie: Der Abbau von Kohle geht oft mit der Zerstörung von Ökosystemen, der Vertreibung von Ortsansässigen und der Verschmutzung von Wasserquellen einher. Darüber hinaus ist die Kohleförderung häufig mit unsicheren Arbeitsbedingungen und einer hohen Unfallrate verbunden.[267]

Gas wird oft als „sauberere“ Alternative zu Kohle bezeichnet, was aber leider nicht die komplette Wahrheit ist. Denn Methan, das bei der Förderung und Verbrennung von Erdgas freigesetzt wird, ist ein besonders starkes Treibhausgas – etwa 25-mal so klimaschädlich wie CO_2.[268] Laut einer Studie der Internationalen Energieagentur (IEA) entstammen fast 80 Millionen Tonnen CO_2-Äquivalente jährlich der Methanemission aus der Öl- und Gasindustrie.[269] Darüber hinaus ist die Förderung von Erdgas mit Umweltproblemen wie Fracking verbunden. Diese Technik zur Förderung von Erdgas aus tiefen Gesteinsschichten kann zu Wasserverschmutzung, Erdbeben und Landschaftszerstörung führen.[270] Trotz all dem wird Erdgas weiterhin als „Übergangsenergie“ betrachtet und gilt im Vergleich zu Kohle als weniger schädlich. Die deutsche Bundesregierung baut also neue Gaskraftwerke und versteht das als Beitrag zur sozial-ökologischen Transformation und den Weg, um Deutschland „auf den 1,5-Grad-Pfad des Pariser Klimaabkommens zu bringen“.[271]

Und Energie aus Kernkraftwerken? Die ist seit Mitte 2023 dank dem unermüdlichen Einsatz der Anti-Atom-

Bewegung in Deutschland zum Glück Geschichte. Was nicht heißt, dass hierzulande oder in anderen europäischen Ländern Energie aus Kernspaltung nicht weiterhin gerne als kohlenstoffarme Alternative angepriesen wird. Zwar emittieren Atomkraftwerke im Betrieb keine CO_2-Emissionen, aber die nukleare Brennstoffproduktion und die Entsorgung von radioaktivem Abfall ist eine langfristige Herausforderung, da dieser für tausende von Jahren sicher gelagert werden muss. Darüber hinaus besteht das Risiko von nuklearen Unfällen: Tschernobyl und Fukushima sind traurige Beispiele für die verheerenden Folgen von Unfällen in Kernkraftwerken, die noch über Generationen hinweg spürbar sein werden.

Was wir brauchen, ist eine andere Art der Energie. Naja, die gibt es doch, könnte man jetzt argumentieren: Erneuerbare Energien wie Solar- und Windkraft sind längst zu kostengünstigen und zuverlässigen Alternativen geworden. Leider haben aber auch diese Energien ihre Grenzen bzw. Problematiken, denn ähnlich wie bei E-Autos braucht es zunächst einmal nicht erneuerbare Rohstoffe, um die Technologien einsetzen zu können. Wie schon gesagt: Ein „weiter so" mit immer mehr energieaufwändigen Dienstleistungen, Produkten, Lebensstilen und Wirtschaftsweisen ist nicht möglich. Stattdessen müssen wir unsere Wirtschaftsweise ändern, hin zu Degrowth (wie ab S. 30 bereits angesprochen).

Energie bzw. fossile Energieträger und andere, nicht nachhaltige Energieträger, sind klassische Themen der Klimagerechtigkeits- bzw. Klimabewegung. Zahlreiche Gruppen und Initiativen setzen sich für erneuerbare Energien und eine andere, energieärmere Wirtschaftsweise ein.

Ende Gelände zum Beispiel brachte das Thema Kohleausstieg ab 2015 mit spektakulären Aktionen in Deutschland auf den Tisch und in die Medien.[272] Außerdem machte das Bündnis mit groß angelegten Massenaktionen zivilen Ungehorsam salonfähig. Jedes Jahr kamen mehrere tausend Aktivist*innen zusammen und stiegen in eine Kohlegrube, kletterten auf Transportbänder und Gleisschienen von Kohlegüterzügen in den Abbaugebieten. Aus ganz Deutschland, bald auch aus ganz Europa reisten dafür Umweltschützer*innen unter anderem ins rheinische Braunkohlerevier. Mit ihren weißen Maleranzügen entstanden eindrucksvolle Bilder von tausenden weißen Marsmenschen in einer verwüsteten, trockenen Landschaft, einem Krater: der größten Braunkohlegrube Europas.

Die punktuellen Aktionen mit tausenden Menschen erzeugten ein großes Medienecho, aber tatsächlich stützt sich das Bündnis in vielen Teilen auf die Arbeit, die Initiativen vor Ort täglich machen. Denn viele der aktiven Menschen leben dort, sind Bürger*innen der Region und stehen teilweise vor dem Szenario, ihr Zuhause aufgeben zu müssen. So waren in den 3 deutschen Braunkohleregionen Rheinland, Leipziger Land und Lausitz zeitweise 16 Dörfer von Zwangsumsiedlung und Zerstörung durch die riesigen, futuristisch anmutenden Kohlebagger bedroht.[273] Viele dieser Orte wurden mittlerweile zerstört. Auch das Dorf Lützerath fiel der Gier nach Kohle zum Opfer. Trotz jahrelangem Kampf von zugezogenen Besetzer*innen und vor Ort verbliebenen Bürger*innen, die sich gegen die Zwangsumsiedlungen wehrten. Das Bündnis *Alle Dörfer bleiben* bringt diese Gruppe in einem deutschlandweiten Bündnis mit Klimagerechtigkeitsbewegten und solidarischen Bürger*innen zusammen.[274]

Nach dem (viel zu späten) Beschluss des Kohleausstiegs im Jahr 2038 verschob sich der Diskurs in den letzten Jahren: weg von Kohle, hin zu Gas als pseudosauberer Scheinlösung. Um dem etwas entgegenzusetzen und auf die verheerenden Folgen von exzessiver Gasgewinnung und -nutzung hinzuweisen, verschob auch Ende Gelände 2022 seinen Fokus auf Gas. 2022 blockierten die Aktivist*innen in ihren weißen Maleranzügen das Flüssiggasterminal in Brunsbüttel und am Hamburger Hafen. Welt- und europaweit sind viele Gruppen aber schon länger in diesem Themenbereich aktiv: Beispielsweise unterstützen die *Gastivists*, eine kleine Gruppe an Organizern, weltweit lokale Gruppen in ihrem Kampf gegen neue Gasinfrastruktur und bestehende Projekte.

Eine andere, scheinbare „grüne" Alternative zu Kohle etc. ist Bioenergie. Leider gibt es auch daran einiges auszusetzen. Das fängt damit an, dass Bioenergie einiges bedeuten kann: zum Beispiel die Erzeugung aus Pflanzen, die extra dafür angebaut wurden – wie Mais, Raps oder Sonnenblumen –, aber auch aus Abfällen von Land- und Forstwirtschaft oder unserem Haushaltsmüll. Die Biomasse an sich kann beispielsweise als Dieselersatz für Autos genutzt werden, als Energiequelle für Heizungen oder für die Stromerzeugung. Allerdings konkurriert sie mit anderen Optionen: „Energiepflanzen", die auf fruchtbaren Ackerböden angebaut werden und dann als gelbe Rapsmeere unsere Landschaften fluten, stehen in direkter Konkurrenz mit unserer Nahrungsmittelproduktion.[275] Die Frage „Teller oder Tank?" knüpft hier an die Debatte rund um Landwirtschaft an.

Landwirtschaft

Die landwirtschaftliche Produktion ist eine der Hauptursachen für Umweltprobleme wie Entwaldung, Wasserverschmutzung und Artenverlust. Landwirtschaft ist für etwa 12 % der globalen Treibhausgasemissionen verantwortlich, wobei Tierzucht einen erheblichen Anteil daran hat.[276] Der Anbau von Futtermitteln und die Waldrodung für Weideland tragen zur Zerstörung von Ökosystemen und zur Verringerung der biologischen Vielfalt bei. Die Bilder von riesigen Löchern im Amazonas-Regenwald in Südamerika und von den verstörten, vertriebenen Orang-Utans für Palmölplantagen sind jedes Mal aufs Neue erschütternd.

Der Wasserverbrauch in der Landwirtschaft ist ebenfalls alarmierend. Schätzungen zufolge entfallen etwa 70% der weltweiten Süßwasserentnahme auf die Landwirtschaft, wobei der größte Teil davon für Bewässerungszwecke verwendet wird.[277] Diese intensive Nutzung von Ressourcen führt zu Wasserknappheit und kann ökologische Systeme in Flüssen, Seen und Küstenregionen beeinträchtigen.

Darüber hinaus haben Agrarchemikalien wie Pestizide und Düngemittel negative Auswirkungen auf die Umwelt. Der übermäßige Einsatz dieser Chemikalien kann zu Bodenerosion, Gewässerverschmutzung und dem Verlust der Bodenfruchtbarkeit führen. Der ökologische Fußabdruck der industriellen Lebensmittelproduktion ist daher beträchtlich und erfordert dringende Maßnahmen zur Reduzierung ihrer Umweltbelastungen. Nicht nur Umwelt- und Klimafragen spielen in der Landwirtschaft eine Rolle. Auch ethische Fragen kommen auf. Welche Rolle spielt die Tierindustrie? Wer leidet, wer wird getötet? Tierrechte und Tierschutz können also ebenfalls Anlass zum Protest sein.

Damit kein Missverständnis aufkommt: Natürlich brauchen wir Landwirtschaft. Sie ist ein fundamentaler Bestandteil unseres gesellschaftlich organisierten Lebens. Die Frage ist eher, was für eine Art der Landwirtschaft wir brauchen, wie viel Fläche genutzt wird und wofür.

Ein Beispiel für Bündnisarbeit, mit der diese und weitere Fragen beantwortet werden sollen, ist *Wir haben es satt*. Beteiligt sind über 100 Organisationen, die sich für „eine gentechnikfreie, bäuerliche und ökologischere Landwirtschaft und gutes Essen einsetzen“[278]. Der Zusammenschluss aus Bäuer*innen, Umweltschutzbewegten, Aktiven aus der Entwicklungszusammenarbeit und Lebensmittelhandwerker*innen ist vor allem bekannt für seine jährlichen Großdemonstrationen in Berlin, die immer im Januar als Reaktion auf die weltgrößte Agrarmesse „Grüne Woche“ in der deutschen Hauptstadt stattfinden.

Einen Fokus auf Tierwohl und damit verknüpfte Umwelt- und Klimafragen haben die Aktiven der NGO *PETA*, vom Aktionsbündnis *Gemeinsam gegen die Tierindustrie* und *Animal Rebellion*. *Gemeinsam gegen die Tierindustrie* nimmt die Dinge selbst in die Hand – und setzt auf direkte Aktionen, die zum Beispiel den Milliardenkonzern Tönnies und seine Schlachthöfe ins Visier nehmen.[279] *Animal Rebellion* nutzt kreative Protestaktionen im Kampf gegen die ausbeuterische Tierindustrie.[280]

Im Rahmen von industrieller Landwirtschaft gibt es auch immer wieder Bauprojekte – wie beispielsweise neue Mastanlagen.

Bauprojekte

Bauprojekte schießen wie Pilze aus dem Boden. Größer, höher, weiter, breiter – es scheint nur wenige Grenzen zu geben.

Scheinbare Notwendigkeit gibt es zuhauf: Der boomende Tourismus mit den Deutschen als Reiseweltmeister*innen und unsere glänzende Globalisierung sorgen für Projekte zur Erweiterung von Häfen und Küsteninfrastruktur. Hierzulande werden zwar keine Korallenriffe oder Mangrovenwälder dafür zerstört. Doch die Küsten verlieren trotzdem an Schutzmechanismen, die Wasserqualität leidet und die Fische und andere Meereslebewesen sowieso.

Auch der Städtebau boomt – und kann gleichzeitig nicht mit dem Wohnungsbedarf Schritt halten. Es leben mehr und mehr Menschen in Deutschland in Städten. Wohnungsknappheit beherrscht viele Gegenden, es müssen also neue Wohn- und Gewerbegebiete her. Dieser Neubau führt zu weiterer Versiegelung von Böden und geht durch den Verlust von natürlichen Lebensräumen auf Kosten der Natur. Mittel- und langfristig hat das gravierende Auswirkungen auf uns Menschen: Je mehr Betonwüsten und je weniger Grünflächen es in Städten gibt, desto stärker aufgeheizt das Stadtklima. Wir sprechen hier wohlgemerkt nicht davon, dass es „mal etwas wärmer" ist – die hohen Temperaturen können schnell zur Todesfalle für immer mehr Menschen werden, insbesondere ältere, chronisch kranke und wohnungslose Menschen.[281] Wo nicht Hitze grassiert, sondern starke Regenfälle die Flüsse anschwellen lassen, steigt das Überschwemmungsrisiko. Schließlich geht Neubau oft zu Lasten von Ausgleichs- beziehungsweise Grünflächen.

Auch andere Bauprojekte bringen Flächenversiegelung und weitere ökologische und soziale Probleme mit sich: Stichwort Stadien, Einkaufszentren, Skihallen, Luxusresorts und andere Megaprojekte. In vielen Fällen werden dafür Menschen ihres Wohnraums beraubt.

Egal, was der Zweck ist: Wo gebaut wird, braucht es Baustoffe. Die Produktion dieser Stoffe, etwa Zement und Stahl, verursacht erhebliche Umweltverschmutzung durch CO_2-Emissionen, Abfallprodukte und Bergbauaktivitäten. Das führt unter anderem zu knappen Ressourcen, Boden- und Luftverschmutzung. „Heidelberg Materials" ist einer der Konzerne, die mit Baustoffen ihr Geld verdienen – und die Klimakrise weiter anheizen. Dagegen flammen immer wieder Proteste auf, wie rund um das Aktionärstreffen durch das Bündnis *EndCement*.[282]

Auch in Freiburg, wo ich aktuell wohne, wehren sich Menschen gegen Bauvorhaben, weil sie Ressourcen wie Wälder und Wasser schützen wollen. Im Westen der Stadt soll ein neuer Stadtteil namens „Dietenbach" entstehen, um den total überlasteten Wohnungsmarkt wenigstens ansatzweise zu entzerren. Auf den ersten Blick angesichts der haarsträubenden Wohnungspreise doch eine sinnvolle Sache, oder nicht? Tja, auf den zweiten Blick wird klar, dass die aktuellen Planungen die Rodung von 50 000 m^2 artenreichem Mischwald bedeuten würden. Das Bündnis *Hände weg vom Dietenbach-Wald* setzt sich deswegen für die Umsetzung des neuen Stadtteils in einer Variante ein, die keine Konkurrenz für den Wald bedeuten würde.[283] Teil des Zusammenschlusses sind auch Menschen aus der lokalen Waldbesetzung, die mit Baumhäusern den Wald schützen wollen. 2023 durfte ich das Bündnis unterstützen und ein Treffen moderieren, bei dem es um die Planung einer Kampagne und der nächsten Schritte ging.

Finanzen

Banken, Versicherungen, Investmentfonds und andere Finanzinstitutionen entscheiden mit ihren Investitionen und Krediten darüber, welche Wirtschaftssektoren gefördert werden und welche nicht. Sie haben damit erheblichen Einfluss auf den weiteren Verlauf der Klimakrise – und diese in der Vergangenheit schon erheblich verschärft, denn ein Großteil der Gelder floss bisher in fossile Energien wie Kohle, Öl und Gas. Laut einem Bericht von Rainforest Action Network haben die größten Banken der Welt seit dem Pariser Abkommen 2015 über

6,9 Billionen US-Dollar in fossile Brennstoffe investiert.[284] Eine unvorstellbare Summe. Deutsche und österreichische Banken wie die Deutsche Bank – mit sage und schreibe 132 Milliarden Dollar[285] – sind dabei keine Ausnahme. Diese Investitionen stehen im krassen Widerspruch zu den Klimazielen der internationalen Gemeinschaft, die eine drastische Reduzierung der Treibhausgasemissionen erfordern.

In Deutschland gibt es mehrere Gruppen und Kampagnen, die sich für eine nachhaltige Finanzwirtschaft einsetzen. ***Debt for Climate*** ist eine Initiative, die von Menschen aus dem Globalen Süden gestartet wurde. Sie fordert, Schulden von Ländern des Globalen Südens zu erlassen. Denn: „Gläubiger aus dem Globalen Norden, wie der Internationale Währungsfonds (IWF), zwingen verschuldete Länder dazu, fossile Ressourcen abzubauen"[286] – was neokoloniale Machtverhältnisse bestärkt. Durch die Entlastung von Schulden können betroffene Länder ihre Ressourcen besser nutzen, um eine „selbstbestimmte, gerechte Transformation"[287] zu ermöglichen. *Debt for Climate* setzt sich in Deutschland vor allem durch politische Lobbyarbeit, Bildungsarbeit und öffentlichkeitswirksame Kampagnen für den Schuldenabbau ein. Die Initiative organisiert Konferenzen, Podiumsdiskussionen und Seminare, um die Zusammenhänge zwischen Schuldenkrisen und Klimagerechtigkeit zu beleuchten. Aber auch Protestaktionen vor Regierungsgebäuden und Finanzinstitutionen gehören zum Aktionsrepertoire, um Druck auf Entscheidungsträger*innen aufzubauen.

Fossil Free, eine Kampagne von *350.org*, zielt darauf ab, Institutionen dazu zu bewegen, ihre Investitionen aus fossilen Brennstoffen abzuziehen – sogenanntes „Divestment". Durch Kampagnen und öffentlichen Druck fordern *Fossil Free Deutschland* und die zahlreichen Lokalgruppen vor allem Städte, Universitäten und Kirchen auf, ihr Kapital in nachhaltigere Alternativen zu lenken statt in klimaschädliche Industrien. Dafür organisieren sie öffentliche Demonstrationen, kreative Protestaktionen, Petitionen und Bildungsveranstaltungen wie Workshops, um das Bewusstsein für die finanziellen und moralischen Implikationen von Investitionen in fossile Brennstoffe zu schärfen.

Auch die NGOs *Urgewald* sowie die *Bürgerbewegung Finanzwende* und *Fridays for Future* fordern explizit, dass Banken und Investoren aus fossilen Energien aussteigen.

All die genannten Gruppen haben gemeinsam, dass sie mit der Zeit zu Spezialist*innen auf ihrem Themengebiet wurden und wahnsinnig viel Material und Wissen dazu gesammelt haben. Sie können zudem als Vorbilder dienen – und sind nebenbei natürlich eine mögliche Option für den Fall, dass du dich fragst, wo und wie du dich (noch mehr) einbringen kannst.

Reflexionsfragen:

- Welche Konfliktthemen interessieren oder verärgern dich besonders?
- Welche Gruppen gibt es, die zu dem betreffenden Thema aktiv sind?

LOKAL, NATIONAL, INTERNATIONAL – DU HAST DIE WAHL

Ob Golfplatz am Ortsrand, Autobahnausbau in mehreren Bundesländern oder neue EU-Taxonomie für „nachhaltiges“ Fliegen und Kreuzfahrten: Genauso wie es genug Gründe gibt, aktiv zu werden, gibt es viele verschiedene Ebenen, auf denen wir uns einbringen können. Lokal, national, international, dazu noch die Abstufungen regional, europäisch etc. – an Optionen mangelt es nicht.

Ähnlich wie die verschiedenen Rollen im Ökosystem der sozialen Bewegungen mit Blick auf unterschiedliche Taktiken spielen auch die verschiedenen Ebenen eine wichtige Rolle. Wieder gilt: Vielfalt ist gut und erstrebenswert! Die verschiedenen Aktionsebenen können sich gegenseitig unterstützen. Bei *Stay Grounded* arbeiten wir viel mit dezentralen Aktionen, die international koordiniert sind. Das bedeutet, dass Gruppen vor Ort, in ihren Städten und Gemeinden, Aktionen eigenständig durchführen und Forderungen an die Akteur*innen vor Ort richten, wie zum Beispiel eine Reduktion des Flugverkehrs am niederländischen Flughafen Schiphol und ein Verbot von Privatjets am Flughafen in Sylt. Andere Gruppen tun in ihren Ländern Ähnliches am gleichen Tag, oder zumindest in der gleichen Woche – und wir bei *Stay Grounded* machen internationale Pressearbeit dazu, stellen Forderungen an die EU oder auf internationaler Ebene, und verschaffen den lokalen Kämpfen so Gehör über ihre Ländergrenzen hinweg. Vor diesem Hintergrund werfen wir im Anschluss einen kurzen Blick auf die einzelnen Ebenen.

Lokal

Oft muss unser Blick – leider – nicht besonders weit schweifen, um Auswüchse von Ungerechtigkeiten im direkten Umfeld zu finden. Glücklicherweise gibt es aber neben solchen guten Gründen zum Handeln oft auch Menschen, die ähnlich denken und ebenfalls etwas tun wollen. Vor Ort, in der eigenen Stadt, dem eigenen Dorf, aktiv zu werden, ist oft relativ offensichtlich. Denn die Probleme finden direkt vor unseren Augen, vor unserer Haustür statt. Mir ging es so, als ich in Barcelona lebte, wo ständig die Flugzeuge im Start- und Landeflug über meinen Kopf rauschten und ich von den Plänen der Landesregierung hörte, den Flughafen sogar noch zu erweitern. So ging es mir auch, als in der Mensa meiner Hochschule in Bremen jeden Abend zuhauf belegte Brote und andere Backwaren weggeschmissen wurden, die am Tag nicht verkauft wurden. Und meiner Mutter geht es jeden Samstag so, wenn in der schwäbischen Kleinstadt, in der meine Eltern wohnen, verschiedene Obst- und Gemüsehändler*innen ihre Stände auf dem Marktplatz aufbauen. Direkt daneben ist nämlich die zentrale Einkaufsstraße. Und mittendrin? Jede Menge Autos. Eine Fußgänger*innenzone in der Stadt, die Kindern ermöglicht, ungefährdet zu spielen und Lärm und Feinstaubemissionen reduziert? Zumindest einmal die Woche? Fehlanzeige.

Fluglärm, Lebensmittelverschwendung, unzugänglicher öffentlicher Raum oder etwas ganz anderes: Wir alle haben Themen, die uns besonders am Herzen liegen. Besonders dann, wenn diese Themen in unserer direkten Umgebung zu finden sind bzw. uns unmittelbar betreffen, kann das einerseits anstrengend und belastend sein. Andererseits kann es aber auch dazu führen, dass wir sagen: „So, jetzt reicht es aber wirklich!“ und aktiv werden. Sich auf lokaler Ebene zu engagieren, hat den Vorteil, dass wir uns mit Freund*innen und Bekannten zusammentun können. Dass wir unsere Mitgliedschaft beim Handball- oder Turnverein, unser Tun im Jugendzentrum oder im deutsch-senegalesischen Freundeskreis nutzen können. Diese Form des Engagements gibt es schon ewig – in Deutschland seit dem 19. Jahrhundert.[288]

Leider machen wir uns mit unseren Kämpfen und Anliegen oft nicht nur Freund*innen. Denn es gibt immer Menschen und Gruppen, die die neuen Projekte angeleiert haben oder den Status quo aufrechterhalten wollen, weil sie davon profitieren. Diese Menschen können der lokale Buchladenbesitzer sein, der Vater eines mit deinem Kind befreundeten Kindes oder die Bürgermeisterin, die das gleiche Lieblingscafé hat wie du. Mit anderen Worten: Lokal aktiv zu werden, kann bedeuten, sich gegen Menschen auszusprechen, die wir persönlich kennen. Denen wir vielleicht sogar täglich begegnen, auf der Straße, in der Schule, auf dem Spielplatz, auf der Arbeit. Dafür braucht es eine gehörige Portion Mut. Und ja, das ist für mich als Städter*in leichter gesagt als für Engagierte auf dem Land.

Ich bin wahnsinnig gerne vor Ort aktiv. Es gibt mir ein Gefühl von Verbundenheit zu dem Ort, in dem ich lebe, den ich mein Zuhause nenne. Ich trete in Kontakt mit den Menschen, die in meiner Nähe wohnen, und verbünde mich im Idealfall mit einigen von ihnen. Damit gestalte ich aktiv die Gemeinschaft mit. Sich nahe am eigenen Lebensmittelpunkt zu engagieren, bringt den Vorteil, dass die Wege kurz sind – und Online-Sitzungen (sofern nicht gerade eine Pandemie herrscht) meist nicht notwendig sind.

National

Für viele Veränderungen, die wir auf dem Weg hin zu einer gerechten, sozial-ökologischen Transformation brauchen, besteht in unserem derzeitigen System großes Potenzial auf nationaler Ebene. Die Entscheidungen werden in Berlin, in den ehrfürchtigen Gebäuden der Bundesregierung in Deutschland gefällt. Oder bei fossilen Firmen, die ihre Standorte deutschlandweit verteilt haben. Oder bei Events wie Treffen von nationalen Politiker*innen und Wirtschaftsvertreter*innen.

Auf nationaler Ebene aktiv zu sein, heißt oft, entweder immer wieder längere Reisen zu Treffen in Kauf zu nehmen und/oder sich online zu organisieren. Das ist nicht jedermanns Sache. Dafür bringen diese Kämpfe nicht selten verschiedene Perspektiven zusammen, denn Menschen kommen aus unterschiedlichen Regionen zusammen. Uns einigt dabei (in vielen Fällen) eine Sprache – im Vergleich zu internationalen Arten des Organisierens. Manche Themen oder Taktiken sind so spezifisch, dass sie nicht in jedem Ort abgedeckt werden, und sich deswegen Menschen aus unterschiedlichen Orten zusammentun. Für reisefreudige Menschen genau das Richtige. Über einen längeren Zeitraum vor allem online mit den anderen Aktiven zusammenzuarbeiten, kann aber auch zermürbend sein. Ich war 1,5 Jahre in so einer Gruppe aktiv. Wir trafen uns nicht nur wegen Corona fast ausschließlich online. Es gab zwar auch einige wenige Treffen in Präsenz, aber ich konnte wegen eines überlappenden Termins nur einmal mit dabei sein. Es gibt bei solchen Wochenendtreffen immer Menschen, die genau an diesem Termin nicht können. Die Präsenztreffen sind aber – zumindest für mich – sehr wertvoll, um nicht nur über Aufgaben und Verantwortlichkeiten zu reden, sondern sich untereinander auch ein bisschen persönlich kennenzulernen und eine Beziehung aufzubauen. Das kann die Zusammenarbeit sehr bereichern und einfacher machen. So sehr ich Fan von Online-Organisierung bin, gibt es doch eine menschliche Komponente, die für mich vor allem mit Gemeinschaftsgefühl zusammenhängt und online schwierig herzustellen ist. Möglich ist alternativ eine Mischform aus online und offline. Bei meiner Gruppe gab es einige wenige andere Menschen aus Freiburg, die auch in dem Bündnis aktiv waren. Wir trafen uns in der WG eines anderen Freiburgers und versammelten uns gemeinsam vor seinem Laptop. Das gab uns die Möglichkeit, uns mit Menschen aus München, Berlin, Bottrop und Köln zu vernetzen und trotzdem in den Pausen über alles Mögliche zu reden, zusammen zu lachen und uns die Beine zu vertreten.

Auch 2 Jahre davor, in Spanien, spielten hybride Organisationsformen bei meinem Engagement eine zentrale Rolle: Als 2019 plötzlich die Klimakonferenz (COP) wegen aufflammender sozialer Aufstände – sogenannten „innenpolitischen Unruhen" – von Chile nach Spanien verlegt wurde, versetzte uns das in der spanischen Klimagerechtigkeitsbewegung in helle Aufruhr. Uns war klar: Es muss einen Ort geben, der zeigt, dass die COP eine Greenwashing-Veranstaltung ist, die jährlich an ihren eigenen Zielen vorbeischrammt und keine wirklichen Lösungen voranbringt. Dafür gibt es traditionell immer von der nationalen Umweltbewegung organisierte Gegenkonferenzen. Auch in Chile hatten lateinamerikanische Gruppen schon monatelang eine solche Gegenkonferenz geplant.[289] Nach der Veröffentlichung der Pläne, die diesjährige Konferenz nach Madrid zu verlegen, blieben uns noch lächerliche 3 Wochen, um ein vergleichbares Event auf die Beine zu stellen. Eins war klar: Wir müssen an einem Strang ziehen. Und uns möglichst schnell organisieren. Dafür wurde eine nationale Organisierung auf die Beine gestellt. Es gab wöchentliche Treffen, mal online, mal hybrid. Mit Menschen vor Ort in Madrid, die sich in einem alternativen Zentrum trafen, und Menschen wie mir, die sich aus anderen Städten und Dörfern online dazuschalteten. Am Ende stellten wir gemeinsam mit den 500 teilnehmenden Organisationen ein siebentägiges Programm mit über 600 Programmpunkten zusammen. Und zwischen dem 2. und 13. Dezember kamen über 20 000 Menschen aus über 200 Ländern in Madrid zusammen, um für eine gerechte Klimapolitik einzutreten und sich untereinander als Zivilgesellschaft zu vernetzen.[290] Einige Paneldiskussionen fanden im direkten (digitalen) Austausch mit den Teilnehmer*innen der Gegenkonferenz in Chile statt – denn die hatten ihre Veranstaltung trotzdem durchgeführt. Und bei der großen Klimademonstration teilte ich mir nicht nur mit Greta Thunberg, sondern über einer halben Million Menschen die Straße.

International

Globale Krisen brauchen globale Antworten – und dafür wiederum braucht es globale soziale Bewegungen und globale Vernetzung. Das ist erst recht selbsterklärend, wenn wir nochmal auf das Thema Klimagerechtigkeit blicken: Menschen und Gruppen aus dem Globalen Norden, die als wesentliche Verursacher*innen eine Verantwortung zum Handeln haben, sollten sich mit Gruppen und Aktiven aus dem Globalen Süden vernetzen, um besonders ihre Perspektiven und Bedürfnisse zu verstehen und ins eigene Handeln mit einzubetten. Obwohl diese Ebene so wichtig ist, gibt es vergleichsweise wenig Beispiele. Strukturen, die in der Vergangenheit versucht haben, eine Vernetzung voranzubringen, waren etwa das *Climate Justice Action Network* und *By2020WeRiseUp*. Beide waren aber sehr eurozentristisch, und Stimmen aus dem Globalen Süden kaum oder nur wenig vertreten. Die bereits erwähnte Kampagne *Debt for Climate* versucht genau das zu ändern und konzentriert sich dabei auf Schuldenerlass als Thema. Internationale Vernetzung ist auch der Grund, warum *Stay Grounded* von meinen Kolleginnen Mira Karpfinger und Magdalena Heuwieser 2016 ins Leben gerufen wurde. Mittlerweile haben wir über 215 Mitglieder – Gruppen und Einzelpersonen – auf der ganzen Welt. Auch wir müssen aktiv gegensteuern, damit unser Netzwerk nicht von europäischen Stimmen dominiert wird. Denn noch immer sitzen viele unserer Mitglieder in Europa. Als Netzwerk schaffen wir Räume für Austausch, wir ermöglichen es unterschiedlichen Gruppen, voneinander zu lernen und so über den eigenen Tellerrand hinauszublicken. Wir schaffen Synergieeffekte, zum Beispiel durch koordinierte Aktionen – das ist meine Hauptaufgabe. Wenn zeitgleich an einem Tag in Deutschland, Österreich, den USA und Mexiko Aktionen gegen Flughafenausbauten stattfinden, hat das außerdem wesentlich mehr Schlagkraft und erregt mehr internationales Aufsehen, als wenn beispielsweise nur die deutsche Gruppe aktiv wird.

Der Nachteil: Physische Treffen sind bei internationaler Zusammenarbeit noch schwieriger als bei überregionaler Arbeit. Zeitverschiebungen können gemeinsame Treffen und Terminfindung herausfordernd machen. Außerdem kann internationale Arbeit nochmal verstärkt mit Sprachbarrieren einhergehen. Wir bei *Stay Grounded* versuchen so oft es geht, Übersetzung zumindest ins Spanische und Französische anzubieten. Das ist wichtig, um Beteiligung zu ermöglichen. Die Organisation davon erfordert einiges an Kapazitäten. Unsere Online-Netzwerkstreffen finden immer zweimal statt – zu genau den gleichen Themen. Denn mit den verschiedenen Zeitzonen würde ein einzelner Termin bedeuten, dass die einen noch am Frühstücken sind, andere gerade ihre Kinder ins Bett gebracht haben, und wieder andere mitten in der Nacht aufstehen müssten. Was ich damit sagen will? Ja, es gibt sie, die Herausforderungen. Aber unüberwindbar sind sie auch wieder nicht.

Reflexionsfragen:

- Welche Ebene interessiert dich besonders und ist für dich gut zugänglich?
- Welche Ebene macht für dein Herzensthema und mögliche Forderungen am meisten Sinn?

FINDE DEINE ROLLE

Rebell*in, Bürger*in, Reformer*in oder Change Agent – wer bist du?

In Kapitel 8 haben wir uns ja schon ausführlich mit den verschiedenen Rollen beschäftigt, die Bill Moyer in sozialen Bewegungen unter Aktivist*innen sieht (siehe S. 163). In dem Kapitel habe ich die Rollen auf ganze Gruppen innerhalb der Bewegungen angewandt. Aber auch wir als Einzelpersonen können diese Rollen einnehmen – und tun das oft automatisch.

Wichtig ist dabei: Du musst dich nicht einmal auf eine Rolle festlegen und diese dann für immer beibehalten. Rollen kann man wechseln. Eine neue Gruppe, eine neue Stadt, ein neuer Lebensabschnitt – all das kann uns in unserer Rollenwahl beeinflussen. Aber auch mehrere Rollen gleichzeitig anzunehmen oder zumindest Teile davon, ist möglich.

Damit du nicht zurückblättern musst, hier noch einmal kurz zur Erinnerung, welche Rollen Bill Moyer nennt:

Bürger*innen sind die „normalen" Menschen, mit denen sich Außenstehende verhältnismäßig einfach identifizieren können. Sie fördern demokratische Wertvorstellungen wie Freiheit und Gerechtigkeit.

Reformer*innen nutzen die etablierten Systeme, um Wandel herbeizuführen. Wandel passiert für diese Menschen von „innen heraus".

Rebell*innen nutzen verschiedene Protestformen, um den Status quo zu hinterfragen und die Dringlichkeit von Veränderungen zu betonen.

Die Change Agents unterstützen die Bewegung durch Bewusstseinsbildung und Überzeugungsarbeit und stellen wichtige Ressourcen zur Verfügung.

Bill Moyers Konzept kann uns helfen, die eigene Rolle innerhalb des Bewegungsgefüges zu finden. Auf einer ganz persönlichen Ebene. Denn die Möglichkeiten, wie man sich für gesellschaftlichen Wandel einsetzen kann, sind schier endlos. Das ist einerseits wundervoll, kann aber andererseits auch überfordernd sein. Jede*r von uns hat Stärken und Schwächen. Wenn du dir unsicher bist, in welcher Rolle du dich siehst, fang einfach mit ein paar ganz grundlegenden Fragen an: Was sind *deine* Stärken und Schwächen? Wo wären sie am besten aufgehoben? Welche der Rollen macht dir am meisten Spaß, spricht dich vielleicht auch intuitiv an?

Und denk daran: Du musst nirgends in der ersten Reihe stehen, wenn du das nicht willst. Wie ich auch mit meiner Widmung in diesem Buch klar machen will: Es gibt sie, die „stillen Held*innen". Sie stehen zum Beispiel in Campküchen, sitzen vor dem Laptop, geben Workshops, rennen mit Sanitäter*innenausrüstung umher, verteilen Flyer ... und sie sind mindestens genauso wichtig wie die lauten Held*innen.

Es können auch innerhalb einer Gruppe verschiedene Rollen eingenommen werden, nicht nur innerhalb der gesamten sozialen Bewegung.

Die Rollen, die mir am meisten zusagen und zu denen ich immer wieder zurückkehre, sind die der Rebellin und des Change Agents. Wie du bestimmt schon gemerkt hast, stammen viele meiner Erfahrungen aus Aktionsgruppen, die verschiedene Protestformen nutzen, unter anderem zivilen Ungehorsam. Das ist für mich eine typische Engagementform für die klassischen Rebell*innen. Mein Rebellinnendasein erlaubt es mir, viel von meiner Wut über gesellschaftliche Missstände wie die Klimakrise, Rassismus und Sexismus in für mich sinnvolle Bahnen zu lenken. Dabei bin ich oft und viel dagegen – gegen kapitalistische Ausbeutung, gegen koloniale Machtstrukturen, gegen ökologisch desaströse Infrastrukturprojekte. Das passt zu meiner kritischen, teilweise direkten Art. So, wie ich früher in der Schule oder anderswo manchmal die „Protestlerin" war, bin ich es jetzt in meinem Aktivismus.

Ich bin aber genauso oft in der Rolle des Change Agents. Mit diesem Buch, mit meinen Workshops, als Moderatorin nehme ich diese Funktion ein. In meinem Fall bedeutet Change Agent oft Bildungsarbeit. Aber auch durch eher strukturelle Unterstützung, wie in meinen Jobs (heute zum Beispiel als Aktionskoordinatorin für *Stay Grounded*), fülle ich diese Funktion aus. Mir gefällt daran, dass ich andere Menschen unterstützen und im Idealfall empowern kann, selbst aktiv zu werden. Meine Eltern waren beide Lehrer*innen – ich schätze, da ist der Apfel dann doch nicht so weit vom Stamm gefallen, wie ich das als Jugendliche manchmal gehofft habe.

Letztendlich ist es allerdings wieder ein Privileg, sich die Rolle aussuchen zu können. Nicht alle Menschen haben die Wahl, sondern müssen eine oder alle Rollen abdecken, um ihr Überleben zu sichern.

Reflexionsfragen:

- Was sind deine Stärken, die für dein Engagement relevant sein können?
- In welcher Rolle siehst du dich? Gibt es Rollen, die bei dem Thema fehlen, das dich interessiert, die du ausfüllen könntest?

VORSICHT, STOLPERSTEINE!

Auf den bisherigen Seiten dieses Buchs habe ich versucht, dir die Schönheit und Notwendigkeit des Aktivwerdens nahezulegen. Und zwar nicht nur über deine Konsumentscheidungen oder als Einzelkämpfer*in, sondern mit anderen gemeinsam, organisiert, politisch. Ich wünschte, es wäre alles an diesen Aktivismusformen rosig, perfekt. Das ist es aber natürlich nicht. Manchmal müssen gewisse Hürden überwunden werden. Stolpersteine, die unseren eigenen Weg hin zu gesellschaftlichem Wandel schwerer machen können. Das will ich dir nicht verschweigen. Stattdessen möchte ich einige dieser möglichen Stolpersteine mit dir teilen, damit du dich vorbereiten oder sie vielleicht sogar umgehen kannst. Alle diese Stolperfallen sind mir begegnet. Sie haben mich zweifeln lassen, dafür gesorgt, dass ich Gruppen nicht beigetreten bin oder mich an Orten und Strukturen unwohl gefühlt habe. Gespräche mit Mit-Aktiven in den letzten Jahren haben mich in der Vermutung bestätigt, dass ich mit meinen Erfahrungen nicht allein bin. 8 dieser Stolperfallen teile ich auf den nächsten Seiten mit dir. Doch keine Sorge: Für die meisten Stolperfallen gibt es Umgangsstrategien – und auch die habe ich aufgeschrieben.

Mangelnde (Zeit-)Ressourcen

Wenn Menschen von Aktivismus reden, dann denken viele direkt: „Oh wow, da verbringt jemand seinen*ihren Alltag komplett mit ehrenamtlichem Engagement!“ Das kann zwar durchaus der Fall sein – es gibt solche Menschen, die sich als Vollzeitaktivist*innen verstehen, und das ist toll. Aber gleichzeitig stimmt die Annahme „Aktivismus = Vollzeitjob“ nicht unbedingt. Es gibt verschiedene Arten, wie Menschen für Klimagerechtigkeit und andere Gerechtigkeitsthemen aktiv werden können. Du brauchst nicht direkt deinen Job kündigen, dein Studium schmeißen oder die Schule abbrechen, um dich für deine Herzensthemen einzusetzen. Um nicht auszubrennen, sollten wir stattdessen zuerst einmal auf unsere innere Stimme hören und schauen, was uns guttut. Wie viel kann ich mich engagieren, im Außen sein, zur Gesellschaft beitragen? Und wann und wie muss ich eher auf mich selbst achten, meine Energie anderweitig auftanken? Anders gesagt, wie sorge ich dafür, dass mein Aktivismus auch für mich nachhaltig ist und bleibt? (Dazu gleich mehr im nächsten Kapitel, ab S. 253.)

Tatsache ist: Jede*r von uns hat eine eigene Lebensrealität, die mit unterschiedlichen Verantwortlichkeiten einhergeht. Menschen, die sich um Kinder oder Pflegebedürftige kümmern, haben oft weniger Zeit zur Verfügung. Die Verteilung von Sorgearbeit ist in unserer westlichen Gesellschaft immer noch sehr ungleich. Etwa 44 % mehr unbezahlte Sorgearbeit leisten Frauen im Vergleich zu Männern in Deutschland – heute noch.[291] Das ist umgerechnet pro Tag über 1 Stunde Mehrarbeit. Zeit, die sonst in andere Dinge fließen könnte – wie eben beispielsweise in ehrenamtliches Engagement.

Genauso kann es natürlich sein, dass du in einem „Bullshit-Job" festsitzt, der deine ganze Zeit frisst. Diesen Begriff prägte der US-amerikanische Kulturanthropologe David Graeber in seinem gleichnamigen Buch. Er meint damit Jobs, die keinen sinnvollen gesellschaftlichen Mehrwert erbringen: „Ein Bullshit-Job ist eine Form der bezahlten Anstellung, die so vollkommen sinnlos, unnötig oder gefährlich ist, dass selbst derjenige, der sie ausführt, ihre Existenz nicht rechtfertigen kann, obwohl er sich im Rahmen der Beschäftigungsbedingungen verpflichtet fühlt, so zu tun, als sei dies nicht der Fall."[292]

Kommt dir das bekannt vor? Hast du das Gefühl, deine jetzige Lohnarbeit trägt nicht zum sozial-ökologischen Wandel bei oder steuert sogar aktiv dagegen? So naheliegend es klingt: In dem Fall kann es sich gut anfühlen, zumindest einmal nach offenen Stellen zu suchen, die du als sinnvoller empfindest.

Unabhängig davon, welchen Job du machst, führt aber an folgender Tatsache kein Weg vorbei: Lohnarbeit nimmt in unserer kapitalistischen Welt einen riesigen Stellenwert ein. Für unser Selbstbild, unsere soziale Anerkennung, aber auch unsere Zeitautonomie.[293] Diese Gewichtung zu hinterfragen ist für mich eng verknüpft mit dem Streben nach dem guten Leben und einer sozial-ökologischen Transformation.

Bei *Stay Grounded* arbeiten wir in einem Kollektiv. Unser Standard sind 20 Stunden pro Woche. Ich bin die Einzige, die zeitweise auch 25 oder 22,5 Stunden arbeitet – je nachdem, wie viel Zeit ich habe, wie viel Geld ich brauche und wie viel Geld wir als Kollektiv zur Verfügung haben. Das ist für uns auch eine politische Entscheidung. Denn obwohl wir unsere Arbeit im Sinne des radikalen Wandels, den wir benötigen, als sehr sinnvoll ansehen, wollen wir trotzdem jedem*jeder Einzelnen von uns Raum lassen, sich auch abseits des Jobs anderweitig zu engagieren. Sinnstiftende Jobs gibt es leider nicht wie Sand am Meer. So bin ich mir sehr bewusst über mein Privileg, einerseits nicht Vollzeit zu arbeiten und andererseits in meiner Lohnarbeit politisch tätig sein zu können. Ich halte es auch nicht für selbstverständlich, für viele der Dinge, die ich nebenher und davor jahrelang ehrenamtlich gemacht habe bzw. noch mache, bezahlt zu werden.

Mein Plädoyer an dieser Stelle ist vor allem, den eigenen Ruf nach „etwas tun wollen" zu verfolgen – in dem Ausmaß, wie es für dich machbar ist. Das können 6 Stunden am Tag sein, 3 Stunden die Woche oder 2 Stunden im Monat. Vielleicht ist es für dich auch passender, phasenweise mehr oder weniger aktiv zu sein, je nachdem, was sonst noch so in deinem Leben ansteht. Im ersten Schritt ist die Hauptsache, überhaupt etwas zu tun. Und von diesem Startpunkt aus die Prioritäten deiner Zeitgestaltung immer weiter dahin zu verschieben, wo du sie auf lange Sicht gerne sehen würdest.

Technische Barrieren

Linux, Element, Mattermost, BigBlueButton – das sagt dir alles was? Kennst du alles in- und auswendig und bedienst du im Schlaf? Perfekt, dann kannst du getrost diesen Abschnitt überspringen, denn offensichtlich können dir technische Werkzeuge nicht die Laune verderben. Mir machen sie leider manchmal das Leben schwer. Zumindest, wenn es darum geht, *noch* eine neue App auf mein Handy herunterzuladen oder an Plena teilzunehmen mit Menschen, die ich bisher nie persönlich getroffen habe und von denen ich dann nur die Stimmen höre. Das war vor allem während der Corona-Pandemie ein Riesendrama (zumindest für mich). Denn die Organisierung und der Kampf gegen die Klimakrise mussten natürlich weitergehen. Nur eben nicht von Angesicht zu Angesicht, sondern vor allem digital.

Aber auch ohne Pandemie findet Kommunikation im Engagement sehr viel digital statt. Je nach Gruppe gibt es unterschiedliche Präferenzen – oft eine Abwägung aus Gewohnheit, Praktikabilität, Niedrigschwelligkeit und Sicherheit. Ganz schön viele Kriterien, um sich für ein oder mehrere Kommunikationswerkzeuge zu entscheiden. Dementsprechend bunt fällt die Wahl des Mittels aus. Und dementsprechend verwirrend und neu kann es sein, sich einer Gruppe und ihren Kommunikationstools anzuschließen. Auf meinem Laptop und Handy tummeln sich WhatsApp, Telegram, Signal, Element und Mattermost, außerdem natürlich die gute alte E-Mail für Absprachen in und mit Gruppen und Mitaktivist*innen. Für Videocalls logge ich mich regelmäßig in Zoom, BigBlueButton oder Jitsi ein. Ein digitaler Dschungel.

Glücklicherweise wissen viele Gruppen, dass der Einstieg in neue Tools manchmal schwer ist, und bieten Anleitungen oder Begleitung an. Falls du selbst technikaffin bist, könnte es ja vielleicht sogar eine super Aufgabe sein, deine Stärken in eine Gruppe mit einzubringen. Falls nicht: Fragen hilft auch hier oft. Entweder direkt bei anderen Aktiven oder in deinem unmittelbaren Umfeld. Ich hoffe, es hilft dir, wenn ich sage: Du bist mit deiner technischen Überforderung definitiv nicht allein!

Subkultur und Zugehörigkeit

Die Farbe der Kleidung, die Schuhmarke, die Frisur, das Handymodell, der Musikgeschmack, die Wortwahl – manche Gruppen und Menschen geben einem den starken Eindruck, dass es ein „Richtig“ und „Falsch“ gibt. Leider kommt das auch an Orten vor, die sich eigentlich auf die Fahnen schreiben, offen und mit emanzipatorischen Zielen an den Start zu gehen. Manche dieser Eigenschaften, wie die oben genannten Äußerlichkeiten, können wir beeinflussen. Anderes, wie unser Alter, können wir nicht anpassen – selbst wenn wir es gerne tun würden, um endlich dazuzugehören.

Dazugehören ist ein fundamentaler Part unserer sozialen Natur als Menschen. Auch bei Gruppen, denen wir im Rahmen unseres Engagements begegnen, ist es nicht anders. Wir wollen uns als Teil der Gruppe verstehen, im inneren Kreis aufgenommen werden. Besonders, wenn wir viel Zeit mit den Menschen verbringen, wie es im Aktivismus teilweise der Fall ist. Eigentlich sollte es vollkommen egal sein – überspitzt gesagt –, was für eine

Farbe meine Schnürsenkel haben. Wichtig sind die politische Einstellung und Übereinstimmung, das Teilen von politischen Zielen. Aber es wäre gelogen, wenn ich behaupten würde, dass ich mich nicht auch wohler fühle in Gruppen, in denen die Menschen ähnlich sozialisiert wurden, ähnlich „ticken" wie ich. Problematisch wird es jedoch, wenn wir bei politischem Engagement die Szenenzugehörigkeit als Voraussetzung für Ein- bzw. Ausschluss ansetzen. Damit verschärfen sich die Barrieren für Menschen, die nicht Teil dieser Szene oder Subkultur sind. Für sie wird es schwerer, ihren Weg in den Aktivismus zu finden.

Ein Beispiel: Wer in meiner Heimatstadt Freiburg aktiv sein möchte und dabei zivilen Ungehorsam als sinnvolles Mittel ansieht, landet fast immer in Gruppen, die vor allem aus Studierenden bestehen. Irgendwie logisch, dass es in einer Studierendenstadt in politischen Gruppen vor Anfang- bis Mittezwanzigjährigen nur so wimmelt. Das ist per se nichts Schlimmes. Aber ich erinnere mich noch gut daran, wie ich mich in einer solchen Gruppe nicht sehr wohl gefühlt habe, da meine Lebensrealität nicht jener der Mehrheit entsprach. Ich konnte nicht mitreden, wenn es um das Essen in der Mensa ging, um anstehende Klausuren. Dass die Gruppe in den Semesterferien eine Pause einlegte, passte überhaupt nicht zu meinem Rhythmus und sorgte bei mir für Frustration.

Ähnlich wie beim Thema Zeit finde ich es, ehrlich gesagt, nicht so einfach, diesem Stolperstein so richtig etwas entgegenzusetzen. Der sinnvollste Ansatz ist aber vermutlich, nach etwas breiter aufgestellten Gruppen zu suchen. Wenn verschiedene Lebensrealitäten vertreten sind, ist die Wahrscheinlichkeit höher, dass auch deine darin Platz hat.

Repression und Sicherheitskultur

Klimagerechtigkeitsaktivist*innen europaweit sehen sich immer mehr Repressionen ausgesetzt. Gesetzgeber*innen verschärfen die Gesetze und gehen härter gegen unliebsame „Störer*innen" vor. Das Polizeiaufgabengesetz in Bayern von 2017 beispielsweise ermöglicht es der Polizei, Aktivist*innen für 60 Tage ins Gefängnis zu sperren – präventiv. Dieser Trend zur zunehmenden Kriminalisierung von legitimem Protest lässt sich leider auch in anderen Ländern beobachten. Besonders ziviler Ungehorsam ist den Gesetzgeber*innen ein Dorn im Auge. Denn sie wollen den Status quo aufrecht- und die Rebell*innen im Zaum halten. Beschleunigt werden solche Prozesse durch Politiker*innen und Journalist*innen, die Begriffe verwenden wie „Öko-Terrorist*innen"[294]. Diese Sprache ist machtvoll. Sie verschiebt den Diskurs, das Sagbare wird neu definiert. Und das nicht zum Guten. Legitimer Protest für Klimagerechtigkeit, der nicht gefällt, wird mit Terrorismus gleichgesetzt. Polizist*innen sind die direktesten, ausführenden Stimmen und Hände dieser Praktik der Repression.

Wenn du dich entscheiden solltest, eine radikale Wende in der (Klima-)Politik auch mit Mitteln des zivilen Ungehorsams einzufordern, musst du früher oder später mit Repression rechnen. Selbst wenn dein Protest explizit „friedlich" ist und du sehr darauf achtest, mit deinen Aktionen keine Lebewesen zu verletzen, heißt das nicht, dass die Gegenseite das genauso tun wird. Sitzblockaden werden von der Polizei gerne gewaltsam aufgelöst. Das ist emotional und körperlich kein Zuckerschlecken. Die Anwendung von Schmerzgriffen ist leider ein beliebtes Mittel, um die unliebsame Arbeit des gewaltfreien Wegtragens nicht machen zu müssen. Erfahrungsgemäß wird diese Gelegenheit auch gerne mal genutzt, um den Frust und die Aggression gegenüber den „Klimaterrorist*innen“ endlich mal so richtig rauszulassen. In meinen Aktionstrainings versuche ich deswegen, Menschen so gut es geht auf solche Situationen vorzubereiten – körperlich und mental.

Aber auch auf Demonstrationen und anderen Aktionen, die sich im Rahmen des legal Möglichen bewegen, besteht immer eine gewisse Repressionsgefahr. Repressionen: Das umfasst im juristischen Sinne die „staatlichen Maßnahmen zur Sanktionierung und Ahndung von rechtswidrigem Verhalten sowie zur Prävention von Straftaten und Ordnungswidrigkeiten“[295]. Auf der praktischen Ebene umfasst es ein ganz schönes Repertoire an Maßnahmen: Geldstrafen, Sozialstunden, Bußgeld, Freiheitsentzug, Verbote.

Ja, das klingt (verständlicherweise) alles etwas abschreckend. Aber mir ist es wichtig, genau wie in meinen Aktionstrainings ein ehrliches Bild zu zeichnen. Dann kannst du für dich selbst am besten entscheiden, was für dich das Richtige ist. Was du dir zutraust – oder wo du vielleicht sogar deine Stärke siehst.

Die gute Nachricht? Wenn du Repressionen zu spüren bekommst, bist du nicht allein! Innerhalb der Klimagerechtigkeitsbewegung und anderer sozialer Bewegungen haben sich Netzwerke und Praktiken der Solidarität im Umgang mit Repression etabliert. *Out of Action* versteht sich selbst als „Emotionale erste Hilfe“[296] und hilft dir, direkt nach Aktionen mit negativen oder gar traumatischen Erfahrungen umzugehen. Die *Rote Hilfe* unterstützt linke Aktivist*innen bei Strafverfahren und anderen Formen der Repression.[297] Oft rufen zu großen Aktionen des zivilen Ungehorsams Bündnisse wie *Disrupt*, *Ende Gelände*, *Gemeinsam gegen die Tierindustrie*, *Sand im Getriebe* und andere auf. Dort gibt es solidarische Strukturen, wenn infolge der Aktionsteilnahme Repression stattfindet. Und über diese Strukturen hinaus gibt es ein weiteres Konzept, das genau für solche Sicherheitsbedürfnisse entstanden ist: Bezugsgruppen. Der Begriff meint eine Art, sich zu organisieren, die vor allem bei Aktionen des zivilen Ungehorsams zum Tragen kommt. Aber auch darüber hinaus sind Bezugsgruppen sehr sinnvoll – egal ob für Demos, für Campküche oder anderes. Normalerweise bestehen sie aus ungefähr 6 bis 10 Menschen und sind eine Untereinheit der Gesamtgruppe. Sie ermöglichen es, dass wir in Aktionen niemanden aus den Augen verlieren und uns gegenseitig unterstützen – eben auch, wenn Repressionen drohen oder schon auf uns eingehagelt sind. Deswegen sind eine theoretische Übung, aber auch praktische Übungen zu Bezugsgruppen fester Bestandteil meiner Aktionstrainings, die ich ehrenamtlich und freiberuflich für verschiedene Anlässe ausrichte.

Gruppen wie *Ende Gelände* haben darüber hinaus eine Sicherheitskultur eingeführt, um sich so gut wie möglich gegen Repression zu schützen. Das ist durchaus verständlich; die Angst, von Undercover-Polizist*innen o. Ä. infiltriert zu werden, kommt nicht von ungefähr. Gleichzeitig hat diese Sicherheitskultur ihre Sonnen- und Schattenseiten.

Einerseits ist es für Aktive in diesen Gruppen essenziell, sich möglichst gegen Strafverfolgung zu schützen. Das brauchen wir auf jeden Fall, um nicht über kurz oder lang viele Menschen zu verlieren, die aufgrund der Repression das Handtuch werfen. Berechtigterweise, kann man sagen, denn der Staat hat eine ganze Palette an Mitteln zur Verfügung, um unbequeme Aktivist*innen zu zermürben. Hausdurchsuchungen bei Aktiven der *Letzten Generation* machten 2023 nicht umsonst Schlagzeilen.[298]

Andererseits sind die Kosten für diesen Zugewinn an Sicherheit in der Gruppe teils hoch. Es werden innere und äußere Zirkel kreiert, Informationen sind nicht frei und oft nur über Menschen mit den richtigen Kontakten zugänglich. Wer neu zu einer Gruppe stößt und niemanden kennt (aus vorherigem Engagement, dem Studium, der WG), wird, wenn es schlecht läuft, erst einmal kritisch beäugt. Oder kann nicht alle Aufgaben übernehmen. Einige Gruppen haben eine eigene Aktions-Arbeitsgruppe, die Details der geheimen Aktionen planen. Dort ohne Kontakte Zugang zu bekommen, ist schwer. Es können also im ungünstigsten Fall hohe Barrieren für ein Engagement entstehen.

Falls du in eine Gruppe einsteigst, die dich aus Sicherheitsgründen nicht in allen Arbeitsgruppen mit offenen Armen willkommen heißt, dann lass dich davon nicht unterkriegen. Du kannst dir relativ sicher sein: Es ist nichts Persönliches. Mit der Zeit werden dich die Leute besser kennenlernen und das gegenseitige Vertrauen wird wachsen. Wenn du etwas länger mit dabei bist und Kontakte knüpfst, kannst du früher oder später überall dort mitmachen, wo es dich hinzieht.

Keine oder mangelnde Fehlerfreundlichkeit

Vielen Leuten, die sich in der Klimagerechtigkeitsbewegung engagieren und einem bestimmten Typus entsprechen, haftet das Label von „Wokeness" an. Ich habe den Begriff erstmals vor allem von Rechten oder Konservativen wahrgenommen, die damit linke Menschen als kleinlich, überzogen und so weiter abstempelten. Heute bezeichnen sich viele Personen selbst als „woke" – mit Stolz statt Scham. „Woke" kommt aus dem Englischen und bedeutet so viel wie „aufgewacht". Tatsächlich entstand der Begriff in der Mitte des 20. Jahrhunderts innerhalb der afroamerikanischen Bewegung. Aber erst mit der *Black-Lives-Matter*-Bewegung schwappte der Begriff auch nach Deutschland über.[299] Wer „woke" ist, beschäftigt sich sehr bewusst mit Diskriminierungen und versucht, diese nicht zu reproduzieren. Früher nannte man das in Deutschland wohl vor allem „politisch korrekt".

Die eigenen Privilegien reflektieren und Diskriminierungen, die wir ungewollt reproduzieren, aufspüren, um es anders zu machen: Das ist gut und wichtig, keine Frage. Diese Auseinandersetzung ist eine Reise des Lernens, zu der wir uns alle auf den Weg machen sollten. Aber: Jede*r von uns ist an einem anderen Punkt auf diesem Weg. Schwierig wird es, wenn wir andere dafür verurteilen, ihren persönlichen Lernweg vielleicht gerade erst betreten zu haben. Auch ich merke manchmal eine Ungeduld gegenüber Menschen, die ihr eigenes Verhalten und ihre Sprache noch nicht so weit reflektiert und diskriminierungssensibel angepasst haben. Aber sollte es nicht viel bedeutender sein, dass Menschen lernwillig sind und ihr Bestes versuchen? Und sollten wir nicht anerkennen, dass unterschiedliche Sozialisationen diesen Lernprozess für manche Menschen leichter machen als für andere? Wer in einem Umfeld aufgewachsen ist, in dem ableistische oder sexistische Ausdrücke unreflektiert verwendet wurden, hat es schwerer, diese zu hinterfragen und zu verlernen.

Und ich selbst? Fühle mich im Pronomendschungel langsam wohler und erwarte bei Vorstellungsrunden in aktivistischen Gruppen standardmäßig, dass Teilnehmer*innen zusätzlich zu ihrem Namen das Pronomen sagen, mit dem sie gerne angesprochen werden wollen. Aber bin ich nur dadurch besser für den Kampf für Gerechtigkeit gerüstet als Menschen, die das nicht tun? Wahrscheinlich nicht.

Wir alle machen Fehler, und niemand kann alles wissen. In manchen sehr aufgeklärten Gruppen herrscht jedoch leider keine große Fehlerfreundlichkeit. Ich verstehe das größtenteils. Komplett sichere Räume kann es leider (noch) nicht geben, aber es braucht safer spaces, also *sicherere* Orte. Räume, in denen Menschen zusammenkommen können, die von Diskriminierungen betroffen sind und wo sie sich geschützt fühlen – weil sie dort den schmerzhaften Erfahrungen in unreflektierten, nicht-diskriminierungssensiblen Räumen nicht ausgesetzt sind. Diese Räume gemeinsam zu schaffen, ist unsere Aufgabe. FLINTA*-Workshops zum Beispiel geben mir ein besonderes Gefühl der Sicherheit, das ich in gemischten Gruppen, in denen auch cis-Männer dabei sind, oft nicht habe. Solche Räume sind wichtig, damit Heilung oder zumindest keine Retraumatisierung stattfindet. Deswegen reagieren Menschen dort allergisch auf „Ausrutscher", auf unreflektiertes Verhalten. Das ist, wie gesagt, durchaus nachvollziehbar. Gleichzeitig braucht es aber auch Begegnungen, in denen Fehler verziehen werden – und wir lernen können, es anders zu machen.

Für diesen Stolperstein lohnt sich noch einmal ein Blick ins Kapitel 10 (S. 194) für Tipps, wie diskriminierungssensibles Aktivsein möglich ist.

Ungewohnte Entscheidungs- und Kommunikationskulturen

„Plenum ist wichtig für die Revolution. Konsens. Konsens ist was andres als ein Mehrheitsentscheid", lauten bekannte Liedzeilen, die man auf Klimacamps immer wieder aus irgendwelchen Ecken hört. Die Zeilen stammen aus einem grandiosen Lied von „Revolte Springen", die auf eine witzige, provokative Art über die Kultur der Plena singen.

In unserer Gesellschaft wird viel über Mehrheiten entschieden. Beziehungsweise wird eigentlich über *Minderheiten* entschieden – *von* Mehrheiten. Ein neues Gesetz im Bundestag? Wenn die Mehrheit der Politiker*innen dafür ist, ist es beschlossene Sache! Nicht nur in der Politik, sondern auch in Schule, auf der Arbeit, in Vereinen und sonstigen Alltagssphären treffen wir Entscheidungen meist nach Abstimmung, nach dem, was die Mehrheit möchte. Es gibt also immer Gewinner*innen – und Verlierer*innen. Das trägt zur weiteren Marginalisierung von Minderheiten bei. Denn ihre Stimme wird nicht nur allgemein weniger gehört, im Diskurs, in den Medien, in unseren Gesprächen in der Mensa. Sondern auch bei Entscheidungen nach dem Mehrheitsprinzip ziehen sie den Kürzeren und werden übergangen. Die Welt, die wir erschaffen wollen und müssen, eine sozial gerechte und ökologisch tragbare Welt, können wir so nicht erreichen. Mehrheitsentscheidungen stimmen nicht mit den emanzipatorischen Ansprüchen überein, die wir anstreben sollten – und die in progressiven sozialen Bewegungen und Gruppen zu großen Teilen glücklicherweise herrschen.

Konsens ist eine Möglichkeit, alle Menschen in Entscheidungsprozessen mitzunehmen. „Konsens ist ein Entscheidungsverfahren, an dessen Ende eine Entscheidung steht, die alle mittragen können“[300]: So lautet die Definition der *Werkstatt für Gewaltfreie Aktion*, in deren Rahmen ein ganzes Buch dazu entstanden ist und für die ich zusammen mit anderen freien Mitarbeitenden Workshops zu Konsens gebe. Konsens macht Spaß, kann herausfordernd sein, ist kreativ und muss geübt werden. Denn wir sind es oft nicht gewohnt, alle Stimmen zu hören, auf Bedarfe einzugehen und Entscheidungen nicht zu überstürzen, sobald eine laute Mehrheit gefunden zu sein scheint. Woher auch?

Es kann sein, dass du dich neu in einer Gruppe engagieren willst, in der andere Methoden und Prozesse verwendet werden, um Entscheidungen zu treffen. Auch die Art der Kommunikation kann ungewohnt sein. Gewaltfreie Kommunikation[ix] ist nur ein Stichwort in diesem Zu-

ix Gewaltfreie Kommunikation (GFK) nach Marshall B. Rosenberg ist ein Konzept, um aufrichtig und wertschätzend zu kommunizieren. Mehr dazu im Buch „Gewaltfreie Kommunikation GFK“ von Matthias Richter.

sammenhang, aber auch das in konservativen Kreisen kontrovers diskutierte „Gendern“. Das kann erst mal ungewohnt oder frustrierend sein. Es ist aber wichtig und bereichernd, problematische, erlernte Kommunikationsmuster zu hinterfragen und zu durchbrechen. „Wie wir reden, prägt unsere Vorstellungen und Wahrnehmung von der Welt um uns herum. Und wie wir über die Welt denken, hat direkte Auswirkungen darauf, wie die Welt ist“[301], schreibt Illustrator*in und Autor*in Louie Läuger.

Mein Vorschlag: Lass dich darauf ein und sei den anderen gegenüber ehrlich, was für dich neu ist. Frage nach Unterstützung, um zu lernen. Höre zu, beobachte. Und hinterfrage trotzdem die herrschenden Entscheidungs- und Kommunikationsstrukturen unbedingt, wenn du das Gefühl hast, der Umgang in der Gruppe lässt Menschen – vor allem marginalisierte – zurück, übergeht Bedürfnisse oder verstärkt (informelle) Hierarchien und Machtverhältnisse. Dann ist es an der Zeit, deine Stimme zu erheben!

Hierarchien

In der Welt von morgen, wie ich sie mir erträume, gibt es keine Hierarchien. Menschen begegnen sich auf Augenhöhe – sich und auch Tieren. Klingt mal wieder ganz schön utopisch? Ja, vielleicht. Aber auch hier müssen wir uns zumindest auf den Weg machen und an der Umsetzung dieser Vision arbeiten. Hier und heute.

Manche Gruppen in sozialen Bewegungen haben nicht den Anspruch, Hierarchien abzubauen. Sie setzen das weiter fort, was wir in unserer Gesellschaft – genau wie Entscheidungs- und Kommunikationsverhalten – gelernt haben. Es gibt Menschen in höheren Positionen, die mehr zu sagen haben als andere in niedrigeren Positionen. Vor allem in NGOs spiegeln sich Hierarchien als formalisierte Positionen weiter: Geschäftsführer*in,

Projektleitung, Praktikant*in. Eine klare Treppe, auf der manche ein oder sogar 5 Stufen höher stehen als andere und auf sie hinunterblicken. Die NGO *Greenpeace* beispielsweise, die Klimaaktivismus bis ins höchste Maß professionalisiert hat, reproduziert diese Art von Hierarchien in ihren Strukturen mit hauptamtlichen Aktionskoordinator*innen, darüber gestellten Chef*innen und auf Abruf verfügbaren Aktivist*innen, die nur sehr wenig über die Aktionen wissen, für die sie eingesetzt werden.

Andere Gruppen wollen genau das *nicht* reproduzieren. Sie wollen es anders machen und wehren sich gegen formale Hierarchien. Ich finde das wichtig. Die *Letzte Generation* erntet in den linkeren Teilen der Klimagerechtigkeitsbewegung komische Blicke dafür, dass es klare Hierarchien gibt.[302] So gibt es ein Kernteam, das strategische Entscheidungen fällt. Aber natürlich sind auch formal nichthierarchische Gruppen durchzogen von informellen Hierarchien, wenn sie nicht ständig reflektiert werden. In diesen Fällen ist nicht die Positionsbeschreibung ausschlaggebend darüber, wer das Sagen hat und wer nicht. Es sind eher Wissen, Alter, Länge der Zugehörigkeit zur Gruppe und Netzwerke, die zu informellen Hierarchien führen.

Egal ob informell oder formell, Hierarchien in unseren Gruppen können uns den Spaß verderben und unsere Selbstermächtigungserfahrung gehörig einschränken. Wenn du für alles, was du gerne ausprobieren möchtest, erst eine Unterschrift, ein wohlwollendes Nicken oder eine Absegnung von einem (in)formell höherstehenden Gruppenmitglied brauchst, kann das am Anfang vielleicht rückversichernd sein, solange du noch im Ankommen und Lernprozess in der neuen Umgebung bist. Aber auf Dauer nervt dieses Micromanagement ganz gewaltig – und wird dir und deinen Fähigkeiten wahrscheinlich auch nicht gerecht.

Nehmen wir als Praxisbeispiel an, du findest eine Gruppe, deren Inhalte, Forderungen und Taktiken du gut findest. Du kannst dir vorstellen, dass sie deiner erwünschten Rolle im Ökosystem der sozialen Bewegung entsprechen. Dann ist es im nächsten Schritt wichtig für dich, herauszufinden, wie die interne Struktur funktioniert. Gibt es klare Hierarchien? Oder sind sie versteckter? Was bedeutet das für dich und dein Engagement? Was sind für dich No-Gos?

Konflikte

Alles Friede, Freude, Eierkuchen? Schön wär's. Leider läuft auch in ehrenamtlichen Gruppen nicht alles reibungsfrei. Kein Wunder, denn hier kommen wir zusammen, um gemeinsam für Herzensangelegenheiten oder unser Überleben zu kämpfen. Da sind Kompromisse selbstverständlich noch schwerer, als wenn es nur um Belangloses geht oder um Dinge, die uns persönlich nicht sonderlich berühren.

Schon oft habe ich von „Konflikten als Chancen" gehört. Und es stimmt, dass Streiten an sich nichts Schlechtes ist. Für Konflikte in eigenen Gruppen gewappnet zu sein, zahlt sich erst recht aus. Konfliktkompetenz kann ich als einzelner Mensch haben, aber auch als Gruppe. Im „Handbuch für gewaltfreie Kampagnen" schreiben Denise Drake und Steve Whiting über Konflikt, er „bringt gewöhnlich physische und emotionale Schmerzen mit sich und unsere typischsten Antworten auf Konflikte sind dominieren, unterdrücken, vermeiden, zulassen oder ignorieren. [...] Um die Veränderung zu sein, die wir in der Welt sehen möchten, müssen Graswurzelgruppen lernen, Konflikte auf kooperative, kreative und konstruktive Weise zu handhaben."[303]

Wenn es in der Gruppe daran hapert, kann man sich glücklicherweise auch Unterstützung von außen holen.

Während meiner Zeit als Geschäftsführerin bei der *Werkstatt für Gewaltfreie Aktion* haben wir zusammen mit den *Psychologists for Future* und der *Kurve Wustrow* eine Initiative gestartet, die Gruppen der Klimagerechtigkeitsbewegung in Konfliktsituationen mit externer Moderation helfen möchte. Bei *Konfliktmoderation for Future (K4F)* gibt es dafür extra geschulte Moderator*innen.

Wenn du also zu einer Gruppe stößt, die sich uneins ist, dann meldet euch bei K4F oder anderen Mediator*innen – idealerweise nicht erst, wenn die Gruppe sich schon fast auflöst oder gegenseitig an den Kragen geht. Je früher Konflikte adressiert werden, desto konstruktiver lassen sie sich in der Regel bearbeiten und lösen.

Reflexionsfragen:

- Welche möglichen Stolperfallen siehst du für dich persönlich bzw. welche bereiten dir Sorge?
- Wie kannst du sie umgehen, dich darauf vorbereiten oder einen Umgang damit finden? Wer kann dir dabei behilflich sein?

NICHTS DABEI? EINE EIGENE GRUPPE GRÜNDEN

Die Stolperfallen haben dich abgeschreckt? Du möchtest gerne lokal aktiv werden, aber es gibt keine Gruppe in deiner Gegend, die sich für dein Herzensthema einsetzt? Du kannst die Rolle, die eine Gruppe einnehmen soll, sehr klar benennen – nur gibt es bisher keine Gruppe, die entsprechende Taktiken nutzt oder intern so funktioniert, wie du dir das vorstellst? Wenn du manche dieser Fragen mit „Ja" beantwortest, dann macht es vielleicht Sinn, selbst eine Initiative zu starten.

Fairerweise sei gesagt: Das ist kein ganz leichtes Unterfangen. Es hilft enorm, wenn du schon einige motivierte Mitstreiter*innen an deiner Seite hast. Es ist natürlich von Vorteil, wenn Menschen Teil des Gründungsprozesses sind, die schon Erfahrung haben. Unbedingt notwendig ist es aber auch wieder nicht. Heutzutage ist es nicht schwer, mithilfe des Internets Menschen und Gruppen an anderen Orten zu finden, die ihre Erfahrungen gerne teilen und so neuen Gruppen unter die Arme greifen.

How it started: *ClimAcciò*

Bei der Gründung von *ClimAcciò*, der Klimagerechtigkeitsaktionsgruppe in Barcelona, waren wir von Anfang an ungefähr 15 Menschen, die in diesen Prozess gestartet sind und die Energie von der Klimademonstration nutzen wollten. Auf dem (etwas steinigen) Weg zu unserer Gründung mit Namen und Jahresplan und zu unserer ersten gemeinsamen Aktion unter diesem Namen sind einige Menschen verloren gegangen. Ihnen war es letztlich doch zu kompliziert, zu zeitraubend oder andere Aspekte ihres Alltags haben sie eingeholt. Ich kann gut verstehen, dass sich Menschen aus dem anstrengenden, aufwendigen Prozess der Gruppengründung zurückgezogen haben. Aber gleichzeitig *brauchen* wir diese neuen Initiativen und Gruppen, die sich einsetzen – sei es gegen den Rechtsruck, für Klimagerechtigkeit, gegen Armut.

Umso besser, dass eine Gruppenneugründung eben auch wahnsinnig viele Chancen mit sich bringt. So habe ich zum Beispiel in den Monaten der Gründung von *ClimAcciò* nicht nur sehr viel über mich gelernt, meine Visionen, meine Art zu diskutieren und zu verhandeln, meine Rolle in Gruppen, meine Stärken und Schwächen. Ich habe außerdem durch die Diskussionen mit anderen politisch interessierten Menschen, von denen ich so viel lernen durfte, meine politische Analyse sehr geschärft. Hinter dem Aufbau einer Gruppe, die hoffentlich langfristig ihren Teil zu sozialen Bewegungen beiträgt, steckt so vieles: Was ist unsere Idee von einer guten Zukunft? Im Fall unserer Gruppe war und ist die Antwort: nicht nur eine eigene Utopie entwickeln, sondern gemeinschaftlich träumen und die Ideen auf einen Nenner bringen.

Auf einen Nenner mussten wir auch in Sachen Namensgebung erst einmal kommen. Es war ein mehrwöchiger kreativer und gleichzeitig pragmatischer Prozess, bis wir unseren Namen *ClimAcciò* endlich fix hatten: ein Wortspiel aus dem katalanischen Wort für „Klima“ und „Aktion“. Besonders unsere ziemlich breiten Ziele von Klimagerechtigkeit auf konkrete Aktionen und Kampagnen herunterzubrechen und uns auf Schwerpunkte zu einigen, war kein leichtes Unterfangen. Mit genau dieser Frage verbrachten wir große Teile unseres Klausurwochenendes, an dem wir uns in einem besetzten Haus am Rande der Stadt verbarrikadierten, um zu diskutieren, zu analysieren und zu reflektieren – zwar ein sehr anstrengender, aber auch unglaublich bereichernder Prozess. Wir entschieden uns für einen Fokus auf den Stopp der Ausbaupläne für den Flughafen und Hafen von Barcelona.

Für mich persönlich der größte Lernmoment war unsere erste, eigens geplante Aktion des zivilen Ungehorsams. In einer selbst gegründeten Gruppe Erfolge zu haben und etwas zu schaffen, seien es Aktionen, Konferenzen, Treffen – diese Erfahrung kann noch einmal zu einem größeren Gefühl der Selbstermächtigung führen.

Der Mittelweg

Das klingt dir trotzdem alles zu kompliziert? Es gibt auch noch einen Weg, bei dem du weder eine komplett neue, autonome Gruppe gründen noch dich einer bestehenden Gruppe anschließen brauchst: Du kannst vielleicht eine Lokalgruppe einer schon bestehenden, internationalen oder nationalweiten Initiative gründen, wenn es so etwas in deiner Stadt, deinem Dorf oder der Region noch nicht gibt. *Extinction Rebellion*, *Fridays for Future* und *Ende Gelände*, aber auch *GermanZero* sind gute Beispiele dafür. Zwar büßt du mit diesem Ansatz eine gewisse Autonomie ein, aber es werden gleichzeitig ein paar Dinge leichter: Du bekommst oft Unterstützung von anderen Ortsgruppen oder der nationalen Koordination. Es gibt schon einen Namen, ein Logo und vielleicht auch Infrastruktur wie eine Website, Sticker und so weiter. Die Vision ist klar, die Forderungen sind oft auch gesetzt – zumindest die Hauptforderung. Dadurch geht es schneller, eine Gruppe zu gründen und Mitstreiter*innen zu gewinnen – denn viele Menschen kennen den Namen bereits und wissen, wofür diese Initiative steht.

Reflexionsfragen:

- Mit wem könntest du dich verbünden? Gibt es Menschen in deiner Umgebung, die für ähnliche Themen brennen und auch noch nicht in einer Gruppe organisiert sind?

- Was bräuchtest du, um dich in der Lage zu fühlen, eine neue Gruppe zu gründen? Wo könntest du dir dafür Unterstützung suchen?

12. Brennen, ohne auszubrennen: langfristig aktiv bleiben

Oh Mist, wer hält eigentlich das Banner? Das müssen wir unbedingt noch klären! Und üben, wie es ausgerollt wird! Apropos Banner – ist das eigentlich schon vollständig getrocknet? Wer hat den Schlüssel zum Kulturzentrum? Ich muss mir das alles aufschreiben, sonst vergesse ich es wieder! Hastig springe ich von meinem Bett auf. Es macht sowieso keinen Sinn. Die Gedanken rasen jetzt schon seit 2 Tagen in meinem Kopf herum und sorgen dafür, dass ich seit über 24 Stunden nicht schlafen kann – und keine einzige Minute *nicht* an diese Aktion denke. Was ist noch zu tun? Was kann alles schiefgehen? Und was machen wir dann? Es sind ja auch nur noch 12 Stunden, bis es losgeht! Ich fühle mich aber jetzt schon wie ein halber Zombie, so erschöpft bin ich. Und gleichzeitig läuft mein Gehirn auf Hochtouren, ich bin im absoluten Managing-Modus.

Schon seit 2 Monaten beschäftigt mich die morgige Aktion fast täglich. Wir wollen morgen im Flughafen in Barcelona unseren Protest gegen die Pläne zu dessen Ausbau zum Ausdruck bringen. Und mit einer roten Linie aus Menschen zeigen: „Wir wollen das nicht! In Zeiten der Klimakrise und der vollkommenen Überlastung der Stadt und ihrer Bewohner*innen durch nicht enden wollende Ströme von Tourist*innen ist das einfach eine Schnapsidee!“

Und dann, viele Stunden später? Haben wir es geschafft. Unsere Aktion war erfolgreich! Vollkommen platt falle ich ins Bett, nach fast 48 Stunden Wachsein mit nur einer Stunde Schlaf dazwischen. Ich schüttle über mich selbst den Kopf. Das waren die stressigsten 2 Tage meines Lebens. Sowas mache ich nicht nochmal! Denke ich zumindest damals.

KAPITALISTISCHE LEISTUNGSLOGIK IM AKTIVISMUS

Auch soziale Bewegungen sind nicht frei von der kapitalistischen Leistungslogik. Wenn wir in unseren Kampagnen ein Ende des Kapitalismus, der Wachstumslogik, des „höher, schneller, weiter"-Denkens fordern, dann ist das nicht nur eine abstrakte Logik, die unsere Wirtschaftsweisen bestimmt. Es ist eine Realität, die ihren Weg in unsere Köpfe gefunden hat, in unsere Beziehungen, in unser ganzes Leben. Und leider sind wir auch im Aktivismus nicht so einfach von dieser Logik befreit. Wer kann noch mehr Aufgaben übernehmen? Wer schafft eine krasse Aktion nach der anderen? Wer verpasst kein Plenum, kein Klimacamp, keine Strategiekonferenz? Insgeheim bewundere ich diese Menschen, die scheinbar wie ein Schweizer Uhrwerk laufen und bei allem mit dabei sind. Ihnen scheint nie die Puste auszugehen. Aber kann das überhaupt sein? Und ist das erstrebenswert? Was macht das mit unserem Aktivismus und unseren Beziehungen mit anderen Menschen? Was macht das immer-am-Start-sein mit uns selbst? Allzu oft nichts Gutes: Die Konsequenzen dieser kompletten Selbstaufopferung können dramatisch sein und bis zum Burnout führen.

„Ich hab' schon eingeplant, dass ich nächste Woche wahrscheinlich krank sein werde." Diesen Satz höre ich von einer Bekannten auf dem Mobilitätswendecamp in München, die dort seit 6 Tagen Schichten am Infopunkt schiebt und Trainings gibt. Es ist nicht das erste oder letzte Mal, dass mir eine Aussage wie diese auf Camps, Konferenzen oder Aktionen zu Ohren kommt. Die Planung für solche Termine beginnt Monate, manchmal sogar Jahre vorher. Aktive in den Kerngruppen sind in der heißen Phase unmittelbar vor dem Termin in fast jeder freien Minute in einer Besprechung, einer Arbeitsgruppe, am Laptop, Telefon oder in der Werkstatt. Und während des Termins selbst dann fast rund um die Uhr im Einsatz. Kein Wunder, dass der Körper danach erstmal sagt: „So, das reicht jetzt!" – und uns eine Zwangspause verordnet. Diese Menschen tun, was sie tun, weil sie für die Sache brennen. Aber wie schaffen wir es, uns für unsere Herzensthemen einzusetzen, ohne dabei auszubrennen?

Aktivismus – ist das schon Arbeit?

Die Parallelen mit der kapitalistischen Logik gehen weiter: Camps, Demonstrationen und Informationsevents organisieren, Infomaterialien, Flyer und Plakate erstellen – all das und so viel mehr ist jener Teil der Aufgaben von Engagement, der komplett ehrenamtlich passiert. Und an anderer Stelle werden Menschen für genau diese Arbeit bezahlt, denn es ist eben auch das: Arbeit! Lea Bonasera schreibt: „Viele Menschen werfen den Protestierenden vor, dass sie nicht richtig arbeiten und sich auf Kosten der Gesellschaft ausruhen, doch erlebt man nur einen einzigen Tag im zivilen Widerstand, kann man sehen, dass genau das Gegenteil der Fall ist."[304] Die schweizerische Umweltnaturwissenschaftlerin und Nachhaltigkeits-Journalistin Alex Tiefenbacher schreibt dazu: „Wir werden also alle etwas davon haben, wenn das Klima dank dem Einsatz der Klimastreikenden nicht vollends kollabiert. Die gesellschaftliche Stellung, in der die Aktivist*innen ihre Arbeit momentan verrichten müssen, ist jedoch mehr als prekär."[305] Umso mehr müssen wir deswegen auf uns und unsere Mitengagierten Acht geben und dem „Burn-Out-Aktivismus", wie Tiefenbacher es nennt, vorbeugen.

NACHHALTIGER AKTIVISMUS

Glücklicherweise machen sich darüber immer mehr Aktive in sozialen Bewegungen Gedanken und beschäftigen sich mit nachhaltigem Aktivismus. Timo Luthmann ist in Deutschland einer der bekanntesten Aktivist*innen, der sich mit dem Thema auseinandersetzt. Er hat ein ganzes Buch dazu veröffentlicht und erklärt darin das Konzept von nachhaltigem Aktivismus so: Nachhaltiger Aktivismus setzt sich zusammen aus „1) Erfahrungen und Reflexionen über soziale Veränderung und strategisches Handeln, 2) Individuelle Strategien zur Selbstfürsorge und Ausschöpfung des persönlichen Potenzials und 3) Kollektive Strategien, die langfristiges politisches Engagement stützen bzw. erst ermöglichen.“[306]

Nur wenn alle 3 Aspekte gemeinsam eingesetzt werden, ist das laut Luthmann nachhaltiger Aktivismus. Das Konzept, so schreibt er, hat dabei eine Vielzahl von verschiedenen Wurzeln, die in den Ideen und Praktiken von nachhaltigem Aktivismus zusammenfließen. Das reicht von der Geschichte von sozialen Bewegungen und Widerstandskultur – besonders auch im Globalen Süden – über Psychologie hin zu spirituellen Traditionen.[307]

Mit der Reflexion über soziale Veränderung und strategisches Handeln habe ich mich auf den bisherigen Seiten bereits ausgiebig beschäftigt. Doch was braucht es noch, um langfristig dabei zu bleiben? Welche Strategien können wir als Einzelne und als Gruppe nutzen, um für uns zu sorgen?

INDIVIDUELLE STRATEGIEN

„Für mich selbst zu sorgen ist kein persönlicher Luxus. Es ist Selbsterhalt. Und damit ein Akt politischer Kriegsführung.“[308] Dieses Zitat der Schwarzen Autorin und feministischen Aktivistin Audre Lorde lief mir bei den Recherchen und Gesprächen zu diesem Buchkapitel immer wieder über den Weg.

Also radikale Selbstfürsorge, sozusagen? In gewisser Weise ja. Wenn wir dauerhaft laut und konstruktiv wütend sein wollen, brauchen wir auch manchmal Rückzugsmomente. Die deutsche Feministin und Autorin Svenja Gräfen fasst das so zusammen: „Pausen und Erholung sind keine Belohnung, sondern eine Voraussetzung fürs Weitermachen. Du musst sie dir nicht erst verdienen – sie stehen dir einfach zu, weil du existierst.“[309]

Entspannung sieht bei jedem Menschen anders aus. Die einen hängen sich an einen steilen Felsen und versuchen, ihn kletternd zu überwinden, die anderen meditieren im Schneidersitz und strecken ihr Gesicht in die Sonne. Oder vergraben sich mit einem Buch oder ihrer Lieblingsserie im Bett. Erlaubt ist alles, was einen Ausgleich zum stressigen Lohnarbeits- oder Ausbildungsalltag und zum ehrenamtlichen Engagement schafft.

Und wer hätte gedacht, dass neben Yoga – wie für die queere, afroamerikanische Bürgerrechtlerin Angela Davis[310] – sogar Poledance diese politische Komponente haben kann? So beschreibt es die Organizerin Suguey Hernandez im Gespräch mit adrienne maree brown im bereits erwähnten Buch „Pleasure Activism“: „Ich finde meine Freiheit in einer verkörperten Praxis der Selbstliebe durch Tanz. Poledance gibt mir das Vergnügen und die Möglichkeit, in einer Gesellschaft, die darauf versessen ist, mich dafür zu hassen, dass ich braun, weiblich, mexikanisch und *queer* bin, einfach zu SEIN. Wenn ich mich auf diese Weise um meinen Geist, mein Herz und meinen Körper kümmere, kann ich die Arbeit fortsetzen, auf die es ankommt – sei es, dass ich mich mit unseren Gemeinschaften auf der Straße organisiere oder mich mit formalen Mitteln für unsere Befreiung einsetze."[311]

Doch nicht immer ist der selbst gewählte Ausgleich genug, um Stress, aber auch erdrückende Gefühle abzumildern. Wenn du dich mit der Klimakrise und anderen sozialen Krisen beschäftigst, kann das so einiges auslösen. Und mit diesen Gefühlen bist du nicht alleine: Die Studie von *More in Common* zeigt, dass in Deutschland das vorherrschende Gefühl im Angesicht der Klimakrise Hilflosigkeit ist (45%), gefolgt von Enttäuschung (31%) und Wut (27%).[312] Es ist okay und gesund, dass diese Gefühle da sind. Sie sind vielleicht auch der Auslöser, warum du dieses Buch in der Hand hältst und dich fragst, wie du (mehr) tun kannst. Trotzdem ist es wichtig, mit diesen Gefühlen nicht allein zu bleiben, sondern darüber zu reden. Dafür gibt es zum Beispiel Angebote von den *Psychologists for Future*[313]. Das ist eine Gruppe von Psycholog*innen und Psychotherapeut*innen, die sich zusammengetan haben, um ihre Fähigkeiten und Erfahrungen zu nutzen und in den Dienst des Kampfes gegen die Klimakrise zu stellen. Sie unterstützen Engagierte dabei, langfristig aktiv zu bleiben, indem sie online und offline Gesprächsrunden zu Sorgen und Ängsten, aber auch angeleitete Mediationen etc. anbieten.

Wenn du dich in der gerade erwähnten Studie im Team Wut wiedererkennst: verständlich. Es gibt hunderttausend Gründe, wütend zu sein. Hunderttausend Gründe, sich gegen Ungerechtigkeit einzusetzen. Aber bei all der Wut darf auch nicht unter den Tisch fallen, dass deine, meine, unsere individuellen Kapazitäten begrenzt sind. Sei milde mit dir, wenn du nicht die Energie hast, jedem Aufruf zur Gründung einer neuen Gruppe oder Kampagne zu folgen. Was du tust, ist wahrscheinlich mehr, als viele andere Menschen tun – auch wenn du vielleicht das Gefühl hast, es ist immer noch viel zu wenig.

Was hilft, ist Vertrauen. Darauf, dass es andere Menschen gibt, bei denen die Ungerechtigkeiten genauso einen Knoten der Wut im Bauch auslösen. Die auch etwas verändern, mutig sein wollen – und sich dann genau diesen Kämpfen verschreiben, für die uns selbst beim besten Willen nicht die Zeit und Energie bleibt.

Nicht bei allem mit dabei zu sein, nicht alle Aufgaben übernehmen zu können – dafür braucht es die Fähigkeit, sich abzugrenzen. Das ist einerseits wichtig für die zahlreichen Kämpfe, die noch ausstehen, und andererseits für die Aufgaben innerhalb der sozialen Bewegungen und Gruppen, die wir uns für unser Engagement aussuchen. Denn auch dort kann ich mir (schneller als gedacht) viel zu viele Verantwortlichkeiten aufladen. Deswegen ist es in diesem Kontext genauso wichtig, hier und da „Nein" zu sagen – zu uns selbst, aber eben auch mal zu anderen.

Moment: Ist also die Lösung, einfach Aufgaben abzulehnen – damit es dann eine andere Person in der Gruppe machen, jemand anders die Verantwortung übernehmen und ausbrennen muss? Wohl kaum. Deswegen braucht es neben individuellen Strategien unbedingt auch kollektive Strategien, um der Überforderung etwas entgegenzusetzen. Wie die Empowerment-Trainerin und Psychologin Mariela Georg schreibt: „Selbstfürsorge ist ein wichtiger Schritt hin zu kollektiver Fürsorge. Sie bedingen einander."[314]

KOLLEKTIVE STRATEGIEN

Für erste Ideen und Praktiken, wie kollektive Fürsorge in widrigen Zeiten aussehen kann, hilft uns ein Blick auf die Art, wie Sklav*innen ihr Überleben sicherten. So analysierte bell hooks[x], eine der bedeutendsten feministischen und antirassistischen Theoretiker*innen und Autor*innen der letzten Jahrzehnte, in ihrem Buch „Sisters of the Yam“[315], dass versklavte Menschen mit gemeinsamer Musik, Singen und Beten kollektive Fürsorge betrieben.

Davon können wir für unser Engagement viel lernen. Erinnerst du dich noch an die guten Gründe aus Kapitel 5, um sich kollektiv zu organisieren (wenn nicht, blättere zurück zu S. 66)? Einer davon war Spaß, auch in schwierigen Situationen, – und der ist für das langfristige Wohlergehen enorm wichtig. Auch wenn unsere Situation natürlich nicht mit der von Sklav*innen vergleichbar ist: Nach dem anstrengenden Arbeitsgruppentreffen noch zusammensitzen, quatschen, an den See fahren, etwas trinken gehen oder zusammen Ausflüge machen – einfach so, ohne To-do-Liste: All das trägt im Endeffekt dazu bei, dass wir auch als Gruppe einen Ausgleich zu den intensiven Arbeitsphasen und zu dem Stress schaffen, der damit zusammenhängen kann.

Wenn es Menschen in unserer Gruppe nicht gut geht, ist es wichtig, dass sie damit nicht allein gelassen werden, sondern die Gruppe versucht, so gut wie möglich zu unterstützen. Dafür müssen wir aber erst voneinander Bescheid wissen. Um Befindlichkeiten nicht nur in den Pausen zwischen Tür und Angel anzusprechen, gibt es in vielen Gruppen, in denen ich aktiv bin und war, sogenannte „Check-in-Runden“. Also ein Einchecken zu

x bell hooks ist ein Pseudonym, das die Autorin bewusst in Kleinschreibung nutzte. Es war der Name ihrer indigenen Urgroßmutter.

Beginn jedes Plenums, bei dem jede*r kurz teilt, wie es gerade geht und wie wir in das Treffen starten. Das ist eine schöne und praktische Art, voneinander mitzubekommen, was los ist – und gegebenenfalls Unterstützung anzubieten für einzelne Personen. Oder um als Gruppe einen Schritt zurück zu machen und zu überlegen, ob es vielleicht irgendwelche Änderungen auf struktureller Ebene braucht. Wenn schon beim Check-in alle erzählen, dass sie beispielsweise vollkommen überfordert sind – dann ist eindeutig noch Luft nach oben.

Für diese Check-ins am Anfang eines Plenums haben wir in der Regel nicht viel Zeit eingeplant und es bleibt deswegen oft ein bisschen oberflächlich. „Ich wünsche mir, dass Politgruppen sich mehr mit der Frage beschäftigen, was Personen in ihrer Gruppe brauchen, um sich wohlzufühlen. Und das ist meiner Meinung nach nicht getan mit einer ‚Wie-geht's-mir-Runde' vor einem Treffen."[316] Das erzählt ein*e Engagierte*r im bereits erwähnten „Glitzer im Kohlestaub". Deswegen sind sogenannte „Emo-Plena" eine gute Sache. Bei diesen Plena geht es, wie der Name schon andeutet, darum, sich das Herz gegenseitig auszuschütten – und sich dafür mal so richtig Zeit zu nehmen.

Manchmal ist es aber ganz schön schwer, alle in der Gruppe im Blick zu haben. Gerade, wenn wir in unserer Initiative nicht nur eine Handvoll Menschen sind. Dann kann es passieren, dass einzelne Leute hinten runterfallen, gerade, wenn sie eher ruhiger sind und ihnen ihre Gefühle nicht – so wie bei mir – ins Gesicht geschrieben sind. Unter anderem deswegen gibt es in Aktionsgruppen das Konzept von Bezugsgruppen, das ich schon auf S. 240 erwähnt habe. Die Unterteilung in kleinere Gruppen macht es einfacher, die Bedürfnisse aller auf dem Schirm zu haben. Denn wir müssen so nicht 30, 50 oder

500 Menschen gleichzeitig im Blick haben und über ihre Bedürfnisse und Befindlichkeiten Bescheid wissen.

Abgesehen von der Gesprächskultur braucht es aber auch andere, handfestere Strategien, damit wir langfristig aktiv bleiben können. Für Menschen mit Kindern beispielsweise kann es ganz schön herausfordernd sein, an Arbeitstreffen teilzunehmen. Wenn wir uns gemeinschaftlich um Kinderbetreuung kümmern – also zum Beispiel abwechselnd immer eine Person mit den Kindern der Gruppe spielt oder wir eine*n Freiwillige*n dafür finden –, übernehmen wir als Kollektiv die Verantwortung.

Und dann ist da noch der nächste große Faktor, der dazu führen kann, dass Menschen dem Aktivismus den Rücken kehren: die finanzielle Seite. Nicht jede*r kann es sich finanziell leisten, ehrenamtlich sehr aktiv zu sein. Dagegen hilft Umverteilung, also eine solidarische Art, mit Geld umzugehen. Das kann alles Mögliche sein, von geteiltem Einkommen bis zur Fahrtkosten-Unterstützung durch Menschen, die mehr Geld zur Verfügung haben als andere in der Gruppe. Diese Mechanismen bauen Zugangsbarrieren ab, reduzieren Stress und damit die Gefahr, dass wir Menschen mit geringeren finanziellen Ressourcen aus der Bewegung verlieren.

Am Ball bleiben

Timo Luthmann hat in seinem Buch noch viel mehr Ideen und Praktiken aufgeschrieben, die bereits jetzt in sozialen Bewegungen und von Einzelnen umgesetzt werden. Er schreibt dort auch: „Oft unterschätzen Aktivist*innen die Zeiträume, die es braucht, um erfolgreich gesellschaftliche Verhältnisse zu verändern. Tiefgreifender struktureller Wandel kommt weder leicht noch schnell. Es braucht ein Langzeitengagement und einen Fokus, um wirklich soziale Verhältnisse zu verändern.“[317]

Wenn wir älter werden und in eine andere Lebensphase eintreten – zum Beispiel von Ausbildung zu Beruf, Kinder bekommen, in Rente gehen – verändert sich mit uns auch unser Engagement. Wir müssen dann unseren Aktivismus mit neuen Bedürfnissen in Einklang bringen. Auch dafür ist es wichtig, dass die Verantwortung dafür nicht nur bei uns als Einzelnen liegt, sondern auch kollektiv mitgedacht und dagegen gesteuert wird. Denn wir brauchen jede*n Einzelnen in unseren sozialen Bewegungen. Und wir müssen wohl noch eine Weile am Ball bleiben.

Was Bestandteile eines „Überlebenselixiers" sein können, das dafür sorgt, dass Menschen auch über Jahrzehnte hinweg engagiert bleiben, darauf gibt uns die deutsche Autorin und Aktivistin Rehzi Malzahn Hinweise in ihrem Buch „dabei geblieben"[318], das sich aus zahlreichen Interviews mit Alt-Aktiven speist. „Trotz und Wut auf die Verhältnisse" und „Glaube und Hoffnung"[319] sind 2 davon. Von Wut zu Mut. Diesen Handstand müssen wir dafür nicht nur einmal machen. Sondern immer wieder aufs Neue.

Reflexionsfragen:

- Reproduzierst du selbst die kapitalistische Leistungslogik in deinem Engagement? Was löst das in dir aus?
- Wann hast du dich zuletzt sehr wohl und entspannt gefühlt? Was hast du in dem Moment gemacht, wo warst du?
- Wie kannst du andere Menschen unterstützen bzw. mit anderen zusammen gemeinschaftlich gegen Überforderung entgegenwirken?

13. Organisiert euch!

Es ist Juni 2024. Während ich diese Zeilen schreibe, befinde ich mich noch in einem ungläubigen Schock. Zwischen 6. und 9. Juni gehen in 27 Ländern in Europa Menschen zur Urne, um ihre Stimme abzugeben. In Deutschland gingen 16 % der Stimmen an die AfD. 16 %. In Österreich landet die rechtspopulistische Partei FPÖ erstmals bei einer bundesweiten Wahl auf Platz 1. In Frankreich bekommt die rechtspopulistische Partei rund um Marine Le Pen doppelt so viele Stimmen wie die konservative Regierungspartei rund um Emmanuel Macron. Der europaweite Rechtsruck ist unbestreitbar da. Obwohl Anfang des Jahres aufgrund der Enthüllungen der *Correctiv*-Recherche in Deutschland wochenlang Hunderttausende von Menschen auf die Straße gingen – gegen rechts, gegen Hass, gegen Hetze.

Die Wahlentscheidung für eine rechte Partei ist in vielen Fällen nicht nur eine Entscheidung für menschenfeindliche Abschottung an den EU-Außengrenzen und ein Freifahrtschein für rassistische Hetze bei uns zu Hause. Es ist auch oft eine Wahlentscheidung gegen Klimaschutz oder gar Klimagerechtigkeit. Es ist, alles in allem, eine Entscheidung gegen die Zukunft für uns alle und gegen die Gegenwart für Menschen, die von rechten Parteien als Feindbilder fabriziert werden: BIPoCs, Migrant*innen, queere Menschen, Frauen.

Woher soll denn da die Zuversicht kommen, fragst du dich vielleicht? Ich würde sagen: aus dem Mut heraus. Denn mutig sein können wir immer. Du hast die Macht, die Welt zu verändern – gemeinsam mit anderen. Also: Trau dich, sei mutig! Du bist nicht allein.

Wie du politisch aktiv werden kannst? Geh den ersten Schritt. Und dann noch einen. Und noch einen weiteren. Mach dich einfach auf den Weg. Hier und heute.

Worauf wartest du noch?

Nachwort

Nur zum Spaß habe ich irgendwann mit einem Freund darüber geredet, ob wir uns vorstellen könnten, jemals ein Buch zu schreiben. Nie hätte ich gedacht, dass ich das tatsächlich einmal tun würde. Doch als der Löwenzahn Verlag mich kontaktierte und fragte, ob ich mir ein gemeinsames Buchprojekt vorstellen könnte, sagte ich zu. Die Entscheidung fiel mir nicht leicht. Ich habe viel darüber nachgedacht, mich plagten einige Zweifel – deswegen sprach ich mit vielen mir nahestehenden Menschen darüber, ob ein Buch zu schreiben wirklich sinnvoll ist. Für mich, für die Bewegung, für den Wandel, den wir so dringend brauchen auf dieser Welt. In der Zeit, die ich gebraucht habe, um diese Seiten niederzuschreiben, hätte ich viele Workshops geben können. Sehr viele.

Eine der Fragen, die ich mir vor der Entscheidung gestellt habe, drehte sich um meine Rolle in der Bewegung. Was sind meine Stärken? Wer bin ich, ein Buch über (Klima-)Aktivismus schreiben zu wollen? Welche Perspektive teile ich, welche Stimmen werden nicht gehört?

Unübersehbar ist jedenfalls, wessen Stimmen laut und deutlich zur Sprache kommen: Viele Bücher, vor allem auch Sachbücher, werden nach wie vor von Männern geschrieben. Männliche Perspektiven haben die Oberhand darin, wie wir die Welt sehen und in Büchern verstehen lernen. Katja Diehl, Autorin und Aktivistin von „Autokorrektur“, teilte einmal auf ihrem Instagram-Kanal: „Nur eins von fünf Sachbüchern ist von Frauen geschrieben.“

Ich fragte mich sehr stark, ob ich wirklich etwas Sinnvolles zu sagen habe. Eine Freundin von mir erwiderte darauf, das sei eine (weitere) Spur, die das Patriarchat hinterlassen hat: Zweifel daran, dass meine Gedanken und Erfahrungen interessant sein könnten für andere Menschen. Aber werden Stimmen wie meine tatsächlich nicht genug gehört? Sollten nicht andere im Vordergrund stehen? Dass ich mir diese Fragen überhaupt stelle, verdanke ich der Klimagerechtigkeitsbewegung – und besonders den Menschen, die von innen heraus, aber auch manchmal von außen ihre berechtigte Kritik an der relativen Privilegiertheit von mir und vielen anderen Aktivist*innen äußern.

Es gibt noch viele Perspektiven, denen wir zu wenig Gehör schenken. Die zu wenig in der Literatur vertreten sind. Ich hoffe, dass wir bald in eine Ära eintreten, in der wir auch anderen Stimmen noch mehr Platz einräumen.

An Platz mangelt es mir gerade auch in meinem Alltag und in meinem Kopf. Ich bin erschöpft. Seit ich mit dem Buchprojekt begonnen habe, versuche ich, viele verschiedene Bälle gleichzeitig in der Luft zu jonglieren. Um genug Zeit und Energie für dieses Buch zu haben, musste ich meine Beteiligung bei Camps und Aktionstagen jenseits von *Stay Grounded* einstampfen. Mir ist es aber sehr wichtig, auch weiterhin ehrenamtlich ganz direkt in der Bewegung mit dabei zu sein und so nicht den Kontakt zu verlieren.

Für dieses Buch habe ich nochmal einiges zum Thema Nachhaltiger Aktivismus recherchiert, Bücher gelesen, Podcasts gehört. Und nur wenige Wochen, nachdem ich das Kapitel zu „Nachhaltiger Aktivismus" (Kapitel 12, ab S. 253) verfasst habe, merke ich bei mir selbst, dass ich müde bin. Sehr müde. Mir wird die Ironie bewusst, dass ich über nachhaltigen Aktivismus schreibe, aber gerade selbst an meine eigene Grenze stoße.

Und doch möchte ich die Erfahrung des Buchprozesses nicht missen. Es hat mich an viele neue Orte geführt, in die Gedankenwelt von anderen Menschen, die teilweise schon weit vor mir ihre Erfahrungen und Ideen niedergeschrieben haben. Es hat dazu geführt, dass ich Diskussionen mit Menschen in meinem Umfeld noch einmal neu und intensiver geführt habe. So betrachtet kann ich also rückblickend sagen: Dass ich dieses Buch überhaupt geschrieben habe, zeugt von einer tiefen Zuversicht. Einer Zuversicht in uns, in dich.

Danksagung

Ohne meine ganz persönlichen (stillen) Held*innen wäre dieses Buchprojekt niemals möglich gewesen. Deswegen geht mein Dank an:

Meine Testleser*innen Silvi, Lisi, Henri Kassulis und Anne Schaffartzik – danke für eure Gedanken und eure Zeit.

Die Menschen von *ClimAcció*, *By2020WeRiseUp*, alle Gruppen(mitglieder), mit denen ich sonst noch aktiv sein durfte und deren Namen lieber im Hintergrund bleiben. Danke für euren Mut, eure Gemeinschaft.

Die *Werkstatt für Gewaltfreie Aktion*, insbesondere auch Uli – danke für euer quasi bedingungsloses Vertrauen und Unterstützung.

Die Menschen, die mich an unterschiedlichen Stellen meines Aktivismus an ihren Erfahrungen, Analysen und Perspektiven auf (Klima-)Politik teilhaben lassen oder an ihren Erfahrungen mit dem verrückten Unterfangen, ein Buch zu veröffentlichen: Manuel, Theresa, Miriam, Thomas, Wiebke, Sarah, Lucy, Irene, Marcus, Dennis, Johanna, Larissa, Andrea*s, Camille, Katy, Niklas, Joel, Franzi, Dani*el*a – danke für eure klugen Gedanken.

Die Menschen von *Stay Grounded* – das beste Team, das ich mir vorstellen kann.

Meine WG, meine Freund*innen und meine Familie – danke für eure Unterstützung in allen Lebenslagen.

Den Löwenzahn Verlag für die Möglichkeit, besonders an Christina Kindl-Eisank, Josefa Niedermaier und Elisabeth Waldhart. Danke an Bianca Seidel für die Covergestaltung.

Glossar

*In Anlehnung an das Glossar von Josephine Apraku in „Mein Workbook zu Rassismus", Svenja Gräfen in „Radikale Selbstfürsorge. Jetzt!" und der Neuen deutschen Medienmacher*innen (NdM).*

Ableismus/ableistisch: aus dem Englischen abgeleiteter Begriff für die Benachteiligung sowie Diskriminierung gegenüber Menschen, die von der Gesellschaft be_hindert werden.

Be_hindert: bewusst gewählte Schreibweise, die verdeutlichen soll, dass Menschen durch äußere Umstände, die von der Gesellschaft vorgegeben werden, in ihrem Alltag Behinderungen erfahren.

BIPoC: die Abkürzung für Black, Indigenous und People of Color, welche verschiedene Selbstbezeichnungen von Gruppen umfasst, die Rassismus in verschiedenen Facetten erfahren.

Cis-/cisgender: das Gegenteil von „trans". Es bedeutet, dass sich eine Person mit dem Geschlecht identifiziert, das ihr bei der Geburt zugeschrieben wurde.

Degrowth: ein Konzept mit dem Ziel, ein niedrigeres und damit nachhaltiges Level von Produktion und Konsum zu erreichen. Damit soll ein gutes Leben für alle innerhalb der ökologischen Grenzen möglich werden.

Emanzipation/emanzipatorisch: die Befreiung aus einer Abhängigkeit, die oft mit Herrschaft, Ausbeutung und Unterdrückung einhergeht.

FLINTA*: Abkürzung für Frauen, Lesben, inter-, nichtbinäre, trans- und agender-Personen. Also für all diejenigen, die aufgrund ihrer Geschlechtsidentität im Patriarchat diskriminiert werden.

Globaler Süden/Globaler Norden: ein Konzept zur geopolitischen Einteilung von Ländern. Die Begriffe sind nicht geografisch zu verstehen, sondern beschreiben eine benachteiligte (Globaler Süden) oder privilegierte (Globaler Norden) Position in einer globalisierten Welt. Im Vergleich zu Bezeichnungen wie „Entwicklungs-/ Schwellenländer" ist es ein wertfreieres Konzept.

Gutes Leben für alle: ein Konzept, mit dem Lebensstile und Wirtschaftsformen beschrieben werden, welche nicht auf Kosten von anderen Menschen und der Natur gehen – also eine solidarischen Lebensweise.

Klassismus/klassistisch: der Begriff für Diskriminierung und Unterdrückung aufgrund der sozialen Herkunft, der „Klasse". Betroffen sind zum Beispiel Personen ohne Lohnarbeit, im Niedriglohnsektor beschäftigte oder von Armut betroffene Menschen.

Kolonialismus/kolonial: historische Praxis, die sich auf die politische, wirtschaftliche und kulturelle Kontrolle eines Landes oder Gebiets durch eine fremde Macht bezieht. In der Regel sind damit europäische Kolonialmächte gemeint.

Konsens: bezeichnet ein Entscheidungsverfahren, an dessen Ende eine Entscheidung steht, die ausnahmslos alle mittragen können. Damit steht Konsens im Kontrast zum sonst sehr oft in unserer Gesellschaft verwendeten Mehrheitsentscheid.

Marginalisierung/marginalisiert: vom Englischen „margin" (= Rand) abgeleiteter Begriff für die Ausgrenzung und das gesellschaftliche An-den-Rand-Drängen von bestimmten Bevölkerungsgruppen.

Race: Der englische Begriff „race" dient im Vergleich zum äußerst problematischen deutschen Begriff „Rasse" dazu, gesellschaftliche Phänomene zu beschreiben und zu analysieren, die von Institutionen aufrechterhalten werden. So spiegelt der Begriff Rassismuserfahrungen wider.

Schwarz: wird großgeschrieben und meint die selbstermächtigende politische Selbstbezeichnung von Schwarzen Menschen. Menschen, die sich selbst als Schwarz bezeichnen, können sehr unterschiedliche Hautschattierungen haben. Die Bezeichnung meint eine durch Rassismus geschaffene soziale Position, die Benachteiligung erfährt.

Queer: heute meist positiv als Selbstbezeichnung gebrauchter Begriff, verwendet vor allem von Menschen, die ihre Identität als ‚außerhalb der gesellschaftlichen/romantischen/sexuellen Norm' ansehen.

weiß: ist keine Selbstbezeichnung. Der Begriff *weiß* bezieht sich nicht auf Hautschattierungen, sondern beschreibt eine privilegierte Machtposition, die durch Rassismus geschaffen wird. Im Kontext von Rassismuskritik wird der Begriff kursiv geschrieben.

Leseempfehlungen

Apraku, J. (2023). Mein Workbook zu Rassismus. Für eine alltägliche und tiefgehende Auseinandersetzung. Familiar Faces Verlag.

Boyd, A. und Mitchell, D. O. (Hg.) (2014). Beautiful Trouble: Handbuch für eine unwiderstehliche Revolution. Orange Press.

brown, a. m. (2019). Pleasure Activism. AK Press.

Grebenjak, M. (Hg.) (2024). Kipppunkte. Strategien im Ökosystem der Klimabewegung. Unrast Verlag.

I.L.A. Kollektiv (Hg.) (2022). Die Welt auf den Kopf stellen. Strategien für radikale Transformation. Oekom Verlag.

Luthmann, T. (2019). Politisch aktiv sein und bleiben. Unrast Verlag.

Mau, K. (2024). Das Ende der Erschöpfung. Wie wir eine Welt ohne Wachstum schaffen. Löwenzahn Verlag.

Ogette, T. (2022). Exit Racism. Rassismuskritisch denken lernen. Unrast Verlag.

Valiente, A. I. (Hg.) (2015). Vertrauen, Kraft und Widerstand. Kurze Texte von Audre Lorde. w_orten & meer.

War Resisters' International (Hg.) (2017). Handbuch für gewaltfreie Kampagnen. Verlag Graswurzelrevolution.

Zucker im Tank (Hg.) (2022). Glitzer im Kohlestaub. Vom Kampf um Klimagerechtigkeit und Autonomie. Assoziation A.

ERWÄHNTE GRUPPEN UND KAMPAGNEN: EINE AUSWAHL

Im deutschsprachigen Raum + international gibt es beispielsweise folgende Gruppen und Kampagnen:

- Alle Dörfer Bleiben (D)
- Am Boden bleiben (D)
- Animal Rebellion (Int.)
- Bund für Umwelt und Naturschutz – BUND (D)
- Bürgerbewegung Finanzwende (D)
- By2020WeRiseUp (Int.)
- Climate Justice Action Network (Int.)
- Debt for Climate (Int.)
- Deutsche Wohnen enteignen (D)
- Disrupt (D)
- EndCement (D)
- Ende Gelände (D)
- Extinction Rebellion (Int.)
- Fossil Free (Int.)
- Fridays for Future (D + Ö + Int.), Klimastreik Schweiz (CH)
- Gastivists (Int.)
- Gemeinsam gegen die Tierindustrie (D)
- GermanZero (D)
- Greenpeace (Int.)
- Hände weg vom Dietenbach-Wald (D)
- Jugendrat (Ö)
- JunepA (D)
- Kohle erSetzen! (D)
- Konfliktmoderation for Future – K4F (D + Ö + CH)
- Kurve Wustrow (D)
- Letzte Generation (D), Renovate Switzerland (CH)
- LobauBleibt (Ö)

- Lützerath Lebt (D)
- Movement Hub (D)
- NABU (D + Ö + CH)
- No Future for IAA (D)
- Out of Action (D)
- PETA (Int.)
- Psychologists for Future (D + Ö + CH)
- Radius (Ö)
- Rhythms of Resistance (Int.)
- Robin Wood (D)
- Rote Hilfe (D + Ö)
- Sand im Getriebe (D)
- Scientists Rebellion (Int.)
- Skills for Action (D + Ö + CH)
- Stay Grounded (Int.)
- System Change, not Climate Change (Ö)
- Tesla den Hahn abdrehen – Bündnis für Wasserschutz und Mobilitätswende (D)
- Tesla stoppen (D)
- Urgewald (D)
- Verkehrswendestadt (D)
- VW für alle (D)
- Wald statt Asphalt (D)
- Werkstatt für Gewaltfreie Aktion (D)
- Wir fahren zusammen/gemeinsam (D + Ö)
- Wir haben es satt (D)
- Zucker im Tank (D)
- 350.org (Int.)

LITERATUR- UND QUELLENVERZEICHNIS

1 Bundeszentrale für politische Bildung (2004). Zivilcourage lernen. https://www.bpb.de/system/files/pdf/FWJKE2.pdf

2 Dworkin, A. (1974). Woman hating. Penguin. S. 1.

3 Lorde, A. (1989, 29. Mai). Abschlussrede am Oberlin College. In: AnouchK Ibacka Valiente (Hg.) 2015: Vertrauen, Kraft und Widerstand. Kurze Texte von Audre Lorde. w_orten & meer. S. 91.

4 Fromm, S. (2018). Degrowth: a movement or a vision? https://lup.lub.lu.se/luur/download?func=downloadFile&recordOId=8947435&fileOId=8947438

5 Wright, E. O. (2017). Reale Utopien. Wege aus dem Kapitalismus. Suhrkamp Verlag.

6 Luthmann, T. (2018). Politisch aktiv sein und bleiben. Unrast Verlag. S. 195.

7 Original (ins Deutsche übersetzt von Sara Fromm): „Visionary fiction demands us to be unrealistic in our visions of the future because all real substantive social change has been considered to be unrealistic at the time people fought for it – until those people changed the world to make it happen." Walidah Imarish (2020, 22. Oktober). To Build a Future Without Police and Prisons, We Have to Imagine It First. https://onezero.medium.com/black-lives-matter-is-science-fiction-how-envisioning-a-better-future-makes-it-possible-5e14d35154e3

8 Luthmann, T. (2018). Politisch aktiv sein und bleiben. Unrast Verlag. S. 62.

9 Ojala, M. (2018). Eco anxiety. Medium – RSA Journal (4). https://medium.com/rsa-journal/eco-anxiety-323056def77f

10 Lertzman, R. (2015). Environmental Melancholia: Psychonanalytic Dimensions of Engagement. Routledge.

11 Work that reconnects Network. https://workthatreconnects.org/what-is-the-work-that-reconnects/

12 Original (ins Deutsche übersetzt von Sara Fromm): „We should all be angry. Anger has a long history of bringing about positive change. But I am also hopeful because I believe deeply in the ability of human beings to remake themselves for the better." Chimamanda Ngozi Adichie (2014). We should all be feminists. Harper Collins. S. 21.

13 Original (ins Deutsche übersetzt von Timo Luthmann): „To be hopeful in bad times is not just foolishly romantic. It is based on the fact that human history is a history not only of cruelty, but also of compassion, sacrifice, courage, kindness." Zinn, H. (2007). A power governments cannot suppress. City Lights. S. 270.

14 Lorde, A. (1979, 3. Oktober). Wann wird die Ignoranz enden? Festrede für die National Third World Gay and Lesbian Conference. In: AnouchK Ibacka Valiente (Hg.) (2015). Vertrauen, Kraft und Widerstand. Kurze Texte von Audre Lorde. w_orten & meer. S. 100.

15 Original: „Preguntando caminiamos". Aus dem Spanischen übersetzt: Preguntando caminamos – Zitat der zapatistischen Bewegung

16 Ditlevsen, P. und Diglevsen, S. (2023, 25. Juli). Warning of a forthcoming collapse of the Atlantic meridional overturning circulation. https://www.nature.com/articles/s41467-023-39810-w

17 Guterres, A. (2024, 05. Juni). Secretary-General's special address on climate action „A Moment of Truth". https://www.un.org/sg/en/content/sg/speeches/2024-06-05/secretary-generals-special-address-climate-action-moment-of-truth%C2%A0

18 IPCC (2023). AR6 Synthesis Report: Climate Change 2023. https://www.ipcc.ch/report/sixth-assessment-report-cycle/

19 Schmid-Johannsen, J., Lang, U. und Heiliger, N. (2023, 23. Juni). Noch ein Vermisster – Aktuelle Daten und Fakten. https://www.swr.de/swraktuell/rheinland-pfalz/flut-in-ahrweiler-so-gross-ist-der-schaden-104.html

20 Goldbaum, C. und Ur Rehman, Z. (2022, 15. Oktober). When Cemeteries Are Flooded, Where Do You Bury the Dead? https://www.nytimes.com/2022/10/15/world/asia/pakistan-floods-dadu-sindh.html
21 Richter, Dr. S. (2018, 17. Mai). Ressourcenkonflikte. https://www.bpb.de/themen/kriege-konflikte/dossier-kriege-konflikte/76755/ressourcenkonflikte/
22 Rackete, C. (2019). Handeln statt Hoffen. Droemer. S. 113.
23 World Bank Group (2021, 13. September). Climate Change Could Force 216 Million People to Migrate Within Their Own countries by 2050. https://www.worldbank.org/en/news/press-release/2021/09/13/climate-change-could-force-216-million-people-to-migrate-within-their-own-countries-by-2050
24 Ibrahim, H.O. (2019): In. Rackete, C. (2019). Handeln statt Hoffen. Droemer. S. 13.
25 Correctiv (2024, 10. Januar). Geheimplan gegen Deutschland. https://correctiv.org/aktuelles/neue-rechte/2024/01/10/geheimplan-remigration-vertreibung-afd-rechtsextreme-november-treffen/
26 Ibrahim, H.O. (2019): In. Rackete, C. (2019). Handeln statt Hoffen. Droemer. S. 12.
27 Our world in data (2023). Cumulative CO_2 emissions. https://ourworldindata.org/grapher/cumulative-co-emissions?country=DEU~OWID_AFR
28 Fanning, A.L. und Hickel, J. (2023). Compensation for atmospheric appropriation. *Nat Sustain* doi.org/10.1038/s41893-023-01130-8
29 https://www.bpb.de/kurz-knapp/lexika/das-junge-politik-lexikon/320648/kolonialismus-kolonien/
30 Gössling, S. und Humpe, A. (2020). The Global Scale, Distribution and Growth of Aviation: Implications for Climate Change. https://tinyurl.com/yy9aper2
31 Possible (2023, Juli). Jetting away with it. https://docs.google.com/document/d/1WdGEPGb7W5QvomzJCmtSDwG_NdvtcU3zxzpQNIZ-mHo/edit#heading=h.u6xdl3yooc6d
32 Our World in Data (2023, 12. Dezember). Per capita CO_2 emissions. https://ourworldindata.org/grapher/co-emissions-per-capita
33 https://www.credit-suisse.com/about-us/en/reports-research/global-wealth-report.html
34 Our World in Data (2024, 27. März). Poverty: Share of population living on less than $8.85 a day. https://ourworldindata.org/grapher/share-living-with-less-than-550-int--per-day
35 UN Women Deutschland. Klima und Gender. https://unwomen.de/klima-und-gender/
36 Donatsch, S. (2023, 23. April). Frauen leiden stärker unter Klimakrise – aber sie sind nicht nur Opfer. Frankfurter Rundschau. https://www.fr.de/politik/klima-krise-klimawandel-auswirkungen-folgen-frauen-92229963.html
37 Schulzki-Haddouti, C. (27.05.2024). 5 Argumente, warum europäische Klimapolitik von Frauen und für Frauen wichtig ist. https://www.riffreporter.de/de/gesellschaft/frauen-klimawandel-klimapolitik-gesundheit-demokratie
38 Galtung, J. (1975). Strukturelle Gewalt. Beiträge zur Friedens-und Konfliktforschung, Reinbek bei Hamburg. S. 133–136.
39 Frick, V. und Gossen, M. Junge Menschen in der Klimakrise. In: Texte 127/2022. https://www.umweltbundesamt.de/sites/default/files/medien/479/publikationen/texte_127-2022_junge_menschen_in_der_klimakrise.pdf
40 Grebenjak, M. (2024). Kipppunkte. Strategien im Ökosystem der Klimabewegung. Unrast Verlag. S. 28.
41 Original (ins Deutsche übersetzt von Sara Fromm): „It is in the knowledge of the genuine conditions of our life that we must draw our strength to live and our reason for acting“. De Beauvoir, S. (1947). The Ethics of Ambiguity.
42 Osaka, S. (2023. 24. März). Why climate ‚doomers‘ are replacing climate ‚deniers‘. The Washington Post. https://www.washingtonpost.com/climate-environment/2023/03/24/climate-doomers-ipcc-un-report/
43 Schwarz, Su. (2023, 20. März). 1,5-Grad-Grenze wohl bald erreicht. Taz. https://taz.de/Neuer-Bericht-des-Weltklimarats-IPCC/!5920070/

44 https://global-tipping-points.org/
45 Voigt, K. und Williams D. S. Klima der Ungerechtigkeit. In: Unangepasst 2/2022. https://zeitschrift-luxemburg.de/artikel/klima-der-ungerechtigkeit/
46 Umweltbundesamt. Bewerbung ausgewählter Maßnahmen zur Klimafolgenanpassung. https://www.umweltbundesamt.de/themen/klima-energie/klimafolgen-anpassung/anpassung-an-den-klimawandel/bewertung-massnahmen-zur-klimafolgenanpassung
47 https://zeitschrift-luxemburg.de/artikel/klima-der-ungerechtigkeit/
48 Holling, C. S. (1973): Resilience and Stability of Ecological Systems. In: Annual Review of Ecology and Systemactis, 1–23. https://doi.org/10.1146/
49 Stamp, E. (2019, 7. August). Billionaire bunkers: How the 1 % are preparing for the apocalypse. CNN. https://edition.cnn.com/style/article/doomsday-luxury-bunkers/index.html
50 Ibrahim, H.O. (2019). In: Rackete, C. (2019). Handeln statt Hoffen. Droemer. S. 11.
51 United Nations. Fund for responding to loss and damage. https://unfccc.int/loss-and-damage-fund-joint-interim-secretariat
52 Allianz SE (2023, 29. November). Große Angst vor dem Klimawandel in der Bevölkerung, aber deutlich abnehmendes Klimawissen. https://www.allianz.com/de/presse/news/studien/231129-allianz-climate-literacy-decreases-significantly.html
53 https://www.allianz.com/de/presse/news/studien/231129-allianz-climate-literacy-decreases-significantly.html
54 Vgl. zum Beispiel Mann, M. (2021). Propagandaschlacht ums Klima. DGS Landesverband Franken
55 Bertelmann, M. (2023, 25. März). IPCC-Bericht: Anleitung für eine lebenswerte Zukunft. https://www.dwd.de/DE/wetter/thema_des_tages/2023/3/25.html
56 Tagesschau24 (2021, 9. August). „Jedes Zehntel Grad macht einen Unterschied". https://www.tagesschau.de/wissen/klima/interview-otto-101.html
57 WWF (2023, 5. Dezember). Folgen der Klimakrise: 1,5 Grad versus 2 Grad. https://www.wwf.at/artikel/folgen-der-klimakrise-15-grad-oder-2-grad/
58 Scholz, O. (2023, 18. Januar). Rede von Bundeskanzler Olaf Scholz. In: Bulletin 08-3 der Bundesregierung. https://www.bundesregierung.de/breg-de/service/newsletter-und-abos/bulletin/rede-von-bundeskanzler-olaf-scholz-2159806
59 350.org (2022, 1. September). CO_2-Kompensation durch Aufforstung: Mehr Schein als Sein. https://350.org/de/co2-kompensation-durch-aufforstung-mehr-schein-als-sein/
60 Bundesministerium für Wirtschaft und Klimaschutz. CCU&CCS: Bausteine für eine klimaneutrale und wettbewerbsfähige Industrie. https://www.bmwk.de/Redaktion/DE/Artikel/Industrie/weitere-entwicklung-ccs-technologien.html
61 Umweltbundesamt (2024, 28. Februar). Carbon Capture and Storage. https://www.umweltbundesamt.de/themen/wasser/gewaesser/grundwasser/nutzung-belastungen/carbon-capture-storage
62 Chalmin, A. (2021, 8. Dezember). Die fossile Industrie und ihr Interesse an CCS und CCUS. https://www.boell.de/de/2021/12/08/die-fossile-industrie-und-ihr-interesse-ccs-und-ccus
63 BUND (2023, 28. August). CCS: Falsche Weichenstellung verhindern. https://www.bund.net/service/publikationen/detail/publication/ccs-falsche-weichenstellung-verhindern/ und Umweltbundesamt (2024, 28. Februar). Carbon Capture and Storage. https://www.umweltbundesamt.de/themen/wasser/gewaesser/grundwasser/nutzung-belastungen/carbon-capture-storage#grundlegende-informationen
64 Neubauer, L. und Repenning, A. (2019). Vom Ende der Klimakrise. Klett-Cotta. S. 25.
65 Koisser, H. (2017). Wir Possibilisten. https://www.koisser.at/wir-possibilisten/
66 Franzen, J. (2019, 8. September). What if we stopped pretending? In: New Yorker. https://www.newyorker.com/culture/cultural-comment/what-if-we-stopped-pretending

67 Franzen, J. (2020). Wann hören wir auf, uns etwas vorzumachen?
68 Lorde, A. (1989, 29. Mai). Abschlussrede am Oberlin College. In: AnouchK Ibacka Valiente (Hg.) (2015). Vertrauen, Kraft und Widerstand. Kurze Texte von Audre Lorde. w_orten & meer. S. 93.
69 Intergovernmental Panel on Climate Change (IPCC). 1995. *Summaries for Policymakers of the Three Working Groups Report*. Geneva, Switzerland: IPCC.
70 Lynas, M., Houlton, B. und Perry, S. (2021, 19. Oktober). *Greater than 99 % consensus on human caused climate change in the peer-reviewed scientific literature*. In: *Environmental Research Letters*. Band 16, Nr. 11.
71 Santarius, T. (2013). Der Rebound-Effekt: Die Illusion des grünen Wachstums. In: Blätter für deutsche und internationale Politik 12/2013 http://www.santarius.de/wp-content/uploads/2012/08/Der-Rebound-Effekt-Die-Illusion-des-gr%C3%BCnen-Wachstums-Bl%C3%A4tter-2013.pdf
72 CDP. The Carbon Majors Database. https://cdn.cdp.net/cdp-production/cms/reports/documents/000/002/327/original/Carbon-Majors-Report-2017.pdf?1501833772
73 Atmosfair. Klimaverträgliches Jahresbudget. https://www.atmosfair.de/de/gruenreisen/persoenliches_klimabudget/
74 Paterman, S. (2024, 8. März). Die größten Öl- und Gaskonzerne der Welt im Ranking. In: Handelsblatt. https://www.handelsblatt.com/unternehmen/energie/shell-total-bp-das-sind-die-groessten-oel-und-gaskonzerne-der-welt/25342258.html
75 Seynsche, M. (2020, 20. April). Der größte Ölunfall der Geschichte. In: Deutschlandfunk. https://www.deutschlandfunk.de/deepwater-horizon-unglueck-2010-der-groesste-oelunfall-der-100.html
76 Tagesschau (2024, 17. Januar). EU verbietet „Greenwashing“ in der Werbung. https://www.tagesschau.de/ausland/europa/eu-greenwashing-werbung-100.html
77 New Climate Institute (2023, 13. Februar). Corporate Climate Responsibility Monitor 2023. https://newclimate.org/resources/publications/corporate-climate-responsibility-monitor-2023
78 Radvilas, H. (2024, 27. Februar). Deutsche sparen lieber statt zu konsumieren. https://www.tagesschau.de/wirtschaft/konjunktur/konjunktur-konsum-gfk-verbesserung-100.html
79 Tagesschau (2023, 26. April). Mit dem Frühling kommt die Kauflaune. https://www.tagesschau.de/wirtschaft/konjunktur/konsumstimmung-aussichten-100.html
80 Shiva, V. (2019). Eine andere Welt ist möglich. Oekom Verlag. S. 173.
81 Göpel, M. (2020). Unsere Welt neu denken. Ullstein Verlag. S. 14.
82 Moment.at (2024, 15. Januar). Insorgiamo: Wie Arbeiter:innen seit zwei Jahren ihre Fabrik besetzen und in die Zukunft führen wollen. https://www.moment.at/story/insorgiamo-wie-arbeiterinnen-seit-zwei-jahren-ihre-fabrik-besetzen-und-in-die-zukunft-fuehren-wollen/
83 Göpel, M. (2020). Unsere Welt neu denken. Ullstein Verlag. S. 153.
84 Deutscher Ethikrat (2024, 13. März). Ethikrat: Lasten im Kampf gegen den Klimawandel gerecht verteilen. https://www.ethikrat.org/mitteilungen/mitteilungen/2024/ethikrat-lasten-im-kampf-gegen-den-klimawandel-gerecht-verteilen/
85 More in Common (2021, 10. Juni). Große Klima-Erhebung von More in Common. https://www.moreincommon.de/media/g1ujymxm/pressemitteilung-studie-more-in-common-klima-zusammenhalt.pdf
86 Scholz, D. (2020, Dezember). Psychologie im Umweltschutz – Übersicht für Aktivist:innen und Interessierte. https://www.psychologistsforfuture.org/wp-content/uploads/2021/06/20210422-PIU_Uebersicht-fuer-Aktivistis.pdf
87 WDR (2023, 4. Februar). Klima-Aktivisten fliegen nach Asien in den Urlaub – Debatte um Langstreckenflüge. https://www1.wdr.de/nachrichten/klima-aktivisten-asienreise-flug-100.html
88 BILD-Zeitung (2023, 1. Februar). Klima-Kleber fliegen nach Bali! https://m.bild.de/bild-plus/regional/stuttgart/stuttgart-aktuell/erst-klima-prostes-und-dann-in-den-urlaubsflieger-82745932.bildMobile.html?t_ref=https%3A%2F%2Fwww.google.de%2F

89 Luise und Yannick (2023, 2. Februar). Rückflug wird „letzter des Lebens". In: taz. https://taz.de/Bali-Debatte-um-die-Letzte-Generation/!5909597/
90 Schwarz, S. (2023, 1. Februar). Klimagrüße von Bali. Taz. https://taz.de/Urlaub-nach-Autobahn-Blockade/!5909531/
91 Duden. https://www.duden.de/rechtschreibung/Buerger
92 BÜNDNIS 90/DIE GRÜNEN (2021, 30. August). So entlasten wir Bürger*innen mit dem Energiegeld. https://www.gruene.de/artikel/so-entlasten-wir-buerger-innen-mit-dem-energiegeld
93 Tagesschau (2024, 15. Januar). Klimageld-Auszahlung womöglich erst 2027. https://www.tagesschau.de/inland/innenpolitik/klimageld-koalitionsvertrag-bundesregierung-100.html
94 Deutsche Bundesregierung. EU-Umweltrat: Nur noch CO_2-frei fahren. https://www.bundesregierung.de/breg-de/schwerpunkte/europa/verbrennermotoren-2058450
95 (vgl. Quix, S. 98) https://www.quixkollektiv.org/wp-content/uploads/2016/12/quix_web.pdf
96 Original (ins Deutsche übersetzt von Sara Fromm): „I tell my students, „When you get these jobs that you have been so brilliantly trained for, just remember that your real job is that if you are free, you need to free somebody else. If you have some power, then your job is to empower somebody else. This is not just a grab-bag candy game." Toni Morrison.
97 Karig, F. (2024). Was ihr wollt: Wie Protest wirklich wirkt. Ullstein Verlag. S. 157.
98 https://www.germanwatch.org/sites/default/files/weitblick/2939.pdf
99 Amnesty International Deutschland (2023, Januar). Malediven 2022. https://www.amnesty.de/informieren/amnesty-report/malediven-2022
100 Deutsche Gesellschaft für die Vereinten Nationen e.V. (2016, 21. November). Klimagerechtigkeit und Geschlecht: Warum Frauen besonders anfällig für Klimawandel und Naturkatastrophen sind. https://dgvn.de/meldung/klimagerechtigkeit-und-geschlecht-warum-frauen-besonders-anfaellig-fuer-klimawandel-naturkatastroph
101 Tagesschau (2024, 31. Mai). „Wenn die Hoffnung stirbt, stirbt jede Form von Aktivismus." https://www.tagesschau.de/wissen/gesundheit/psychologie-demonstrationen-buergerbeteiligung-politische-aktivitaet-100.html
102 Tagesschau (2024, 31. Mai). „Wenn die Hoffnung stirbt, stirbt jede Form von Aktivismus."
103 Karig, F. (2024). Was ihr wollt: Wie Protest wirklich wirkt. Ullstein Verlag.
104 Original (ins Deutsche übersetzt von Sara Fromm): „The joy in the process is just as important as the joy at the end of what we're striving for." Una Osato. Burlesque and Liberation. In: Pleasure Activism. S. 376..
105 brown, a. m. (2019). Pleasure activism. AK Press.
106 Original (ins Deutsche übersetzt von Sara Fromm): „Anger is extremely powerful. And can transform amazing things. But it also has its obstacles. It sets up walls. The counterbalance to that is laughter. And we have to not be afraid to use that." Dallas Goldtooth. The power to make light. In: Pleasure Activism. S. 342.
107 Shiva, V. (2019). Eine andere Welt ist möglich. Oekom Verlag. S. 168.
108 Von Hirschhausen, Eckart (2024). https://utopia.de/hirschhausen-wichtigste-einzelner-tun-kann-640771/
109 Dells Ports, D. und Diani, M. (1999). Social Movements: An Introduction. S. 326ff.
110 Original (ins Deutsche übersetzt von Sara Fromm): „A social movement is a collective, organized, sustained and non-institutional challenge to authorities, power holders, or cultural beliefs and practices." Goodwin, J. und Jasper, J. (2007). Social Movements. Routledge.
111 Fadaee, S. (2017). Brining in the South: towards a global paradigm for social movement studies. In: Interface: a journal for and about social movements. https://www.interfacejournal.net/wordpress/wp-content/uploads/2017/12/Interface-9-2-Fadaee.pdf
112 Rucht, D. Neue Soziale Bewegungen. https://www.bpb.de/kurz-knapp/lexika/handwoerterbuch-politisches-system/202077/neue-soziale-bewegungen/

113 Herbres, L. und Zobel, M. (2022, 17. Januar). Soziale Bewegung. https://www.socialnet.de/lexikon/Soziale-Bewegung#toc_3
114 Kolb, F. (2007). Protest and opportunities. The political outcomes of social movements. Campus.
115 Moyer, B. (1987). The Movement Action Plan. https://www.historyisaweapon.com/defcon1/moyermap.html
116 Grebenjak, M. (2024). Kipppunkte. Strategien im Ökosystem der Klimabewegung. Unrast Verlag. S. 357.
117 Luthmann, T. (2018). Politisch aktiv sein und bleiben. Unrast Verlag.
118 Ayni Insitute (2022, 25. Januar). Movement and leaders have seasons – it's important to know which one you are in. https://medium.com/@ayni.institute/movements-and-leaders-have-seasons-its-important-to-know-which-one-you-are-in-c5dbaa2c37ad
119 Moyer, B. (1987). The Movement Action Plan. https://www.historyisaweapon.com/defcon1/moyermap.html
120 Original (ins Deutsche übersetzt von Sara Fromm): „If we accept and acquiesce in the face of discrimination, we accept the responsibility ourselves and allow those responsible to salve their conscience by believing that they have our acceptance and concurrence. We should, therefore, protest openly everything... that smacks of discrimination or slander." Mary McLeod Bethunde. https://bigthink.com/words-of-wisdom/mary-mcleod-bethune-protest-everything-that-smacks-of-discrimination/
121 Luther King, M. (1963, 28. August). I have a dream. Wie in: https://www.americanrhetoric.com/speeches/mlkihaveadream.htm
122 Kippenberger, S. (2023, 28. August). Auch sie hatten einen Traum. Zeit online. https://www.zeit.de/2023/36/buergerrechtsbewegung-usa-frauen-protest/seite-2
123 Beindorff, K. (2015, 24. März). Protestmarsch von Selma nach Montgomery. https://www.deutschlandfunk.de/amerikanische-buergerrechtler-protestmarsch-von-selma-nach-100.html
124 Radkau, J. (2011, 10. November). Eine kurze Geschichte der deutschen Antiatomkraftbewegung. https://www.bpb.de/shop/zeitschriften/apuz/59680/eine-kurze-geschichte-der-deutschen-antiatomkraftbewegung/
125 Kaul, M. (2010, 24. August). Die Schotter-Kampagne. Taz. https://taz.de/Ziviler-Ungehorsam-gegen-Castor-Transport/!5136824/
126 Werner, C. (2020, 3. Mai). „Freie Republik Wendland": Gelebte Utopie der Atomkraftgegner. NDR. https://www.ndr.de/geschichte/chronologie/3-Mai-1980-Atomkraftgegner-errichten-Republik-Freies-Wendland,freierepublikwendland100.html
127 Werkstatt für Gewaltfreie Aktion (2022, 02. Dezember). Bericht: Anti-Atom-Warnblockade „Runterfahren" in Neckarwestheim. https://wfga.de/2022/12/02/bericht-anti-atom-warnblockade-runterfahren-in-neckarwestheim/
128 http://niunamenos.org.ar/wp-content/uploads/2018/12/amistad-poli%CC%81tica-inteligencia-colectiva-libro-num.pdf
129 vgl. NUM, Manifiesto, 2015 https://www.socialnet.de/files/materialien/attach/557.pdf
130 Ni Una Menos, Ni Una Menos Por Aborto Inseguro, 25.9.2017, http://niunamenos.org.ar/manifiestos/ni-una-menos-por-aborto-inseguro.
131 RedaktionsNetzwerk Deutschland (2024, 8. Februar). Argentinische Regierung will Recht auf Abtreibung abschaffen. https://www.rnd.de/politik/argentinien-regierung-will-abtreibung-unter-strafe-stellen-VZXHOMPCTVJ3FGWRF5JD7L257E.html
132 Office of Legacy Management. Environmental Justice History. https://www.energy.gov/lm/environmental-justice-history
133 Zucker im Tank (2022). Zur Geschichte der Klima- und Umwelt(un)gerechtigkeitsbewegung aus rassismuskritischer Perspektive. Glitzer im Kohlestaub. Assoziation A. S. 25.
134 Sander, H. (2016). Die Klimagerechtigkeitsbewegung in Deutschland. https://www.rosalux.de/fileadmin/rls_uploads/pdfs/Studien/Onlinestudie_Klimagerechtigkeit.pdf
135 Zucker im Tank (2022). Wir können gewinnen. Mainzer Kohlekraftwerk verhindert. Glitzer im Kohlestaub. Assoziation A. S. 47.

136 https://extinctionrebellion.de/wer-wir-sind/unsere-forderungen/
137 Tagesschau (2024, 29. Januar). Klimaaktivisten wollen nicht mehr kleben. https://www.tagesschau.de/inland/gesellschaft/letzte-generation-klebeaktionen-100.html
138 https://letztegeneration.org/erklaerung/
139 https://www.duh.de/klimaklagen/
140 Tagesschau (2024, 9. April). Erste Klimaklage in Straßburg erfolgreich. https://www.tagesschau.de/ausland/europa/klimaklagen-schweiz-100.html
141 Brehm, J. und Gruhl, H. Increase in concerns about climate change following climate strikes and civil disobedience in Germany. *Nat Commun* 15, 2916 (2024). https://doi.org/10.1038/s41467-024-46477-4
142 More in Common. Wie schaut die deutsche Gesellschaft derzeit auf die Klimabewegung? https://www.moreincommon.de/klimabewegung/
143 Bonasera, L. (2024). Die Zeit für Mut ist jetzt. S. Fischer.
144 Boayona, M. (2020, 1. Dezember). Armin Laschet: Braunkohle-Tagebaue in NRW verkleinern! https://www.greenpeace.de/klimaschutz/energiewende/kohleausstieg/leitentscheidung-kontra-geben
145 Flauger, J. (2020, 16. Januar). „Hambi bleibt" – und RWE steht nun vor einem logistischen Problem. In: Handelsblatt. https://www.handelsblatt.com/unternehmen/energie/kohleausstieg-hambi-bleibt-und-rwe-steht-nun-vor-einem-logistischen-problem/25439932.html
146 Indigo (2023, 30. Dezember). Wie wirkt ziviler Ungehorsam? Podcast „Was tun" https://was-tun.podigee.io/43-ziviler-ungehorsam
147 https://buergerrat-klima.de/
148 Original (ins Deutsche übersetzt von Sara Fromm): „A social movement that moves people is merely a revolt. A movement that changes both people and institutions is a revolution." King, M. L. Jr. (1964). Why We Can't Wait.
149 Parker, T. H. und White, V. C. (2016). In: Outside the XY: Black and Brown queer Masculinity. Zitat ins Deutsche übersetzt von Sara Fromm.
150 Schweitzer, C. (2013). Was heißt „gewaltfreie Aktion"? Ein Beitrag zur begrifflichen und konzeptionellen Klärung. https://www.jstor.org/stable/24233234
151 Sadik, O. (2019, 26. Januar). Greenpeace-Chef Martin Kaiser zu den Ergebnissen der Kohlekommission. https://www.greenpeace.de/klimaschutz/energiewende/kohleausstieg/kohleausstieg-beschlossen
152 Smid, K. und Treu, N. (2024). Greenpeace Deutschland. In: Grebenjak, M. (2024). Kipppunkte. Strategien im Ökosystem der Klimabewegung. Unrast Verlag. S. 207.
153 Thompson, V.E. (2020, 27. April). „Racial Profiling", institutioneller Rassismus und Interventionsmöglichkeiten. https://www.bpb.de/themen/migration-integration/kurzdossiers/migration-und-sicherheit/308350/racial-profiling-institutioneller-rassismus-und-interventionsmoeglichkeiten/
154 Mehr über diesen Konflikt und viele andere Konflikte unter: https://ejatlas.org/conflict/gamella-indigenous-groups-against-ranchers-maranhao-brazil
155 Ebert, T. (1981). Gewaltfreier Aufstand – Alternative zum Bürgerkrieg. Waldkircher Verlagsgesellschaft.
156 Hervé, F. (2014). „Ich werde diese Auszeichnung nicht annehmen." https://florence-herve.com/wp-content/uploads/biografie/jw-2014-07-03-15.pdf
157 Ebd.
158 https://rdl.de/
159 Schober, L. (2023, 26. Januar). Ein linker Link und die Konsequenzen. https://jungle.world/artikel/2023/04/ein-linker-link-und-die-konsequenzen
160 https://www.contraste.org/30-jahre-aufstand-der-zapatistas/. Mehr zu den Zapatistas: https://www.ya-basta-netz.org
161 Sharp, G. (1973). 198 Methods of nonviolent Action. Albert Einstein Institution.
162 https://beautifultrouble.org/
163 Tufekci, Z. (2017). Twitter and Tear Gas. Yale University Press.
164 Thunberg, G. (2018, Oktober). Rede auf Klima-Demonstration in Helsinki.

165 Teune, S. (2023, 30. Dezember). Wie wirkt ziviler Ungehorsam? Podcast „Was tun“ https://was-tun.podigee.io/43-ziviler-ungehorsam
166 Thoreau, H. D. (1849). Über die Pflicht zum Ungehorsam gegen den Staat. Diogenes. S. 15.
167 King, M. L. (1963). Ein Brief aus dem Gefängnis von Birmingham.
168 Hartmann, S. (2021, 10. August). Widerstandsbewegung in Mexiko besetzt Firmengelände von Bonafont. https://amerika21.de/2021/08/253346/widerstandsbewegung-mexeiko-bonafont
169 Ende Gelände Frankfurt (2022, 1. März). Danone stiehlt Wasser! https://www.frankfurter-info.org/termine/danone-stiehlt-wasser
170 Habermas, J. (1983). Ziviler Ungehorsam – Testfall für den demokratischen Rechtsstaat. In: Peter Glotz (Hg.), Ziviler Ungehorsam im Rechtsstaat. S. 35.
171 Zinn, H. (1968). Disobedience and Democracy. S. 119.
172 Arendt, H. (1986). In: Zur Zeit. Politische Essays (1943–1975). S. 139.
173 Parlament Österreich (2023, 10. Mair). Was macht zivilen Ungehorsam aus? https://www.parlament.gv.at/fachinfos/rlw/Was-macht-zivilen-Ungehorsam-aus
174 Teune, S. (2023, 30. Dezember). Wie wirkt ziviler Ungehorsam? Podcast „Was tun“ https://was-tun.podigee.io/43-ziviler-ungehorsam
175 King, M. E. (2013). FSI 2013: Women in Civil Resistance – Mary Kind and Anne-Marie Codur. https://www.youtube.com/watch?v=-OxelyWXz5U Ins Deutsche übersetzt von Lea Bonasera.
176 Rawls, J. (2020). In: Eine Theorie der Gerechtigkeit, 22. Aufl. S. 422.
177 Teune, S. (2023, 30. Dezember). Wie wirkt ziviler Ungehorsam? Podcast „Was tun“ https://was-tun.podigee.io/43-ziviler-ungehorsam
178 Ebd.
179 Zeit online (2023, 17. Dezember). Eurowings verlangt von Letzter Generation 740 000 Euro Schadensersatz. https://www.zeit.de/gesellschaft/zeitgeschehen/2023-12/letzte-generation-eurowings-lufthansa-schadenersatz-klimaaktivisten
180 Grebenjak, M. (2024). Kipppunkte. Strategien im Ökosystem der Klimabewegung. Unrast Verlag.
181 Grebenjak, M. (2024). Kipppunkte. Strategien im Ökosystem der Klimabewegung. Unrast Verlag. S. 17.
182 Vogel, W-D. (2024, 17. April). Tot, weil sie die Umwelt schützten. https://taz.de/Angriffe-von-Milizen-und-Mafia/!6001921/
183 Just Stop Oil (2024, 1. Mai). Just Stop Oil Supporters NOT GUILTY. https://www.instagram.com/p/C6bDVDJsOZK/?utm_source=ig_web_copy_link Ins Deutsche übersetzt von Sara Fromm.
184 Letzte Generation (2023, 4. Juli). Fünffacher Freispruch in Leipzig – Amtsgericht hält Straßenblockade für gerechtfertigt. https://letztegeneration.org/blog/2023/07/fuenffacher-freispruch-in-leipzig-amtsgericht-haelt-strassenblockade-fuer-gerechtfertigt/
185 Teune, S. (2023, 30. Dezember). Wie wirkt ziviler Ungehorsam? Podcast „Was tun“ https://was-tun.podigee.io/43-ziviler-ungehorsam
186 Ebd.
187 Malm, A. (2021). Wie man eine Pipeline in die Luft jagt. Verlag Matthes & Seitz Berlin.
188 RBB24 (2024, 5. März). Tesla-Produktion steht tagelang still – Innenminister will Täter „jagen“. https://www.rbb24.de/panorama/beitrag/2024/03/brandenburg-oder-spree-erkner-strom-ausfall-tesla-trafo-station-brand.html
189 Malm, A. (2021). Wie man eine Pipeline in die Luft jagt. Verlag Matthes & Seitz Berlin.
190 Chenoweth, E. und Stephan, M. J. (2011). Why Civil Resistance Works. Columbia University Press.
191 Grebenjak, M. (2024). Kipppunkte. Strategien im Ökosystem der Klimabewegung. Unrast Verlag. S. 45.
192 Karig, F. (2024). Was ihr wollt: Wie Protest wirklich wirkt. Ullstein Verlag. S. 130.
193 Campus für weltverändernde Praxis (2023). Spektrum der Verbündeten. https://weltveraendern.org/files/2023/11/CAMPUS-Spektrum-der-Verbuendeten.pdf

194 Parekh, P. und Rackete, C. (2012, 31. August). How can the climate movement escalate to shift power? https://parekhpayal.medium.com/how-can-the-climate-movement-escalate-to-shift-power-b43f411acf51
195 Original (ins Deutsche übersetzt von Sara Fromm): „We cannot afford to focus only on the urban population – our secret super power is increasing the breadth of the movement." Parekh, P. und Rackete, C. (2012, 31. August). How can the climate movement escalate to shift power? https://parekhpayal.medium.com/how-can-the-climate-movement-escalate-to-shift-power-b43f411acf51
196 Parekh, P. (2021, 15. Juni). Failed Swiss CO_2 law – What happened? https://parekhpayal.medium.com/failed-swiss-CO_2-law-what-happened-60a2e6206585
197 Institut für Protest- und Bewegungsforschung (2019). Fridays for Future – eine neue Protestgeneration? https://protestinstitut.eu/wp-content/uploads/2019/03/Befragung_Fridays-for-Future_online.pdf
198 Nowshin, T. (2024). „Was wir brauchen, ist Deep Organizing". In: Grebenjak, M. (2024). Kipppunkte. Strategien im Ökosystem der Klimabewegung. Unrast Verlag. S. 326.
199 Wright, E. O. (2021). How to Be an Anticapitalist in the 21st Century. Verso books.
200 Lobbycontrol. Piplines Die Macht der Gaslobby in Deuschland. https://www.lobbycontrol.de/pipelines-in-die-politik-die-macht-der-gaslobby-in-deutschland/
201 https://fridaysforfuture.de/forderungen/
202 https://letztegeneration.org/erklaerung/
203 Taz (2024, 7. Februar). Klimakleber wollen ins EU-Parlament. https://taz.de/Kampagne-fuer-EU-Wahl/!5991126/
204 März, T. und Hagen-Canaval, M. (2024). Letzte Generation (AT/DE). In: Grebenjak, M. (2024). Kipppunkte. Strategien im Ökosystem der Klimabewegung. Unrast Verlag. S. 236ff.
205 Schubert, K. und Klein, M. (2020: Das Politiklexikon. Bundeszentrale für politische Bildung.
206 https://www.duh.de/klimaklagen/
207 Deutsche Umwelthilfe (2024, 17. Mai). Deutsche Umwelthilfe fordert Bundespräsidenten Steinmeier auf, dem heute vom Bundesrat entkernten und verfassungswidrigen Klimaschutzgesetz die Unterschrift zu verweigern. https://www.duh.de/presse/pressemitteilungen/pressemitteilung/deutsche-umwelthilfe-fordert-bundespraesidenten-steinmeier-auf-dem-heute-vom-bundesrat-entkernten-un/
208 El Ouassil, S. (2022, 21. Juli) Green New Waffendeal. In: Spiegel Kultur. https://www.spiegel.de/kultur/gruene-politik-in-der-krise-green-new-waffendeal-a-a6f6225f-2a7e-4f58-95ba-03f72931ff25
209 https://parlamentjobs.de/wie-werden-politiker-bezahlt/
210 Le Guin, U. (2017) Freie Geister. FISCHER Tor. S. 300.
211 Wyputta, A. (2024, 27. März). Atomkraftgegner ausgeladen. https://taz.de/Streit-in-NRW/!5997914/
212 Roth, M. (2023, März). Twitter.
213 Geyer, S. und Niesmann, A. (2022, 11. November). Scholz hält diplomatische Lösung des Krieges in der Ukraine derzeit für unmöglich. https://www.rnd.de/politik/olaf-scholz-kanzler-aeussert-sich-bei-live-talk-ueber-klimaproteste-ukraine-krieg-und-us-midterms-ST3R5YKMAVEUJDVGSTJPTYBCSU.html
214 Original (ins Deutsche übersetzt von Sara Fromm): „The climate crisis has already been solved. We have all the facts and solutions. All we have to do is to wake up and change". Thunberg, G. (2018, November). https://www.ted.com/talks/greta_thunberg_the_disarming_case_to_act_right_now_on_climate_change
215 Bonasera, L. (2024). Die Zeit für Mut ist jetzt. S. Fischer. S. 72.
216 Tagesschau (2021, 28. Oktober). Wachsende Mehrheit für Tempolimit. https://www.tagesschau.de/inland/deutschlandtrend/deutschlandtrend-2803.html
217 Rackete, C. (2019). Handeln statt Hoffen. Droemer. S. 131.
218 https://extinctionrebellion.de/wer-wir-sind/unsere-forderungen/bv/

219 https://dwenteignen.de/
220 Maximilian Wilken. Vergesellschaftung. In: VW steht für Verkehrswende. Broschüre. Verlag Graswurzelrevolution
221 https://vergesellschaftungskonferenz.de/energie/ und https://rwe-enteignen.de/
222 Bill Moyer. Doing Democracy: The MAP Model for organizing social movements https://newsociety.com/books/d/doing-democracy?_ga=2.131916111.112809543.1648541001-1694345985.1648541001&sitedomain=row
223 https://pioneersofchange-summit.org/speaker/bayo-akamolafe-post-aktivismus/
224 Mehr zum Flankeneffekt siehe z.B. Malm, A. (2021). Wie man eine Pipeline in die Luft jagt. Verlag Matthes & Seitz Berlin. S. 137ff.
225 Zum Weiterlesen: Bill Moyer. Doing Democracy: The MAP Model for organizing social movements https://newsociety.com/books/d/doing-democracy?_ga=2.131916111.112809543.1648541001-1694345985.1648541001&sitedomain=row
226 NABU. NABU-Projekt „Meere ohne Plastik". www.nabu.de/natur-und-landschaft/aktionen-und-projekte/meere-ohne-plastik
227 WeMove Europe und Stay Grounded. Verbot von Privatjets und Luxus-Emissionen! https://action.wemove.eu/sign/2023-05-luxury-emissions-petition-DE
228 Stay Grounded (2023, 2. Oktober). Offener Brief zu Emissionen durch Luxusflüge. https://stay-grounded.org/wp-content/uploads/2023/10/Open-Letter-German-2.pdf
229 Stay Grounded. Schluss mit Privatjets ... und Luxusemissionen. https://stay-grounded.org/wp-content/uploads/2023/10/factsheet-DE-2.pdf
230 Steinweder, L. und Hattendorf, F. (2024). LobauBleibt (AT). In: Grebenjak, M. (2024). Kipppunkte. Strategien im Ökosystem der Klimabewegung. Unrast Verlag. S. 244
231 Ebd. S. 248
232 Ebd.
233 Ebd.
234 https://www.wir-fahren-zusammen.de/
235 U.S. Against Equine Slaughter (2018, 3. November). Attributing Words. http://unnecessaryevils.blogspot.com/2008/11/attributing-words.html. Original (ins Deutsche übersetzt von Sara Fromm): „If you have come here to help me, you are wasting your time. But if you have come because your liberation is bound up with mine, then let us work together."
236 Duden. https://www.duden.de/rechtschreibung/radikal
237 Luthmann, T. (2018). Politisch aktiv sein und bleiben. Unrast Verlag. S. 194.
238 Akomolafe, B. https://pioneersofchange-summit.org/speaker/bayo-akamolafe-post-aktivismus/
239 Klein, N. (2015). Die Entscheidung: Kapitalismus vs. Klima. S. Fischer.
240 Jameson, F. (2003): Future City. In: New Left Review 21: 65–79.
241 Lorde, A. Es gibt keine Hierarchie der Unterdrückung. Vertrauen, Kraft und Widerstand. In: AnouchK Ibacka Valiente (Hg.) (2015). Vertrauen, Kraft und Widerstand. Kurze Texte von Audre Lorde. w_orten & meer. S. 45.
242 Gunda Werner Institut (2019, 12. April). Intersektionalität: eine kurze Einführung. https://www.gwi-boell.de/de/2019/04/12/intersektionalitaet-eine-kurze-einfuehrung
243 Karpa, J. (2021, 21. Januar). Umweltaktivistin Cécile Lecomte: „Es ist keine Frage der Behinderung, ob der Klimawandel uns bedroht oder nicht." Die neue Norm. https://dieneuenorm.de/gesellschaft/umweltaktivistin-cecile-lecomte/
244 Ende Gelände. Der Bunte Finger. https://www.ende-gelaende.org/bunter-finger-2020/
245 Nowshin, T. (2020, 17. Juni). Die Klimabewegung hat ein Rassismusproblem. https://www.klimareporter.de/protest/die-klimabewegung-hat-ein-rassismusproblem
246 Schwarz, S. (2020, 1. Februar). Unsichtbar. https://www.klimareporter.de/gesellschaft/unsichtbar

247 Parbey, C. (2020, 22. April). „Die Klimabewegung ist nicht nur für weiße Menschen gedacht“. https://www.zeit.de/zett/2020-04/vanessa-nakate-die-klimabewegung-ist-nicht-nur-fuer-weisse-menschen-gedacht-klimawandel-klimastreik-afrika
248 Meyer, D. und Lindmeier, B. (2021, 17. Juni). Empowerment als pädagogisches Leitprinzip. https://www.bpb.de/lernen/inklusiv-politisch-bilden/335013/empowerment-als-paedagogisches-leitprinzip/
249 Lindmeier, B. und Lindmeier, C. (2012). Pädagogik bei Behinderung und Benachteiligung.
250 Bosselut, C., Diallo, F. und Münderlein, F. (2023). Du, ich, wir und diese Strukturen. S. 55f. https://efef-weltwaerts.de/system/files/media/document/2023/du-ich-wir-und-diese-strukturen-leitfaden-zu-macht-und-kommunikation-der-efef-fortbildungsreihe-1.pdf
251 Lorde, A. Unterschiedlichkeit und Überleben. Eine Rede am Hunter College. In: AnouchK Ibacka Valiente (Hg.) (2015). Vertrauen, Kraft und Widerstand. Kurze Texte von Audre Lorde. w_orten & meer. S. 78.
252 Lorde, A. (1984). Es gibt keine Hierarchie der Unterdrückung. In: AnouchK Ibacka Valiente (Hg.) (2015). Vertrauen, Kraft und Widerstand. Kurze Texte von Audre Lorde. w_orten & meer. S. 46f.
253 Statista (2024, 15. April). Verteilung der CO_2-Emissionen weltweit nach Sektor 2022. https://de.statista.com/statistik/daten/studie/167957/umfrage/verteilung-der-co-emissionen-weltweit-nach-bereich/
254 OECD (2017). Transport demand and CO_2 emissions to 2050. In: ITF Transport Outlook 2017. https://www.oecd-ilibrary.org/sites/9789282108000-5-en/index.html?itemId=/content/component/9789282108000-5-en
255 VCÖ. Wie viele Ressourcen werden bei der Pkw-Produktion verbraucht? https://vcoe.at/service/fragen-und-antworten/wie-viele-ressourcen-werden-bei-der-pkw-produktion-verbraucht
256 Becker, A. (2021, 9. November). Schon wieder ausgebeutet. https://www.ipg-journal.de/rubriken/wirtschaft-und-oekologie/artikel/schon-wieder-ausgebeutet-5531/
257 Umweltbundesamt (2024, 19. Juni). Car-Sharing. https://www.umweltbundesamt.de/themen/verkehr/nachhaltige-mobilitaet/car-sharing#umweltvorteile-von-car-sharing
258 Bundesministerium Soziales, Gesundheit, Pflege und Konsumentenschutz. Verkehr und Lärm. https://www.gesundheit.gv.at/leben/umwelt/laerm/verkehr.html
259 Lenton, T.M. et al. (2023). Quantifying the human cost of global warming. https://www.nature.com/articles/s41893-023-01132-6
260 Rudolphia (2023, 7. Dezember). https://rudolphina.univie.ac.at/lithium
261 Stay Grounded (2023, 27. November). https://stay-grounded.org/100-so-called-saf-flights-called-out-for-being-distracting-marketing-gimmicks/
262 https://disrupt-now.org/disrupt-tesla/
263 Statista (2024, 17. Juli). https://www.statista.com/topics/10428/coal-emissions-worldwide/
264 International Energy Agency. https://www.iea.org/countries/china/emissions
265 Buchen, S. (2018, 20. September). Klimarettung: Auf dem Papier ist Deutschland weit vorn. Das Erste. https://daserste.ndr.de/panorama/archiv/2018/Klimarettung-Auf-dem-Papier-ist-Deutschland-weit-vorn,klimarettung100.html
266 Zacher, W. (2015). Umwelt und Gesundheit: Gefahr aus Kohlekraftwerken. https://www.aerzteblatt.de/archiv/171122/Umwelt-und-Gesundheit-Gefahr-aus-Kohlekraftwerken
267 Greenpeace (2013, 01. März). Studie: Tod aus dem Schlot. https://www.greenpeace.de/publikationen/studie-tod-schlot
268 Umweltbundesamt (2022, 14.11.). Die Treibhausgase. https://www.umweltbundesamt.de/themen/klima-energie/klimaschutz-energiepolitik-in-deutschland/treibhausgas-emissionen/die-treibhausgase
269 IEA (2024). IEA Bericht: Global Methane Tracker 2024. https://www.iea.org/reports/global-methane-tracker-2024
270 GEO (2022, 30. September). Fracking für eine sichere Energieversorgung: Albtraum oder Alternative? https://www.geo.de/wissen/

forschung-und-technik/fracking-zur-erdgasfoerderung--albtraum-oder-alternative--32770034.html
271 Bundesregierung (2022, 23. Dezember). Wohlstand sichern – Klima schützen. https://www.bundesregierung.de/breg-de/schwerpunkte/klimaschutz/wohlstand-und-klimaschutz-2018366
272 https://2015.ende-gelaende.org/
273 https://www.alle-doerfer-bleiben.de/doerfer/
274 Mehr Infos: https://www.alle-doerfer-bleiben.de/
275 Umweltbundesamt. Bioenergie. https://www.umweltbundesamt.de/themen/klima-energie/erneuerbare-energien/bioenergie#bioenergie-ein-weites-und-komplexes-feld-
276 Statista. Agriculture emissions worldwide – statistics and facts. https://www.statista.com/topics/10348/agriculture-emissions-worldwide/#topicOverview
277 FAO. The State of Food and Agriculture 2020. https://openknowledge.fao.org/items/a2dc7490-735d-4b5d-92a2-a36bfb380e02
278 https://www.wir-haben-es-satt.de/
279 https://gemeinsam-gegen-die-tierindustrie.org/
280 https://animalrebellion.de/
281 Umweltbundesamt (2023, 29. April). GE-I-2: Hitzebedingte Todesfälle. https://www.umweltbundesamt.de/monitoring-zur-das/handlungsfelder/gesundheit/ge-i-2/indikator und Bundesamt für politische Bildung (2023, 21. Juli)..Hitze, Dürre und die Folgen. https://www.bpb.de/kurz-knapp/hintergrund-aktuell/523365/hitze-duerre-und-die-folgen/
282 Pax Christi (2024, 15. Mai). Heidelberg Materials: Protest von End Cement. https://www.paxchristi.de/meldungen/view/5322550773022720/Heidelberg%20Materials:%20Protest%20von%20End%20Cement https://www.heidelberg24.de/heidelberg/end-cement-klima-demo-materials-aktionaere-versammlung-kritik-demonstration-zug-snp-dome-92268528.html und https://cemend.earth/
283 https://haendewegvomdietenbachwald.de/
284 https://www.bankingonclimatechaos.org/
285 Ebd.
286 https://www.debtforclimate.org/de/about-us
287 https://www.debtforclimate.org/de
288 Engagiert in Bayern – das Ehrenamtsportal. Eine kurze Geschichte des Bürgerschaftlichen Engagements. https://www.ehrenamt.bayern.de/wissen/fachinformationen/geschichte/index.php
289 Sociedad civil por la acción climática. Cumbre Social por la Acción Climática. https://www.porlaaccionclimatica.cl/events/cumbre-social-por-la-accion-climatica/
290 La Vanguardia (2019, 15. Dezember). COP25, los datos de la cumbre del clima de Mardrid. https://www.lavanguardia.com/vida/20191215/472242669983/cop25-los-datos-de-la-cumbre-del-clima-de-madrid.html
291 Tagesschau (2024, 28. Februar). Hausarbeit weiterhin überwiegend Frauensache. https://www.tagesschau.de/wirtschaft/frauen-unbezahlte-arbeit-100.html
292 Graber, D. (2018). Bullshit-Jobs. Vom wahren Sinn der Arbeit. Klett-Cotta Verlag. S. 40.
293 Mehr zum Thema Zeit: Soziologe Hartmut Rosa
294 Bild (2024, 16. März). Öko-Terroristen bekennen sich zu Lkw-Inferno. https://m.bild.de/regional/berlin/berlin-aktuell/berlin-linksextreme-oeko-terroristen-bekennen-sich-zu-lkw-inferno-87537836.bildMobile.html?t_ref=https%3A%2F%2Fwww.google.de%2F
295 https://www.juraforum.de/lexikon/repression#was-versteht-man-unter-dem-begriff-repression
296 https://outofaction.blackblogs.org/
297 https://rote-hilfe.de/
298 Tagesschau (2023, 25. April). Bundesweite Razzia gegen „Letzte Generation“. https://www.tagesschau.de/inland/gesellschaft/letzte-generation-durchsuchungen-104.html

299 Kemter, M. (2023, 6. November). Was bedeutet „woke"? – Bedeutung und Herkunft. https://www.stuttgarter-zeitung.de/inhalt.was-bedeutet-woke-mhsd.e98ad6e7-a8b7-42e8-aae7-7bb0563e0a36.html
300 Werkstatt für Gewaltfreie Aktion. Konsens – Handbuch zur gewaltfreien Entscheidungsfindung. Selbstverlag.
301 Loui Läuger. Gender-Kram, Münster, Unrast, 2020, S. 177.
302 Grebenjak, M. (2024). Kipppunkte. Strategien im Ökosystem der Klimabewegung. Unrast Verlag. S. 235.
303 Denise Drake und Steve Whiting. Arbeiten in Gruppen. In: Handbuch für gewaltfreie Kampagnen, S. 98.
304 Bonasera, L. (2024). Die Zeit für Mut ist jetzt. S. Fischer. S. 184.
305 Tiefenbacher, A. (2020, 19. Februar). https://daslamm.ch/ist-das-arbeit-oder-kann-das-weg/
306 Luthmann, T. (2018). Politisch aktiv sein und bleiben. Unrast Verlag. S. 23.
307 Ebd.
308 Lorde, A. (1988). Burst of light. Firebrand Books.
309 Gräfen, S. (2021). Radikale Selbstfürsorge. Eden Books. S. 102 im E-Book.
310 Davis, A. „I have never used yoga as an end in itself but merely as a means to prepare myself for a more effective struggle. As a result of yoga, I am more energetic. I am able to go and appeal to people and to organize them to do the kinds of thing that vital to our freedom." https://www.youtube.com/watch?v=Q1cHoL4vaBs
311 Original (ins Deutsche übersetzt von Sara Fromm): „Pole gives me the pleasure and possibility to just *be* in a society hell-bent on hating me for being brown, femme/female, Mexican, and queer. Taking care of my spirit and heart and body in this way allows me to continue doing the work that matters – whether it's organizing in the streets with our communities or advocating for our enfranchisement through formal means." Suguey Hernandez. Working the Pole. In: brown, a. m. (2019) Pleasure Activism. AK Press. S. 381.
312 More in Common (2021, 10. Juni). Große Klima-Erhebung von More in Common: „Ausbleibendes Handeln gegen Klimawandel gefährdet gesellschaftlichen Zusammenhalt" https://www.moreincommon.de/media/g1ujymxm/pressemitteilung-studie-more-in-common-klima-zusammenhalt.pdf
313 https://www.psy4f.org/
314 Mariela Georg. https://empower-mental.de/ueber-mich/
315 Original: bell hooks. Sisters of the Yam – Black Women and Self-Recovery. Gehört in: Widerständig bleiben Teil 2. Minute 14. Feminismus mit Vorsatz Podcast.
316 Anonyme*r Autor*in (2022). Psychische Gesundheit und politischer „Aktivismus". In: Zucker im Tank (Hg.) (2022). Glitzer im Kohlestaub. Assoziation A. S. 270.
317 Luthmann, T. (2018). Politisch aktiv sein und bleiben. Unrast Verlag.
318 Mahlzahn, R. (2015). Dabei geblieben: Aktivist_innen erzählen vom Älterwerden und Weiterkämpfen. Unrast Verlag.
319 Ebd. S. 253.

Alle Links wurden zuletzt am 03. Juli 2024 aufgerufen.

Katharina Mau
Das Ende der Erschöpfung
Wie wir eine Welt ohne Wachstum schaffen
232 Seiten
ISBN 978-3-7066-2989-8

Wir sind am Ende – also fangen wir anders an: Denken wir eine Welt ohne Wachstum! Während die Klimakrise die Welt unwiederbringlich verändert, gerät unser Wirtschaftssystem an seine Grenzen und Ungleichheiten verstärken sich weiter. Diese multiplen Krisen erschüttern unseren Alltag, unser Weltbild und unser Vorstellungsvermögen. Woher also die Kraft nehmen, sich jetzt auch noch mit Wirtschaftstheorie zu beschäftigen? Ganz einfach: Unsere Existenz ist davon abhängig. Denn unsere Art zu wirtschaften ist eng mit alltäglichen Dingen verknüpft – große Themen wie das Wohlergehen von Menschen, Nachhaltigkeit und soziale Gerechtigkeit wirken jeden Tag in unser Leben hinein. Aber was können wir tun? Hier kommt Degrowth ins Spiel. Katherina Mau zeigt uns, in welche Richtungen wir uns entwickeln können, um eine faire, lebenswerte Basis für alle zu schaffen. Sie stellt Lösungsansätze und konkrete Ideen vor, die wirtschaftliche, ökologische und soziale Ressourcen berücksichtigen und sich nicht nur an höher, schneller, weiter orientieren. Sie entwirft, wie unsere Gesellschaft anders funktionieren kann: eine Realutopie, ein Bild einer möglichen Zukunft. Denn sich vorzustellen, wie ein gerechteres Morgen funktionieren kann, macht Mut.

Wir sind alle erschöpft – Natur, Mensch und Wirtschaft: Zeit für Lösungen – Katharina Mau bietet in ihrem Buch eine einfache Problemanalyse, sie erklärt, warum unsere Gesellschaft so verunsichert und überfordert ist, und: wagt einen Blick in eine Welt, in der wir nicht mehr vom Wachstum abhängig sind.

Jessamyn Stanley
Es ist ein Fulltime-Job, sich selbst zu lieben
Mein Yoga der Selbstakzeptanz
188 Seiten
ISBN 978-3-7066-2994-2

In dieser Sammlung autobiografischer Essays erzählt Jessamyn Stanley ihre Geschichte. Die Geschichte einer Schwarzen, fetten, queeren Femme, aufgewachsen in einer Vorstadt in den Südstaaten der USA mit mehrheitlich *weißer* Bevölkerung. Eine Geschichte der Segregation, eine Geschichte von Kapitalismus und Schönheitsidealen. Aber auch eine Geschichte über den eigenen Körper, davon, wie es ist, eigene Grenzen zu sprengen, sich selbst zu hinterfragen und schlussendlich gefestigt und weniger selbstkritisch mit beiden Beinen im Leben zu stehen. Jessamyn Stanley schreibt darüber, wie sie es mithilfe von Yoga geschafft hat, sich selbst zu akzeptieren, in einer Gesellschaft, die von Body-Mass-Index und Normschönheit geprägt ist.

Scharfsinnig und ehrlich reflektiert Jessamyn Stanley ihre Geschichte: Sie erforscht sich selbst, vom Impostor-Syndrom über das Aufwachsen in einer streng gläubigen Familie und ihre Homosexualität bis hin zu der Frage, warum es ein Vollzeitjob ist, sich selbst zu lieben. In ihrem Buch zeigt Jessamyn Stanley, wie dieser Weg der Selbstfürsorge für alle möglich ist: Empowerment über die Matte hinaus! Aber sie kritisiert auch eine oberflächliche, *weiße* Yogaindustrie, die lieber über die neuesten Styletrends diskutiert, als sich ihr überbordendes *Weißsein* einzugestehen. Eine Welt, in der Yoga mit Kapitalismus gleichgesetzt ist, die ihre eigenen Fehler (Stichwort: kulturelle Aneignung) und vor allem auch die (spirituellen) Traditionen des Yoga gekonnt ignoriert.

FSC
www.fsc.org
MIX
Papier | Fördert gute Waldnutzung
FSC® C014138

Dieses Buch findet seinen Weg ohne Plastikfolie, die es unnötig einhüllt, zu dir – für unsere Umwelt und unsere Zukunft.

1. Auflage

Erlerstraße 10,
A-6020 Innsbruck
E-Mail: loewenzahn@studienverlag.at
Internet: www.loewenzahn.at

Inhaltliche Betreuung: Löwenzahn Verlag/Christina Kindl-Eisank
Lektorat: Löwenzahn Verlag/Josefa Niedermaier
Projektleitung: Löwenzahn Verlag/Josefa Niedermaier

Umschlag- und Buchgestaltung: Bianca Seidel
Autorinnenfoto: Ali M. Majeed
Satz Innenteil: Dörlemann Satz, Lemförde

Bibliografische Information Der Deutschen Nationalbibliothek

Die Deutsche Nationalbibliothek verzeichnet diese Publikation in der Deutschen Nationalbibliografie; detaillierte bibliografische Daten sind im Internet über <http://dnb.dnb.de> abrufbar.

ISBN 978-3-7066-8805-5